Ein paar persönliche Worte:

„Eine Mutter ist der einzige Mensch auf der Welt, der dich schon liebt, bevor er dich kennt."
(Zitat: Johann Heinrich Pestalozzi)

Eine Hymne an meine Mutter

Je älter ich werde, umso öfter blicke ich zurück in meine Kindheit und Jugend und versuche zu ergründen, was mich geprägt hat, was mich hat „wachsen lassen", aber auch, was mich in meinem Fortkommen gehindert hat. Wie heißts dazu: „Der Apfel fällt nicht weit vom Stamm"

Und einer dieser „Wachstumsfaktoren", wenn nicht gar DER WACHSTUMSFAKTOR für meine Entwicklung ist meine Mutter gewesen. Ich weiß heute, dass ich ohne ihre Unterstützung und Liebe nicht der heutige Mensch wäre. Als Kind nimmt man natürlich die Güte, die Liebe und die Erziehung „einfach so", ohne weiteres Hinterfragen, hin; vielleicht später beginnt man, - mancher nie -, die elterlichen „Lehren" zu verstehen und zu hinterfragen. Viele Lehren sind natürlich auch dem damaligen Zeitgeist geschuldet und dürfen meines Erachtens durchaus den heutigen Anfordernissen angepasst werden.

Die eine oder andere Lehre meiner Mutter finde ich aber selbst heutzutage immer noch zeitlos; sie überdauern Generationen und Epochen, weil sie zu jeder Zeit richtig und wichtig für unsere Gesellschaft und unser menschliches Fortbestehen sind.

Und eine Lehre davon ist die, dass <u>Fleiß</u> und <u>Pflicht</u>(Gefühl) GRUNDTUGENDEN sein müssen, weil sie unserer menschlichen Spezies helfen zu überleben. Nur wenn wir alle uns persönlich in die Gesellschaft durch Pflicht und Unterstützung einbringen, nur dann helfen wir alle Allen in der Gesellschaft.

Meine Mutter hat das in vielen „Sprüchen/Weisheiten" immer wieder rezitiert „wie eine tibetanische Gebetsmühle", damit sie „in Fleisch und Blut übergehen":

- „Ohne Fleiß, kein Preis"
  oder
- „Müßiggang ist aller Laster Anfang"
  oder

- „Wissen ist Macht, falsch gedacht! Wissen ist wenig, Wollen ist König!"
  oder
- „Steter Tropfen höhlt den Stein"
  oder
- „Von nichts, kommt auch nichts"
  Oder
- „Nur wer sich selbst hilft, dem hilft Gott!"

Zur Bildung hatte sie auch ein paar „Muntermacher" für uns Kinder parat:

- „Was Hänschen nicht lernt, lernt Hans nimmer mehr"

Auch Tröstliches hatte sie oftmals parat, wenn ich mich manchmal nicht verstanden oder angenommen fühlte:

- „Die schlechtesten Früchte sind es nicht, an denen die Wespen nagen."
  oder
- „Wenn Du denkst es geht nicht mehr, kommt irgendwo ein Lichtlein her!"

Zu (finanziellen) Absprachen war sie sehr geradlinig:

- „Klare Rechnung, gute Freunde"

Dabei ging es meiner Mutter darum, dass wir Kinder uns nicht hängen lassen sollten, sondern immer wieder versuchen müssen uns „aufzurappeln" (zu bemühen), um einmal begonnene Aufgaben auch wirklich zu Ende zu bringen. Ich bin mehr denn je überzeugt davon, dass das „der Goldstandard" und das Fundament einer Gesellschaft ist. Dafür bin ich meiner Mutter „unendlich" dankbar! Ja, ich hatte das Glück eine wahrhaft kluge und gleichzeitig verständnisvolle Mutter gehabt zu haben.

Arnulf Dietl

MEHR EUROPA WAGEN

DIE GENERATIONENGERECHTE

LEISTUNGSGESELLSCHAFT

IM 21. JAHRHUNDERT

FLEIß UND BILDUNG
MITEINANDER UND WÜRDE
VEREINIGTE STAATEN UND EUROPAPARTEIEN
AUßENPOLITIK UND SICHERHEIT

Ein Diskussionsangebot an jede
junge europäische Generation

Impressum

Lieber Leser,

dieses Buch ist die erste (1.) veröffentlichte Auflage, in dem Bewusstsein, dass noch viele Fehler und Korrekturen notwendig sind. Es wird (vorab) veröffentlicht „aus der Not geboren", um „nicht noch mehr Zeit zu verlieren"; ein familiärer Schicksalsschlag hatte mich schon um viele Monate zurückgeworfen. Eigentlich hätte das Buch bereits 2024 in den Druck gemusst.

Eine zweite (2.) Auflage wird folgen, wenn und sobald wieder mehr Zeit zur Verfügung steht. Dann folgen auch Ergänzungen und Präzisierungen;

Versprochen.

Bibliografische Information der Deutschen Nationalbibliothek: Die Deutsche Nationalbibliothek verzeichnet diese Publikation in der Deutschen Nationalbibliografie; detaillierte bibliografische Daten sind im Internet über http://dnb.dnb.de abrufbar.

© 2025 Arnulf Dietl

Lektorat: Arnulf Dietl
Zeichnungen, Skizzen: Rodolfo Di Telo, Arnulf Dietl, andere

Verlag: BoD · Books on Demand GmbH, In de Tarpen 42,

22848 Norderstedt, bod@bod.de

Druck: Libri Plureos GmbH, Friedensallee 273,

22763 Hamburg

ISBN: **978-3-7693-7772-9**

Prolog:

Nach dem Krieg sind alle gleich-Eine Geschichte der Ungleichheit
(Walter Scheidel, Historiker Stanford University 2018)

Dieses Buch hat mich im wahrsten Sinne des Wortes „erschüttert"! Für einen, zum Leben positiv eingestellten, Menschen wie ich, der „das Glas halbvoll, statt halb leer sieht", ist es „eine Watschn" (ein Schlag ins Gesicht), wie man in Kärnten zu sagen pflegt. Es ist für mich die in Buchform gedruckte Antithese unserer menschlichen Zivilisation - und dabei noch mit unglaublich vielen detaillierten Zahlen und Fakten belegt.

Ich kann es nicht, und will es auch nicht wahrhaben, dass nur Kriege und Katastrophen (Imperialismus, Bürgerkriege, Pandemien) zu einer temporären Gleichheit unter uns Menschen führen; erst, wenn alle „nichts mehr haben", dann sollen „alle gleich sein". Ist das die traurige Bilanz unserer Spezies Homo Sapiens? Ist die Anarchie das einzige, was uns alle in etwa auf die gleiche Ebene stellt?

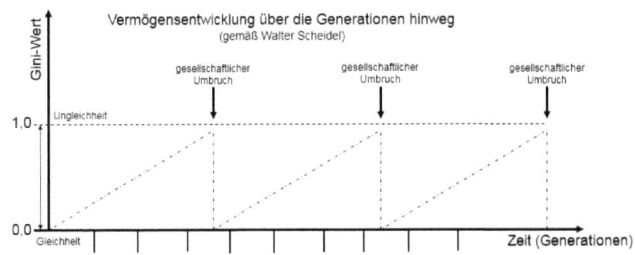

(Skizze: Arnulf Dietl, Entwicklung des Ungleichgewichts bei der Vermögensverteilung

Ich konnte und wollte mich nicht „dreinfinden" mit diesem defätistischen Gedankengut und begab mich auf die Suche. Ob ich „fündig" geworden bin, das wird die Zukunft zeigen. Geholfen haben mir unter vielen dabei Rodolfo Di Telo mit seiner Buchreihe „Mehr Europa wagen" sowie schon in früheren Jahren Bernt Engelmann mit dem Buch „Das Reich zerfiel, die Reichen blieben".

Die Überlegungen in diesem Buch möchte ich meinen beiden großartigen Töchtern Johanna und Andrea sowie den beiden entzückenden Enkeln Maximilian und Felix widmen, die ja in dieser Zukunftswelt werden leben und überleben müssen. Ich wünsche mir, dass sie eine (weitgehend) ausgeglichene Welt erleben dürfen, die prosperierend und friedlich für alle ist.

1.0 ZUSAMMENFASSUNG

„Fragt nicht, was euer Land für euch tun kann – fragt, was ihr für euer Land tun könnt"
(J. F. Kennedy, US-Präsident, Antrittsrede 1961)

Lieber Leser,

geht es Ihnen auch manchmal so; Sie haben eine Aufgabe, die Sie „unbedingt erledigen" müssen, weil es wichtig für Sie ist - und kurz vor dem Ziel kommt Ihnen plötzlich „die Aufgabe abhanden"; sie ist nicht mehr da. Sie hat „sich selbst erledigt" im wahrsten Sinne des Wortes.

Gerade dieser Tage ist mir genau das „passiert"; während ich dieses Buch schreibe ist mir „der Auslöser" zu diesem Buch „abhandengekommen" - Frau Stolla von den Junggrünen! Sie ist natürlich nicht „weg", sondern verließ nur die Grünen, oder wurde „weggelobt", wie auch immer.

Im März 2024 saß Frau Stolla bei Lanz; sie stellte die Systemfrage und forderte unter anderem die 20 Stunden-Woche bei vollem Lohnausgleich. "Warum soll ich mich bei diesem kaputten System kaputt arbeiten?", schimpfte sie. Ungefähr in diesem Ton ging´s weiter.

Das war „der Tropfen, der das Fass (bei mir) zum Überlaufen brachte", und setzte dieses Buch „ins Werk". Frau Stolla war der Auslöser, um mich grundsätzlich mit uns Menschen und unserem Fleiß auseinanderzusetzen.

Ich habe manchmal das Gefühl, dass den Begriffen Leistung und Fleiß heutzutage so etwas wie ein lästiger Geruch anhaftet, dass sie einen faden Beigeschmack haben in der „progressiven Community" der „links/woken Weltversteher*innen", so als wären sie aus der Zeit gefallen und wären das allmählich verbleichende Relikt einer längst vergangenen und überwundenen Epoche von „faschistisch/rassistischen Unterdrückern".

„Chillen", oder ausschließlich „sinnstiftende Arbeiten" sind en Vogue, das Erbringen von üblichen Leistungen oder allgemeiner Tätigkeiten, die dem „reinen Broterwerb dienen", also Arbeiten, die keinen „Purpose" implizieren, verkommen zu zeitverschwenderischen „Werkeleien", die tunlichst zu vermeiden sind.

Woher kommt eigentlich diese Denke? Seit wann ist sie in unserer Gesellschaft so tief verwurzelt? Galten doch Fleiß und Pflichtbewusstsein unwidersprochen zu DEN DEUTSCHEN TUGENDEN.

Ich bin mit einer völlig anderen Erziehung aufgewachsen und habe Leistung und Pflichtbewusstsein, verbunden mit Verlässlichkeit immer als positive Eigenschaften empfunden. Kennedys oben erwähnter Satz zu seiner Antrittsrede empfand ich als notwendige Basis für ein gedeihliches Zusammenleben innerhalb einer funktionierenden Gesellschaft.

1.1 MÜSSIGGANG ALS „SPONTI"-DASEIN

Heute wird landauf landab „das leistungslose Dasein", das Leben auf Kosten von anderen sowie das Verächtlichmachen der Fleißigen, in allen Medien und Foren diskutiert, es wird geplappert und Leistung wird geschmäht, leider auch kräftig geschürt und unterstützt seitens der links/woken gewerkschaftlichen „Arbeitsvertreter".

Nachdem diese in den „80ern und 90ern" des 20. Jahrhunderts praktisch alle Forderungen „abräumen" konnten, haben sie heute kaum noch eine wirkliche Funktion und suchen daher immer wieder nach einer neuen „Daseinsberechtigung". Gleichzeitig ist aber der Gewerkschaft die „Kernklientel abhandengekommen", weil es die heutigen „Arbeiter" in der Vielzahl so kaum noch gibt; die große Anzahl von ihnen ist mittlerweile längst in der gutverdienenden Mittelschicht angekommen und mokiert sich eher über „überbordende Steuerabgaben", als wirklich neue „Sozialleistungen" zu fordern. Und so finden sich die heutigen Gewerkschaften in der „Ecke der leistungsarmen/leistungslosen Mitnascher" wieder, die sie kräftigst in deren Bemühen unterstützen.

Menschen aber, die physisch oder psychisch nicht in der Lage sind ihre Leistung in die Gesellschaft einzubringen, möchte ich aber ausdrücklich davon ausnehmen.

Seit wann gibt es nun die „Idee" vom leistungslosen Dahinleben?

Für mein Verständnis begann das Ganze mit der „68"-Bewegung in den auslaufenden 60ern des 20. Jahrhunderts; diese verfolgte das „freie Leben für jeden nach seiner Facon", den Joint in der Hand und in jedem Arm eine „frei liebende" Partnerin; immer dabei im Mund ein „Kampfspruch" gegen das „kapitalistische Schweinesystem", besonders gegen die USA und die NATO als „das imperialistische Böse" schlechthin.

Einer davon war der SPD-ler Oskar Lafontaine mit seinem „Ober-Sponti"-Spruch:

„Helmut Schmidt spricht weiter von Pflichtgefühl, Berechenbarkeit, Machbarkeit, Standhaftigkeit. […] Das sind Sekundärtugenden. Ganz präzis gesagt: Damit kann man auch ein KZ betreiben"
(Oskar Lafontaine, Juli 1982)

Ich bin heute überzeugt, dass diese (halb)"lustigen" Sponti-Sprüche als Jahrzehnte lange „tibetanische Gebetsmühle" tiefe Spuren in der heutigen Gesellschaft hinterlassen haben. Ich habe sie miterlebt (ich bin ja „ein Kind" der 68-Phase), ehrlich gesagt auch ungefragt hingenommen und nie/selten widersprochen, aber nicht selbst „gelebt", da anders erzogen von meiner Mutter (siehe die eingangs erwähnten persönlichen Worte).

Die Fortentwicklung dieser „68"-Denke waren dann so augenzwinkernde Egoismen wie:

„Wenn jeder nur an sich denkt, dann ist ja auch an alle gedacht!"

Egoismus sowie leistungsloses (Dahin)Leben rücken für meine Begriffe immer mehr in den Vordergrund; links/grün/kommunistisches Denken findet einen immer breiteren Resonanzraum, verherrlicht durch den „Mainstream" in den Echoräumen der öffentlichen Medien. Müßiggang wird zum neuen „Credo" erhoben, „Anything goes" und „Alles kann, nichts muss!" zum Leitbild gesetzt.

Soll das die (erträumte) Zukunft sein? Oder ist das nicht eher ein böser Albtraum? Wer soll für einen Wohlstand „für uns alle" sorgen, wenn jeder nur noch an sich denkt und sich in der leistungslosen „sozialen Hängematte räkelt"? Wer soll das „leistungslose Grundeinkommen" erwirtschaften, wenn jeder nur noch schmarotzend herumhängt und dem „Herrgott den Tag stehlt"?

Als letzte Ausflucht gibt es dann den gerade eben erlaubten Cannabis-Joint oder „etwas Härteres".

1.2 „(ORA ET) LABORA" ALS NEUE TUGEND

Meine Mutter war eine gläubige Christin und gleichzeitig eine überaus fleißige Frau, insofern ist sie heute immer noch für mich ein gelebtes Beispiel für den oben genannten Benediktiner-Grundsatz.

Man kann beten wie die Benediktiner, aber man muss es heute nicht mehr. In laizistischen Zeiten darf jeder seinem Glauben folgen, oder gar keinem, aber JEDER SOLL UND MUSS nach meinem Dafürhalten „arbeiten". Jeder hat meines Erachtens die Pflicht seinen Fleiß und seine Leistung in die Gesellschaft einzubringen.

Das gilt nach meinem Verständnis FÜR JEDE GENERATION von neuem. Keine Generation kann und darf sich „ausruhen" auf leistungslosem Besitz/Einkommen, sei das aufgrund von leistungslosen Grundeinkommen oder auf den Leistungen der vorherigen Generation(en).

Ein leistungsloser (Erb)Besitz - ohne „Erwerb" (i.e. Fleiß) - darf nicht (mehr) sein! Jede Generation muss für sich immer wieder von neuem „Erwerben, um es zu besitzen"; diese zukunftsweisende Aussage in Goethes Faust hat so etwas wie „Ewigkeitswert" und „es wird Zeit", dass wir diese Formel wieder ins Gedächtnis zurückrufen.

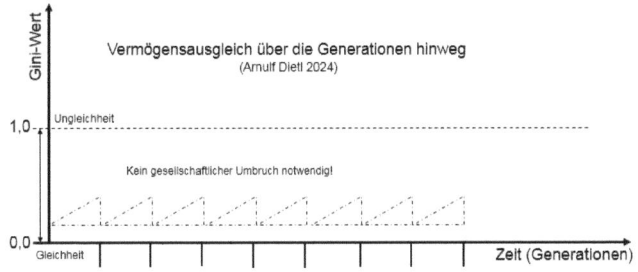

(Skizze: Arnulf Dietl, Vermögensausgleich über die Generationen hinweg)

Dazu gehören des Weiteren die vielen „heiligen Kühe" wie zum Beispiel die leistungshemmende „Bürokratie" in den Staats-

und Sozialsystemen, oder „gordische Strukturen" in den Verwaltungsapparaten, die unser gesamtes Zusammenleben extrem teuer werden und „unsere (finanzielle) Zukunft auffressen" lassen.

Ich denke, eine sinnvolle Eingrenzung oder vielleicht gar Abschaffung dieser Hemmnisse wären eine mögliche Chance den „apokalyptischen Reitern" gemäß Walter Scheidel zu entkommen.

Ich bewundere postum meine Mutter immer wieder ob ihrer treffenden Aussagen und entdecke neue Facetten an ihr. Sie durfte nur eine Volksschule (i.e. Grundschule) besuchen, für mehr war damals kein Geld da, danach ging´s „ad laborem". Mit wieviel Fleiß und Intelligenz musste sie sich ihre Lebensweisheiten selbst erarbeiten! Einfach unfassbar. Mit einer besseren Schul- und weiterführenden Bildung hätte sie es sehr weit gebracht, da bin ich mir sicher.

1.3 EIN VEREINTES EUROPA

„The MEGA-Project, Make Europe Great Again"
(Quelle: Arnulf Dietl 2024, auf Twitter, X)

Angeregt durch meinen „Spiritus Rector", Rodolfo Di Telo, der bereits 2020 mit seinem ersten Buch „Wir Europäer wollen wieder mehr Europa wagen", mein Interesse für ein vereinigtes Europa geweckt hatte, habe auch ich mich im Laufe der letzten Jahre sehr intensiv mit diesem Thema auseinandergesetzt.

Das Thema Vereinigte Staaten von Europa ist ja wirklich nicht neu, sondern zieht sich schon seit langer Zeit durch die europäische Geschichte. Leider wurde es immer wieder „ad acta gelegt", da sich die einzelnen Reiche und dann später die Nationen selbst immer wieder so stark fühlten, dass eine Einigung praktisch nie zustande kam; die Länder waren untereinander so zerstritten, dass sie die Möglichkeit nie wirklich in Betracht zogen. Die Vereinigten Staaten von Europa blieben so immer nur eine Idee einer kleinen Gruppe von „Europäern". Wirklich schade eigentlich.

Erst mit dem Ende des Zweiten Weltkriegs 1945, als Europa praktisch „in Schutt und Asche" lag, wurde die Idee eines vereinten Europas in Grundzügen aufgegriffen. Zuerst mit der Gründung der Montanunion durch die sechs (6) Länder Deutschland, Frankreich, Italien sowie Belgien, Niederlande und Luxemburg.

Die EU der 27

In den folgenden Jahrzehnten folgten weitere Länder bis sie zusammen mit 28 Nationen die Europäische Union bildeten - um dann mit dem Austritt Englands nur noch die „EU der 27" zu sein; das ist der aktuelle Status der EU.

Die EU ist aber kein politischer Zusammenschluss, sondern im Kern nur ein großer Wirtschaftsraum von 27 unabhängigen Nationen; wichtige Änderungen und/oder neue Regelungen bedürfen der Einstimmigkeit ALLER 27 Teilnehmer.

Der 16-Länder-Föderalismus in Deutschland macht es vor, wie es sich „regiert" mit 16 (weitgehend) unabhängigen Kleinstaaten - es herrscht oftmals Stillstand und Blockade!

Und so geschieht es - teilweise noch schlimmer - in der EU der 27; durch den Einstimmigkeitsbedarf für wichtige Regelungen blockiert sich die EU quasi „in einem Dauermodus". Neue Regelungen werden in einem mühsamen Verhandlungsprozess oftmals so „zermahlen", dass von der ursprünglich gewollten Idee wenig oder gar nichts übrig bleibt. Oder es werden sachfremde Punkte in die „Verhandlungen" genommen, die mit dem eigentlichen Ansinnen nichts oder wenig zu tun haben.

Gleichzeitig bietet diese „Union" (unabhängiger Staaten) leider auch ein „Einfallstor" für außenstehende Nicht-EU-Staaten sich in die inneren Angelegenheiten der EU einzumischen; immer wieder werden einzelne Länder der EU „angestiftet", um Einfluss auf die EU zu nehmen. Ungarns Orban ist da ein bedeutsamer Vertreter dieser „Zunft"; seine „Einlassungen" lassen an der EU-Zugehörigkeit oftmals zweifeln, wenn er als „glühender Verehrer" Putins und/oder auch Trumps auftritt. Die anderen Länder fragen sich dann oft, ob es nicht besser wäre, wenn er gar nicht in der EU wäre.

All das sind natürlich wirklich unhaltbare politische Zustände innerhalb der EU der 27; viele fragen sich dann schon, ob und wie lange „die EU das noch aushält".

Auch ich bin ein großer Skeptiker vom aktuellen politischen Status der EU der 27; diese Form der Zusammenarbeit passt einfach nicht mehr in die globale Machtverteilung des 21. Jahrhunderts. Große Mächte wie China, Russland, und jetzt auch Trumps USA, aber auch Indien, Brasilien etc. sorgen für komplett neue Machtverhältnisse, für die die EU der 27 nicht geschaffen ist. Vielmehr lädt die momentane politische Struktur andere Mächte förmlich ein, sich in die inneren Angelegenheiten der EU einzumischen - eine echte „Achillesferse" der EU. Es besteht die andauernde Gefahr, dass die EU, also die einzelnen Länder in der EU „auseinanderdividiert" werden; und das passiert eigentlich permanent, weil immer wieder das eine oder andere Land egoistische Eigeninteressen verfolgt, und sich dann mehr oder minder bereitwillig in die Reihe der „Spalter" eingliedert. Diese Eigeninteressen der Länder gehen reihum, mal das eine, mal das andere und so blockiert sich die EU im Dauermodus.

Vereinigte Staaten von Europa (VSE)

Das ganze Kapitel 7.0 beschäftigt sich mit den Vereinigten Staaten von Europa (VSE); da ist vor Allem Rodolfo Di Telo mein geistiger Vater gewesen.

Seine Buchreihe besteht aus einer „Trilogie" zum Thema

„Mehr Europa wagen"

- Die Vision, Die Überwindung der Staateritis
- Der Weg, Europa-Parteien und Europa-Medien
- Die Umsetzung, Ideen für eine Verfassung der Vereinigten Staaten von Europa (VSE)

Ich darf Ihnen diese Buchreihe wärmstens empfehlen, da sie im Kontext zu meinem Buch sind und noch viel mehr Details über die Herangehensweise sowie die politische Struktur der VSE bietet.

Ich beziehe mich oft in vielen Punkten direkt auf Rodolfos Bücher, weil er bereits sehr genaue Vorstellungen über die Vereinigten Staaten von Europa mitbringt.

2.0 ES GIBT KEINE GUTMENSCHEN

„Es hat in der ganzen Geschichte der Menschheit meines Wissens niemals ein Machtvakuum gegeben und das wird es auch in Zukunft nicht geben, solange es unseren Homo Sapiens geben wird. Der heutige Homo Sapiens hat sich nicht als intrinsischer Gutmensch aus den verschiedenen Gattungen der Vormenschen weiterentwickelt, sondern ist durch eine meist brutale Verdrängungsevolution entstanden; Das Wort Verdrängung ist für diesen evolutionären Vorgang sicherlich sehr wohlwollend ausgedrückt. Der Homo Sapiens hat seine schnell gewachsenen Gehirnzellen dazu genutzt andere konkurrierende Spezies aus dem Weg zu räumen. Wer mehr darüber lernen möchte, dem empfehle ich gerne das Buch von Charles Darwin über die Evolutionstheorie „On the Origin of Species" (Über die Entstehung der Arten). Charles Darwin selbst war Theologe."
(Rodolfo Di Telo 2021: Mehr Europa wagen - Die Vision, Die Überwindung der Staateritis (eine „europäische Erbkrankheit", Kap. 8 Staatenbund und Sicherheitssysteme, Seite 90 ff))

Lieber Leser,

eigentlich müsste ich hier das gesamte Kapitel zitieren, weil es so treffend in den Kontext dieses Buches passt.

Wir sind **KEINE INTRINSISCHEN GUTMENSCHEN!**

Wir waren niemals „Gutmenschen" und wir werden auch niemals „Gutmenschen" werden, solange wir die aktuelle Gattung Homo Sapiens sind und bleiben werden.

Ausschließen soll man ja nichts; es gibt immer wieder Genveränderungen, da könnte es ja sein, dass sich unser Gehirn irgendwann einmal so verändert, dass es nur noch „gut denkt" - und das Böse außen vor lässt. Ich überlasse es Ihnen diesem Glauben nachzuhängen - oder doch die (brutale) Realität zu akzeptieren.

Die aktuelle globalpolitische Situation zeigt meines Erachtens, dass unser Hirn noch „meilenweit" von dieser „Genveränderung" entfernt ist. Der „Dealmaker" in Washington, zusammen mit seinen oligarchischen Epigonen, wie Musk, Zuckerberg oder Bezos, oder der Kriegsverbrecher im Kreml mit seiner Entourage und der Mao II im „Palast des Himmlischen Friedens" führen gerade vor Augen, was sich im Rom vor zweitausend Jahren schon abgespielt hat, ein „Hauen und Stechen" um Macht und Geltung, inklusive der gesamten imperialistischen

Ansprüche gegenüber anderen Ländern und Völkern zusammen mit Unterdrückung und Sklaverei. Diese Form der „Inbesitznahme" durch die Macht des Stärkeren zog und zieht sich durch die gesamte Geschichte der „Zivilisation" unseres Homo Sapiens. Wir haben uns (leider) nicht ein bisschen verändert; wir haben vielleicht in kurzen Phasen unserer Entwicklung eine gewisse „Nachdenklichkeit", zum Beispiel in der „Aufklärung", zugelassen, sind danach aber sofort wieder in unsere vorzeitlichen Verhaltensweisen zurückgefallen.

Rodolfo Di Telo bezieht sich in seinem Buch auf die politische Entwicklung Europas hin zu politisch Vereinigten Staaten.

Nur so nebenbei hat er die heutige Situation - Putins Angriffskrieg - vorweggenommen. Er hat kommen sehen, was passieren kann, wenn wir nicht unsere Sicherheit verstärken.

Und es kam, wie es kommen musste. Merkels und Schröders Jahrzehnte lange falsche Sicherheitspolitik haben uns ja zu diesem dramatischen Debakel geführt. Wir müssen jetzt täglich, ja stündlich unsere mangelnde Sicherheits- und Verteidigungstechnik neu justieren, während in der Ukraine Tausende Menschen - Soldaten wie vor Allem auch Zivilisten - wegen dieses Verbrechers im Kreml sterben müssen. Einfach nur schrecklich!

Einen speziellen Absatz in diesem Artikel widmet er auch der politischen „linken" Seite der Gesellschaft; ich darf seine Worte sprechen lassen:

„In der Geschichte ist es vielen so ergangen, den Griechen, den Karthagern, den Persern und vor nicht allzu langer Zeit den Krimbewohnern. Und gerade können wir live erleben, wie die Pekinger Regierung die Hongkonger Freiheit „verdrängt".

…..

Das perfide daran ist, dass viele der „Gutmenschen" von heute, meist von der linkssozialistisch-kommunistischen Denkrichtung, uns diese fundamentale Erkenntnis versuchen auszureden. Alle diese echten und vermeintlichen Gutmenschen wollen uns weismachen, dass der Mensch grundsätzlich „ein guter Mensch" sei, und nur durch Erziehung und Bildung „verbildet" wurde, er also durch Erziehung und Gesellschaft „aggressiv" wurde; sie wollen uns weismachen, dass die heutige Welt friedlicher sei als vor 100 oder 150 Jahren und dass daher die großen und mächtigen Staaten China, Russland oder die USA uns Europäern erlauben in aller Ruhe unseren Geschäften nachzugehen. Sie wollen uns

*weismachen, dass ein Friedensölzweig in unserem Mund ausreicht, um die au-
ßereuropäischen Mächte von Übernahmegelüsten absehen zu lassen. Sie wollen
uns hinters Licht führen mit Sprüchen wie „Putin ist ein lupenreiner Demokrat"
(Gerhard Schröder, Ex-Bundeskanzler von Deutschland, 2004), welcher als Begründung für seine „demokratische Haltung" ganz schlicht die Krim überfallen
und geraubt hat. Oder der chinesische Präsident Xi Jinping, der von „One Belt,
One Road" spricht, also die (kommerzielle) Integration von China, Asien und Europa und dabei mit dem freien Hongkong, trotz schriftlicher Zusagen, umgeht, als
wäre es eine chinesische Kolonie.*

*Unsere vermeintlichen Gutmenschen sind oft die fünfte Kolonne Moskaus oder
Pekings, sie sind die vorgeschobenen Trolle Russlands und Chinas. Sie träufeln
uns Sand in die Augen und trüben unseren Blick, sie sind die Rattenfänger, die
uns in die Irre führen wollen, wohlwissend dass sie uns allen damit schaden."*
(Rodolfo Di Telo 2021: Mehr Europa wagen - Die Vision, Die Überwindung der
Staateritis (eine „europäische Erbkrankheit", Kap. 8 Staatenbund und Sicherheitssysteme, Seite 90 ff)

Wenn ich jetzt im Jahr 2025 diese Zeilen lese wie ein einfacher
„in Wolle gefärbter Europäer" (so nennt sich Rodolfo Di Telo
selbst) bereits im Jahr 2021, also ein (1!) Jahr vor Putins Angriffskrieg, die Situation abschätzen konnte, um wieviel mehr
müssen all unsere erlauchten Staatspolitiker schon gewusst
haben über die krude Putinsche Imperial- und Hegemonialpo-
litik!

Was haben all die Politiker wie Merkel, Mützenich, Scholz etc.
schon gewusst, uns Bürger aber im Unklaren gelassen?

Ich will jetzt aber nicht im „Merkel/Schröder/Mützenich-
Bashing" verharren, obwohl ich der Auffassung bin, dass gerade hier eine Bundestags-Kommission die wirklich nicht nach-
vollziehbaren Fehlentscheidungen der damaligen Bundesregierung aufarbeiten muss; solche fundamentalen Fehlentscheidungen während der ersten 20 Jahre im 21.Jhd dürfen
uns NIE WIEDER passieren! Das Ergebnis dieser Fehlpolitik
ist noch lange nicht ausgestanden und wir wissen alle noch
nicht, wohin die damals politisch falsch gemachten Weichen-
stellungen noch führen werden.

Für mich jedenfalls hat sich bestätigt, dass wir alle - bis auf ein
paar wenige „Auserwählte" - KEINE GUTMENSCHEN sind.
Wir müssen deshalb mit all unserem menschlichen „Weh, Ach
und Krach" auskommen und unsere politischen Lehren daraus
ziehen. Ungleichheit wird daher immer bleiben, man muss sie

nur so „kanalisieren", dass ungerechte „Unwuchten" in der Verteilung gering gehalten werden.

Wir müssen (wieder) lernen, dass der „Homo Utopiensis" (der „intrinsische Gutmensch" nach Rodolfo Di Telo) nur in unserem Hirngespinst existiert, und dass wir alle „meilenweit" davon entfernt ein anderes, ein „reales Leben" führen.

Für mich ist das der „Homo Pragmaticus" (der „stinknormale Allerweltsmensch" wie Sie und ich).

2.1 DER HOMO UTOPIENSIS

Was haben sich schon Tausende, vielleicht sogar Hunderttausende intelligente Philosophen und Vordenker darüber „die Köpfe zerbrochen", wie man den „stinknormalen Alltagsmenschen" zu einem besseren Leben lenken kann. Sei es, dass sie Strafen androhten, sei es, dass sie „Gutes" belohnten („Zuckerbrot und Peitsche"), immer wieder in der Hoffnung der „Alltagsmensch" wird dann schon „spuren" (sich „zum Guten wenden").

Die ganze Menschheitsgeschichte ist voll davon, den „bösen Menschen" zum „Pfad der Tugend" führen zu wollen, letztlich mit mehr oder minder mäßigem Erfolg. Aber die Menschheitsgeschichte ist noch mehr voll von Geschichten über entsetzlichen Mord, unfassbar brutalen Kriegen und zutiefst unmenschliche Grausamkeiten angetan an uns Menschen. „Homo homini lupus est" („Der Mensch ist des Menschen Wolf") ist im Wortsinne eine Beleidigung des Wolfs, weil dieser gar nicht so grausam sein kann wie der Mensch.

Früher waren es Religionen, die einerseits moralisch führen wollten, andererseits aber leider oft selbst zu Mord und Krieg „im Namen Gottes" animierten.

Egal, ob es das Christentum ist, das mit Gottes finalem „Jüngsten Gericht" über gut („Himmel") oder böse („Hölle") entscheiden wird, oder auch der Hinduismus mit seinem Wiedergeburtsglauben die Menschen „zum Guten" ins Nirwana lenken möchte, alle Religionen haben „moralische Imperative im Köcher", um uns Menschen „zum Guten zu führen".

Aber leider haben genau dieselben Religionen noch mehr fundamentalistische „Pfeile im Köcher", mit denen Gläubige anderer Religionen und Glaubensrichtungen intellektuell, psychisch und viel zu oft physisch „abgeschossen" werden sollen. Übrig blieben dann häufig Berge von Leichen, entmenschlicht und zerstückelt „im Namen Gottes".

In die ähnliche Richtung wie die großen Religionsgemeinschaften funktionieren und argumentieren meist auch die „Großen Ideologien", die die Welt und den Menschen „zum Guten wenden" (i.e. umerziehen) wollen.

Ich denke hier im Besonderen an den Kommunismus mit all seinen Spielarten und Verästelungen (Marxismus, Stalinismus, Trotzkismus, auch Varianten des Sozialismus zählen dazu).

Im Namen der Ideologien wurden und werden Millionen Menschen in schlimmste Lager gesteckt (zur „Umerziehung"). Ich denke da ganz aktuell an die Bevölkerung der Uiguren und Tibeter in China, nicht vergessen zu erwähnen die unzähligen Straflager (Gulags) in der ehemaligen Sowjetunion und in anderen hegemonial geführten kommunistischen Ländern (DDR, CSSR etc).

Des Weiteren die Zig Millionen von Toten in innerchinesischen und innerrussischen Bürgerkriegen, man spricht von über 40 Millionen Toten zu Maos Zeiten und 5-6 Millionen Verhungerten in Stalins Sowjetunion, noch nicht gerechnet die Millionen von Toten, die in Stalins Gulags „verschwunden" sind; wohin wohl darf ich fragen? Wahrscheinlich in den kommunistisch/stalinistischen „Himmel", so würde es wohl Sahra Wagenknecht formulieren, für die das

in der **Stalinzeit entstandene ... Gesellschaftsmodell ... die einzig mögliche Form eines realisierten Sozialismus**" *ist.*
(Sahra Wagenknecht: Marxismus und Opportunismus - Kämpfe in der Sozialistischen Bewegung gestern und heute)

Nicht unerwähnt bleiben dürfen im Namen des Kommunismus die bösen innenpolitischen und mörderischen Machenschaften der „Dicken"-Familie, die Nordkorea zu einem einzigen landesweiten Gefängnis umgebaut haben; des Weiteren auch das krude und bösartige Regime der Roten Khmer in Kambodscha, die ebenfalls Millionen Menschen auf dem Gewissen haben.

Um es kurz zu sagen der Kommunismus ist ebenso wie der Faschismus ein bösartiges und mörderisches Relikt aus dem 20. Jahrhundert.

Kommunismus wie Faschismus sind schlimme Auswüchse menschlicher Grausamkeit; ihr Umerziehungswahn „zum Guten hin" hat sie emotionslos sprichwörtlich „über (millionenfache) Leichen gehen" lassen. Leider gibt es auch heutzutage viele, die immer noch, oder schon wieder „über Leichen gehen". Der Völkervernichter im Kreml testet gerade, wie weit er damit vorankommt und der aktuelle „Mao II" in China schaut zu, welche Lehren er für seine Unterdrückung daraus ziehen kann.

Menschen! Europäer!

Das können wir doch nicht gutheißen! Wir können doch nicht wirklich Böses als „gutgemeinte Utopie" akzeptieren und so stehen lassen! Wir MÜSSEN „das Böse" auch als das Böse benennen und in die Schranken weisen.

2.2 DER HOMO PRAGMATICUS

Da für meine Begriffe ALLE Religionen und Ideologien ganz praktisch am („stinknormalen") „Allerwelts"-Menschen gescheitert sind und es über die Jahrtausende hinweg nicht geschafft haben „den Menschen" auch nur „ein Jota" besser zu machen, als er ist, denke ich, müssen wir uns also mit dem zufrieden geben, was da ist - also mit uns selbst; wir haben kein „anderes Volk", da ist Utopie „so überflüssig wie ein Kropf", würde meine Mutter sagen.

Ich nenne daher unsere menschliche Spezies mit all unserem „Weh, Ach und Krach" in weiterer Folge „Homo Pragmaticus" als Umschreibung für die ganze Bandbreite des menschlichen Panoptikums. So nebenbei, den Wolf als Beschreibung für manches Abgründige in uns, werde ich nicht mehr erwähnen, das hat der Wolf nämlich nicht verdient.

Der Homo Pragmaticus „zeichnet sich" meines Erachtens dadurch aus, dass er zuerst einmal nur an sich denkt und eventuell dann noch an seine nächsten Mitmenschen (Eltern, Partner, Kinder, nächste Verwandte, gute Freunde). Wenn danach noch Platz in seinem „geistigen Hinterstübchen" ist, dann vielleicht werden weitere Menschen und Gruppen einbezogen.

Ich weiß, das klingt ziemlich hart und übertrieben, aber im Kern denken wir Menschen schon so; wir sind alle zuerst einmal Egoisten und KEINE (intrinsischen) GUTMENSCHEN. Es hat ja auch sein Gutes und in gewisser Weise auch Schützendes, zuerst an sich zu denken. Der Volksmund umschreibt meist sehr gut unsere Denk- und Lebensart wie zum Beispiel: „Nur selber essen, macht fett!". Es lohnt sich daher oft „dem Volk aufs Maul zu schauen" (Martin Luther), um die menschliche Seele zu ergründen. Ein weiterer, schon erwähnter, Spruch drückt´s ähnlich aus: „Wenn alle nur an sich denken, dann ist auch an alle gedacht".

Um es kurz wieder zu erwähnen, der heutige Homo Sapiens hat es nur so weit gebracht in der Evolution, weil er sich gegenüber anderen Spezies „durchgesetzt hat" - also zuerst an sich gedacht hat, auf Kosten anderer Lebewesen. Wäre er ein „intrinsischer Gutmensch", dann hätte er sicherlich unterschiedliche Gene auch von anderen Hominiden und nicht nur ca. 2% vom nächsten Verwandten dem Neandertaler, weil er sie dann hätte „leben lassen" und nicht „verdrängt".

Das sind schon sehr weitgehende Überlegungen, aber ich denke, es ist wichtig darüber zu sprechen, weil sich die weiteren Kapitel genau mit dieser menschlichen „Lebensart" auseinandersetzen und ich darauf basierend versuchen möchte eine mögliche Lösung aufzuzeigen.

Halten wir also fest:

Der Homo Pragmaticus IST zuvörderst ein INTRINSISCHER EGOIST!

Wäre es anders, dann würden wir nicht so viele Heilige und Seelig-Gesprochene als Vorbilder brauchen - und die Mutter Teresa wäre nicht eine so außergewöhnliche „Lichtgestalt"!

Weil wir Menschen aber nun mal so sind, macht es meines Erachtens wenig Sinn an etwas Utopischen „herumzubasteln", sondern eben „den Menschen" so zu nehmen wie er ist, das heißt mit seinem Egoismus und in gewisser Weise mit seinem Streben nach Macht und Geltung.

Des Weiteren macht der Homo Pragmaticus gerade so viel wie nötig, um sein (egoistisches) Überleben zu sichern. Er erntet auch lieber „anstrengungslos die Früchte der Anderen", als sich selber anzustrengen, getreu der Bibel, Mt 6,26: „Seht euch die Vögel des Himmels an: Sie säen nicht, sie ernten nicht und sammeln keine Vorräte in Scheunen; euer himmlischer Vater ernährt sie."

Da sich aber der „himmlische Vater" nicht „auf Erden" blicken lässt, rufen immer mehr Menschen ganz irdisch nach dem leistungslosen Grundeinkommen, also nach den „Früchten", die andere (ehrliche Dumme!?) „gesät haben".

Ich denke liebe Leser, so können wir nicht unsere Zukunft gestalten; ich denke, diese (Denk)Welt dürfen wir nicht unseren Kindern und Enkelkindern weiterreichen - das führt unweigerlich zu Scheidels Ungleichheit mit den von ihm beschriebenen gruseligen Folgen, die apokalyptischen Reiter inklusive.

Die weiteren Kapitel bauen auf dieser Grundüberlegung auf und ich versuche Lösungen für unser Zusammenleben aufzuzeigen.

3.0 VON „HEILIGEN KÜHEN"

„Macht und Egoismus
Macht(-verfügung), ist etwas Urmenschliches, weil Macht meist mit dem Bedürf-
nis nach Geltung gepaart ist, und zwar die Geltungssucht Einzelner gegenüber
anderen Mitmenschen. So mancher Mensch hat das Bedürfnis über andere Men-
schen zu verfügen, also Menschen zu beherrschen, oder anders, über andere
Menschen zu herrschen.
Macht und Vermögen
Geld ist Macht; Wer bezahlt, bestimmt, welche Musik gespielt wird; Geld regiert
die Welt; Money makes the world go round, sagen viele Sprichwörter und damit
ist eigentlich ALLES gesagt. Ich glaube, es existiert kaum ein Bereich, der in einer
so großen Bandbreite den Zusammenhang von zwei Begriffen beschreibt."
(Rodolfo Di Telo: Mehr Europa wagen - Der Weg, Europaparteien, Europa-
medien, Kap. 4.0 Macht und Mensch)

Weil der „Homo Pragmaticus" also zuvörderst ein „intrinsischer" Egoist ist - und diese Eigenschaft auch durchaus selbst-
kritisch so sieht - hat er für leistungslose oder leistungs-"arme"
Tätigkeiten eine Vielzahl von Begriffen geschaffen wie
„Pfründe", „heilige Kühe", „Erbhöfe" und etwas verächtlicher
„Schmarotzer", „Abzocker", „Faulenzer" etc. Es ist ja nicht so,
dass er nicht „nur faul" ist, er kann schon fleißig sein, wenn er
entsprechend gefordert wird.

Dem „Homo Pragmaticus" ist es daher bewusst, dass er gerne
„ein gutes Leben auf Kosten anderer" führen möchte und dass
das durchaus - religiös ausgedrückt - „eine Sünde" ist. Wie ich
selbst im Religionsunterricht gelernt habe, „der Geist ist ja (oftmals) willig, allein das Fleisch ist schwach". Und wie oft muss
ich meinen „inneren Schweinhund" überwinden, um Aufgaben
zu erledigen, die nicht gerade auf meiner „oberen Prioritäten-
liste" stehen. Insofern „sitzen wir alle im selben Boot".

In diesem Kapitel soll es daher um diese „heiligen Kühe" gehen, die sukzessive rundum „geschlachtet" werden müssen,
wollen wir als Gesellschaft überleben, ohne in Walter Scheidels
„Gleichheit NACH einem Krieg" zu verfallen.

Des Weiteren geht es hier aber auch um Macht und Einfluss.
Rodolfo Di Telo hat sich in seinem Buch „Mehr Europa wagen-
Europa-Parteien, Europa-Medien" sehr ausführlich über die
verschiedenen Ausprägungen der Macht auseinandergesetzt.

Was haben jedoch die „heiligen Kühe" mit dem Thema Macht zu tun, werden Sie sich fragen? Ganz richtig, „umgekehrt wird ein Schuh daraus"; je mehr Macht jemand besitzt, desto mehr Möglichkeiten hat er für sich „Pfründe" anzuhäufen, um letztlich noch mehr Macht zu generieren.

Das ist schon in der Antike so gewesen; römische Senatoren, zum Beispiel Caesar, kauften sich Truppen zusammen, überfielen Länder (Caesar Gallien), plünderten sie aus und bauten sich dadurch ihre Macht in Rom aus.

Und was „die Großen" über die Jahrtausende hinweg gemacht haben, machen viele „Große" heute immer noch. Und „die kleinen Leute" schauen zu und denken sich, „ja wenn das so ist, dann mach ich´s auch im Rahmen meiner Möglichkeiten". So schließt sich der Kreis. Jeder „Homo Pragmaticus" „schaut nach oben" (zu den „Eliten") und schafft sich seine jeweilige „heilige Kuh", die er dann „mit Klauen und Zähnen verteidigt".

Auf diese Art haben sich seit dem letzten großen Krieg (2. Weltkrieg) halt viele große und kleine „Pfründe" angesammelt, die keiner gerne mehr hergeben möchte. Die Summe aller „Erbhöfe" hat aber mittlerweile einen so großen Umfang erreicht, dass sie nach meinem Verständnis unser Gemeinwesen ernsthaft zu gefährden beginnt.

Menschen jedoch, die keinen Zugang zu den „Pfründentöpfen" haben, gehen dabei leer aus - „und fallen hinten runter". Dabei wird die Kluft zwischen arm und reich immer größer - der Abstand zwischen den Macht-„habenden" und den „Machtlosen" immer breiter.

Menschen! Europäer!

Wir alle müssen gegensteuern! Wir MÜSSEN die Macht- und „Pfründen"-Lücke wieder schließen; wir müssen um unser selbst Willen alle etwas abgeben, damit wir alle wieder mehr haben. „Weniger ist mehr" soll die Botschaft sein, aber auch „Mehr Netto vom Brutto" soll wieder gelten.

Und wie erreichen wir, dass wir nicht mit Neid auf den Reichtum anderer schauen, sondern selbst wieder „Leistung erbringen" und nicht „leistungslos" auf Kosten anderer „den Tag stehlen"?

Ich denke, wir müssen uns alle darüber im Klaren werden, dass wir um unseres Gemeinwesens Willen wieder mehr Fleiß aufbringen. Wir müssen uns wieder mehr - und nicht weniger - „anstrengen". Es muss wieder gelten, wer sich mehr anstrengt, soll mehr haben; Leistung soll sich wieder lohnen.

Und dazu zählt das „Detektieren" von leistungslosen/Leistungsarmen Pfründen, Erbhöfen, Besitzen.

Aber hier gleich vorweg, wir Homines Pragmatici sind alle an diesem „Heilige Kuh Spiel" in der einen oder anderen Form beteiligt, weshalb wir ruhig mal in den Spiegel gucken dürfen - und darin einen „Heilige Kuh Spieler" sofort erkennen werden, von ein paar wenigen Ausnahmen abgesehen, die man „mit der Lupe suchen" kann.

Wir werden nicht darum herum kommen, dass wir alle uns beim „Heilige Kuh Spiel" werden zurücknehmen müssen, um für uns alle wieder „Luft zum Atmen" zu erhalten; werden wir das nicht tun, dann werden wir uns alle gegenseitig „die Kehle zudrücken" und zum Atmen aufhören. Dann kommen die apokalyptischen Reiter gemäß Walter Scheidel und machen alles kaputt und viele von uns werden sie mitnehmen - der überlebende „Rest" wird wieder „vor dem Nichts stehen".

Wir werden dann als „Habenichtse" wieder von vorne anfangen und das „Heilige Kuh Spiel" wieder beginnen!

Soll das „die ewige Kreislauf" unserer Spezies sein? Aufbauen - Ungleichheit produzieren - alles wieder kaputt machen?!

Ich denke, NEIN!

Wir MÜSSEN dieses „Heilige Kuh Spiel" beenden, indem wir einen Ausgang aus diesem Circulus Vitiosus (Teufelskreis) finden.

3.1 FEUDALE RELIKTE

„Willst Du den Sumpf trockenlegen, darfst Du nicht die Frösche fragen"
(bekannter Spruch unter Management-Beratern)

Gesellschaftliche Systeme können oft über viele Jahrhunderte bestehen; eines davon ist das Feudalsystem im europäischen Raum. Der jeweilige Monarch (König, Kaiser) sowie der Adelsstand und die Kirche waren die Grundbesitzer, die ihre Besitzrechte an untere Schichten weiter „verliehen" haben, dafür mussten diese „Frondienste" quasi als Bezahlung leisten.

Die (adeligen & kirchlichen) Besitzrechte waren geschützt und anerkannt; sie konnten nicht „so ohne weiteres" weggenommen werden, auch erbrechtlich. Die Besitzer konnten „schalten und walten" über ihre Besitztümer; das gemeine Volk (die Untertanen) blieb außen vor.

Erst mit Beginn der Aufklärung im 18. Jahrhundert änderte sich die Situation, die „Leibeigenschaft" vieler Menschen wurde aufgehoben, sie konnten ihre Unfreiheit abstreifen und sich als freie Menschen „verdingen" (Arbeiten annehmen).

Ergänzend kam hinzu, dass sich nun auch eine viel breitere Bevölkerungsschicht Vermögen und Besitz aneignen konnte, das Erbrecht inklusive. Es kam zu einer Art Verbreiterung der Vermögensverteilung, also zu einer „Verwässerung" von feudalen Rechten/Ansprüchen und damit in Zusammenhang zu einer Verbreiterung von Macht und Geltung; aber das Feudalsystem an sich blieb bestehen.

Die sich während dieser Zeit entwickelnde Industrialisierung bildete dazu die passende Plattform; „Industrielle"-Besitzer konnten mit ihren „Industrien" wirklich enorme Vermögen aufbauen, inklusive des dazugehörigen Erbrechts. Sie waren bald dem Adel und der Kirche gleich angesehene Bürger, auch mit der entsprechenden Macht und dem Einfluss auf den Staat.

Im Laufe der letzten 200-250 Jahre hat sich da viel getan; Vermögens- und Besitzverhältnisse haben sich oft radikal verändert, nicht zuletzt durch viele Kriege unter den Völkern, aber auch durch Bürgeraufstände „gegen die Obrigkeit" sowie durch soziale Umwälzungen, bis hin zu unseren modernen Demokratien.

Was sich aber nicht oder kaum geändert hat, sind im Wesentlichen die zwei folgenden „heiligen Kühe". Es gibt heute noch viele Monarchien und das Erbrecht ist fester, denn je verankert; es steht zum Beispiel explizit im deutschen Grundgesetz.

3.1.1 DAS „GOTTESGNADENTUM" DER HERRSCHER

„Dynastien zeichnen sich dadurch aus, dass sie ihre Regentschaft von einer Ge-
neration auf die nächste übertragen dürfen. Das ist gewissermaßen das Echo
der, als (ehemaliges) Gottesgnadentum bezeichneten, Rechte, die jeweilige
Krone an ihre Kinder weiterzugeben."
(Rodolfo Di Telo: Mehr Europa wagen-Europa-Parteien Europa-Medien, Kap.
16.0 Brauchen wir noch Dynastien?)

Wohl eines der ältesten und mächtigsten „Pfründe" in der Menschheitsgeschichte ist das meist selbst definierte Recht von Herrschern (Königen, Fürsten, Herzögen etc.) ihre „von Gottes Gnaden verliehene" Position oder Stellung an, von ihnen bestimmte, Nachfolger weitergeben zu dürfen (Vererbungsrecht); meist sind das die eigenen Kinder in direkter Erbfolge. Die „Inthronisation" selbst erfolgt „mit göttlichem Beistand" in Form einer klerikalen Zeremonie durch die Überreichung der Krone an den neuen König oder an die neue Königin mittels eines obersten Kirchenführers.

Die ganze Menschheitsgeschichte ist voll von (royalen) „Erbfolgekriegen", also dem Streit um bestimmte Reichs-/Landrechte. In der Tat geht es da um sehr großen Einfluss sowie um meist unbeschränkte Macht über Güter und Menschen. Sowas strahlt eine magische Anziehungskraft auf uns Menschen aus und führte und führt oftmals zu „tadeligen Aktivitäten", seien es Raubzüge, Mord und Todschlag.

Leider sind diese „Herrscher" selten „gute Könige" und „Diener des Volkes", sondern eher machtbesessen und herrschsüchtig „bis hinter die Ohrspitzen" gewesen. Auch heute noch verteidigen die aktuellen Könige und Fürsten ihre royalen Besitzstände „mit Zähnen und Klauen" und weichen „kein Jota" davon ab.

Rodolfo Di Telo hat sich in seiner Buchreihe - Mehr Europa wagen - sehr ausführlich damit beschäftigt und ist zur Überzeugung gelangt, dass in zukünftigen Staatensystemen kein Platz mehr für „royale Erbhöfe", meist in Verbindung mit unermesslichem Besitz und Reichtum, vorgehalten werden soll. Das Beispiel der enorm reichen, Windsor-Königsfamilie in England zeigt den nicht mehr zeitgemäßen Pomp und Aufwand für derartige Positionen, inklusive des völlig unnötigen Spektakels drum herum. Sowas lenkt nur von der wichtigen Tagespolitik ab und sollte im 21. Jahrhundert ein Auslaufmodell sein.

Zeitlich befristete Präsidenten genügen vollauf, sind sie verlässlich, kann man sie wieder wählen - taugen sie nichts, wird ihnen das Mandat entzogen und „keiner weint ihnen eine Träne nach".

Diesem Befund kann ich mich nur anschließen.

3.1.2 DAS ERBRECHT

„Was du ererbt von deinen Vätern hast, erwirb es, um es zu besitzen. Was man nicht nützt, ist eine schwere Last"
(Johann Wolfgang von Goethe (1749 - 1832) in Faust, Tragödie erster Teil)

„Aller Wahrscheinlichkeit nach wird der Erbschaft im 21. Jahrhundert eine ganz erhebliche Rolle zukommen, die durchaus der vergleichbar ist, die sie in der Vergangenheit gespielt hat."
(Thomas Piketty: Das Kapital im 21. Jahrhundert, Kap. 11, Verdienst und Erbschaft auf lange Sicht, S. 501 ff)

Im Grunde genommen hat Goethe das vor ca. 200 Jahren vorweggenommen, was heute im 21. Jahrhundert vielleicht erst „gedacht werden" kann oder darf. Vordenker, wie er, konnten intellektuell über den „absolutistischen Tellerrand" hinweg blicken und sich damals schon, mitten im Universum der „Gottes begnadeten" und erbdynastisch leistungslosen Königs- und Adelswelt, eine Gesellschaft vorstellen, in der „Erwerb" und „Besitz" durchaus zwei unterschiedliche Begriffe sind.

Das 19. und 20. Jahrhundert waren nach meinem geschichtlichen Verständnis die „Phase des intellektuellen Umbruchs", eine Epoche, geprägt durch entsetzliche Kriege, brutale Verteilungskämpfe sowie massenhafter Vertreibung und Völkermord. Das alles weltweit, unterstützt und begleitet durch einen Quantensprung an Wissen und Technologie, die diese schlimme Entwicklung erst ermöglichten und leider den Spruch, dass „der Krieg der Vater aller Dinge" sei, bestätigten.

Giftgas und Panzer im 1. Weltkrieg, Raketen, Schiffs- und Flugtechnik sowie Atomwaffen im 2. Weltkrieg sind die traurigen Wahrheiten dieser Entwicklung. Am Ende stand (fast) die ganze Welt „vor dem Aus".

Der darauf folgende Zustand des „kalten Kriegs" in Europa verbesserte meines Erachtens nicht die Situation; ein „Gleichgewicht des Schreckens" kann nicht „der Weisheit letzter Schluss" sein, da es die treibenden Ungleichheitskräfte nicht verhindern hilft.

Um in der Verlängerung der Gedanken Scheidels zu bleiben, müssen wir Wege finden, dass wir ausgleichende Mechanismen über die Zeit und Generationen finden, die dafür sorgen, dass die Ausgeglichenheit unter den Menschen und Völkern halbwegs im Lot bleibt, um ein „Aufschaukeln" von Ungleichheit zu unterdrücken.

Das Erbrecht ist Tausende Jahre alt - und ich bin überzeugt, das wird auch noch lange so bleiben, weil es ganz tief in unserem Verständnis von „Eigentum" und „Besitz" verhaftet ist; das Erbrecht wird im überwiegendem Maße von der gesamten Gesellschaft als verbrieftes Recht für die Weitergabe eines (persönlichen) Eigentums an Erben angesehen.

Ich denke, das hängt wohl auch mit der Entwicklung unserer Gesellschaft zusammen, mit der Fortentwicklung der unfreien und besitzlosen „Untertanen"-Gesellschaft, die sich bis in das 18. Jahrhundert hinzog, hin zur heutigen freien und - in unseren Ländern - demokratischen Gesellschaftsordnung. Der Erwerb von Besitz und Vermögen ist auch Teil des Verständnisses von Freiheit/Unabhängigkeit von feudalen Strukturen; je mehr jemand besitzt, umso mehr Macht kann er selbst „in die Waagschale werfen", um gewisse Einflüsse im (macht)politischen Umfeld vorzunehmen. Dort, wo vorher nur der Adel und der Klerus Einfluss nehmen konnte, konnte jetzt auch der „normale Bürger" seine (vermögende) „Macht" spielen lassen. Das war natürlich für weite Kreise der Bevölkerung ein „Quantensprung" an Machtgewinn. Verständlicherweise wird niemand gerne an diesem Recht rütteln wollen.

Wann sich der Wunsch nach Besitz und Reichtum in die Menschheitsgeschichte „eingeschlichen hat", ist nicht genau überliefert, die Geschichtsforschung vermutet aber, dass das wohl in der Phase der Sesshaftwerdung der Menschen, also in der Epoche der beginnenden Agrarwirtschaft und des Bauernwesens, gewesen sein muss, so um ca. 10.000 Jahre vor Christus. Die Vormenschen waren ja Jäger und Sammler und zogen mit den großen Tierherden mit, so wird angenommen; sie hatten daher kaum die Möglichkeit unflexible Güter und belastenden Besitz mit sich herumzutragen. Ihr Leben war geprägt vom Erwerb des täglichen Bedarfs. Güter und größerer Besitz waren da ein Hindernis. Diese Menschen waren im positiven Sinne „Habenichtse" und wohl gleichrangig in ihren Gruppen.

Mit der Sesshaftwerdung der Menschen entwickelte sich der Drang zu Landbesitz, war doch die Größe der zu bebauende Ackerfläche ausschlaggebend für die Nahrungsmittelmenge, die produziert werden konnte, je mehr jemand Land „besaß", desto mehr Güter konnte er produzieren und damit an Macht und Einfluss innerhalb seiner Gruppe oder Gesellschaft gewinnen.

Das Erbrecht selbst hat sich wahrscheinlich mit dem Verständnis von Besitz und Gütern zusammen mit der Entwicklung von feudalähnlichen Strukturen entwickelt, die wiederum wohl mit dem Aufbau von spirituellen/religiösen Aktivitäten in Zusammenhang stehen; Besitz als wohlwollender, „von Gott geliehener" Ausdruck von Macht sozusagen.

In jedem Fall finden sich bei den Mesopotamiern, Assyrern und Ägyptern schon klare Regeln und Gesetze im Umgang mit Besitz und Vermögen in Verbindung zu religiösen (Macht)Strukturen. Ich möchte aber hier nicht weiter verweilen, weil es dazu mittlerweile ausgezeichnete Film- und Fernsehserien gibt, die sehr aufschlussreich und auch historisch fundiert einen Einblick in unsere menschliche Entwicklung geben.

Hierzu verweise ich gerne auf die vielen Dokumentationen unter Terra-X im ARD und ZDF, zum Beispiel Dirk Steffens; Wem gehört die Welt? - Eine Geschichte des Reichtums (Teil 1, vom Ackerbau zum Imperium).

Vermögen und Reichtum sind aber nicht „absolute" Werte, sondern geprägt vom subjektiven „Wert" in der jeweiligen Epoche und des Bedarfs(„Werts"), den Menschen in das jeweilige Gut setzen; was aber in jeder Hinsicht unstreitig an Wert über die Jahrtausende gewonnen hat, ist Grund und Boden. Diese Gleichung ist ganz einfach - über die Zeit hat die Bevölkerung zugenommen, die Landfläche ist aber gleich geblieben; so müssen sich immer mehr Menschen den gleichgebliebenen Boden für Wohnen, Arbeiten und Ernähren teilen. Natürlich ist Grund und Boden nicht überall gleich teuer, aber grundsätzlich steigt der Wert kontinuierlich - überall!

Dies korrespondiert auch mit dem Immobilienvermögen, also Gebäude, Wohnhäuser, Gewerbeimmobilien. Menschen mit einem großen Land-/Immobilienvermögen können praktisch „zusehen", wie ihr Besitz immer mehr an Wert gewinnt, ohne auch nur „einen Finger zu rühren". Man muss es einfach so feststellen, was es ist - Es ist ein leistungsloser Wertzuwachs.

Das anliegende Schaubild zeigt die Vermögensbildung privater Institutionen in Deutschland zwischen 1998-2018; es zeigt grob die Verdoppelung des Vermögens in ca. 20 Jahren.

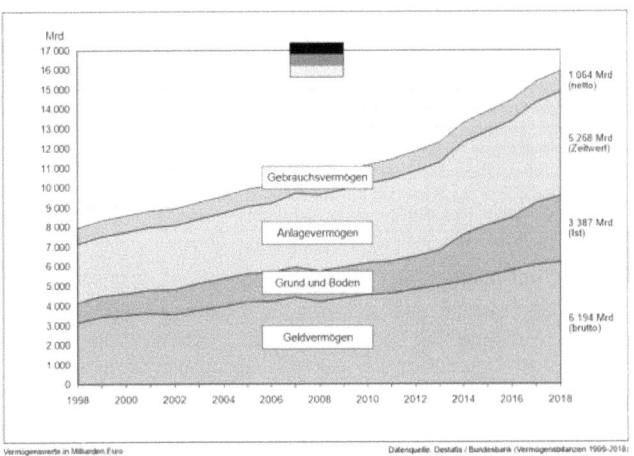

(Quelle: Destatis/Bundesbank, Vermögensbilanzen 1998-2018)

Diese Erkenntnis zeigt für meine Begriffe unter anderem die wahre Genialität Goethes aus, die Erkenntnis, dass der Adel im absolutistisch regierten 18. Jahrhundert seinen Besitz „einfach so" an seine Nachkommen weiterreichen konnte, ohne dass diese es jemals haben „erwerben" (i.e. erarbeiten) müssen; der Besitz wird ohne jegliche Anstrengung an die nachfolgende Generation weiter gereicht, nach dem Motto - Einmal (Land)Besitz, immer Landbesitz – und „das Volk" (i.e. die Untertanen) bleibt „außen vor".

Die (katholische) Kirche war da schon etwas schlauer; indem sie das Heiraten von Priestern verbot, konnten sich keine (Erb)Generationen daraus entwickeln, um eventuelle (Erb)Ansprüche an „die Kirche" zu stellen.

Eines muss doch noch gesagt werden; die Leibeigenschaft wurde in den österreichischen und preußischen Reichen erst Mitte des 18. Jahrhunderts überhaupt aufgehoben! Moderne Denkstrukturen waren da noch „in den Kinderschuhen".

Wir sind aber mittlerweile im 21. Jahrhundert angekommen und da postuliert Thomas Piketty, dass der „Erbschaft (im 21. Jahrhundert) eine ganz erhebliche Rolle zukommen dürfte".

Weiter hält er fest:

„Sobald die Kapitalrendite höher ist, als die Wachstumsrate, überwiegt fast unvermeidlich die Erbschaft, also das aus der Vergangenheit stammende Vermögen, die Ersparnis, also das aus der Gegenwart stammende Vermögen .... Das heißt, dass die Vergangenheit sich anschickt, die Zukunft zu fressen. Die aus der Vergangenheit stammenden Reichtümer vermehren sich ohne Arbeit schneller, als die Reichtümer, die durch Arbeit geschaffen und angespart werden können. Fast zwangsläufig verleiht das den in der Vergangenheit entstandenen Ungleichheiten und damit der Erbschaft ein dauerhaftes Übergewicht."
(Thomas Piketty: Das Kapital im 21. Jahrhundert, Kap. 11, Verdienst und Erbschaft auf lange Sicht, S. 501 ff)

Piketty will nichts anderes sagen, als dass das (Erb)Vermögen als Wertzuwachs alle anderen Vermögenszuwächse schlägt; seine Aussage ist verkürzt, einmal (Erb)Vermögen, immer mehr Vermögen über die weiteren Generationen hinweg.

Weitere wirtschaftliche Faktoren wie der „Cantillon-Effekt" (Richard Cantillon, Ökonom 1680-1734) im Geldkreislauf untermauern den Befund, dass „Reiche immer reicher, Arme immer ärmer werden".

Wie hätte meine Mutter selbiges trocken kommentiert:

„Wo Tauben sind, fliegen Tauben zu!"

oder bibelfest wie sie war:

„Wer hat, dem wird gegeben!" (Mt 25,29)

Einfach genial, meine Mutter!

Das anliegende Beispiel zeigt exemplarisch für mehr oder weniger alle wohlhabenden Nationen den Vermögenszuwachs je 10% der deutschen Bevölkerung in den Jahren 2012 – 2017 (also in nur fünf (5) Jahren); während die unteren 20% der Bevölkerung keinen oder kaum einen Vermögenszuwachs zu verzeichnen hatten, steigerten die reichsten 10% im gleichen Zeitraum ihr Vermögen um ca. 35%

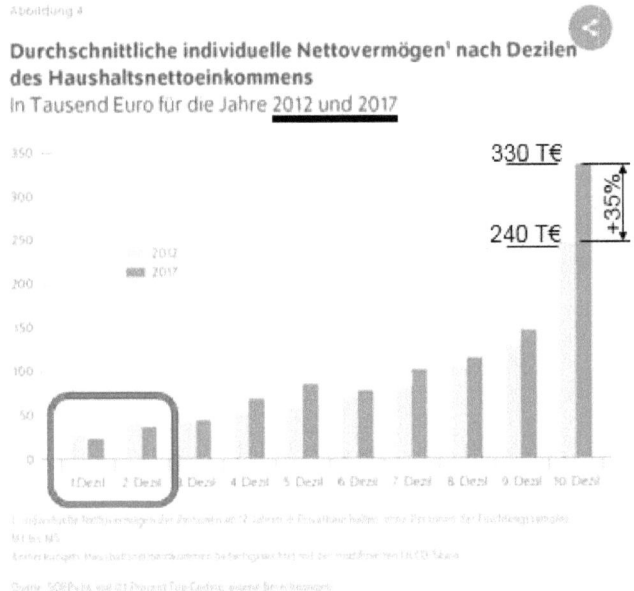

(Quelle: DIW 2019; Basis SOEPv34)

Dieser Vermögenszuwachs geht natürlich in weiterer Folge auf die nächste Generation über - und wenn diese es nicht „verjubelt", dann wird's wieder an die nächste weitergereicht.

Schon Konrad Adenauer hat 1946 - ein (1) Jahr nach dem 2. Weltkrieg - auf eine potentielle (Vermögens)Spaltung innerhalb der Gesellschaft hingewiesen, die möglicherweise „zum Tod" der Demokratie führen kann, wenn wir nicht rechtzeitig gegensteuern und für einen „mäßigen Besitz möglichst vieler" sorgen müssen.

(Quelle: Zitat von Konrad Adenauer im Konrad-Adenauer-Museum, Rhöndorf)

Aber auch er konnte sicherlich nicht ahnen, dass wir - Gott sei Dank! - eine so lange friedliche Phase innerhalb Europas haben werden. Ja, wir haben wohl eine der längsten, wenn nicht gar die längste Friedensphase, in den letzten europäischen Jahrhunderten erlebt. Was aber auch er sicherlich nicht abschätzen konnte, ist, dass sich die besitzrechtlichen „Unwuchten" schon vor dem Krieg zu einem veritablen Ungleichgewicht nach dem Krieg weiterentwickeln würden.

Der Gini-Effekt und die Vermögensverteilung

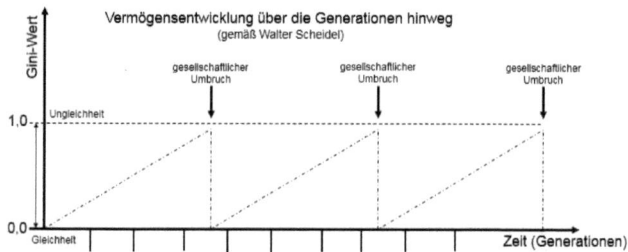

(Skizze: Arnulf Dietl, Entwicklung des Ungleichgewichts bei der Vermögensverteilung)

Das vorherige Schaubild über die Haushaltsnettoeinkommen 2012 und 2017, verdeutlicht sehr anschaulich wie sich die Ungleichverteilung „aufschaukeln" kann, wenn es nicht Gegenwirkungen gibt. Wenn „nur noch Tauben zufliegen, wo schon Tauben sind", dann wird der „Taubenschlag" natürlich immer größer und größer - auf Kosten der anderen „armen Vögel".

Erben - eine dicke, fette „heilige Kuh"

Meines Erachtens ist diese fette „heilige Kuh" mittlerweile so „vollgefressen" und schwer, dass sich niemand traut diese Kuh zu „schlachten"; die „Heilige Erb-Kuh" ist quasi „der Tyrannosaurus-Rex" der heiligen Kühe! Wir reden ja über wirklich viel

Vermögen, das da von einer Generation zur nächsten „rüber wächst". Ich habe in einem separaten Kapitel versucht Daten beizufügen; genaue Zahlen gibt es nicht, aber Experten sprechen von ca. 300-400 Mrd. € allein in Deutschland, die jährlich vererbt werden; eine wahrlich „hübsche Summe"!

Wir als Homines Pragmatici sind auf diesem Macht/Geld-Feld besonders „sensibel"; was wir einmal haben, geben wir nicht mehr gerne her - und das gleich über die Generationen hinweg. Und das ist auch noch durch das Grundgesetz geschützt (siehe unten).

Eine Umfrage aus dem Jahr 2015 (eine jüngere habe ich nicht gefunden) besagt, dass

„84% der Befragten zustimmen, dass es gerecht ist, dass die Eltern das Vermögen an ihre Kinder weitergeben, auch wenn das heißt, dass Kinder reicher Eltern im Leben bessere Chancen haben".
(Quelle: DLF, Erbschaft, feudales Relikt aus der Vergangenheit, 2015)

<u>Ist das Recht auf Vererbung also ein „verbrieftes Recht"?</u> Und was steht zum Beispiel im Grundgesetz aus dem Jahr 1949?

Im (deutschen) Grundgesetz, Artikel 14 Abs. 1 steht:

„Das Eigentum und das Erbrecht werden gewährleistet. Inhalt und Schranken werden durch die Gesetze bestimmt."
Das Bundesverfassungsgericht hat das präzisiert. Art. 14 GG schützt also nicht allgemein das „Privateigentum", sondern das „Eigentum Privater".
(BVerfGE 61, 82/109) (Quelle: www.lecturio.de)

Und weiter bei Lecturio:

„Sachlicher Schutzbereich
Die Eigentumsgarantie ist ein im Hinblick auf den Schutzbereich besonders schwieriges Grundrecht, da das Eigentum in starkem Maße normgeprägt ist.
Die Eigentumsfreiheit ist eine rechtlich konstituierte Freiheit. Demnach gibt es kein Eigentum ohne die Rechtsordnung. Deshalb enthält Art. 14 Abs. 1 S. 1 GG die Verpflichtung an den Gesetzgeber, Normen zu schaffen und bereitzuhalten, nach denen Eigentum im Sinne der Verfassung gebildet, erworben, benutzt und veräußert werden kann. Daher spricht man von der Institutionsgarantie des Eigentums.
Weiterhin enthält Art. 14 Abs. 1 S. 1 GG auch eine Rechtsstellungsgarantie. Der Eigentümer darf seinen Eigentumsgegenstand erwerben, behalten, veräußern, nutzen oder nicht nutzen"
(Quelle: www.lecturio.de)

Dazu schreibt Thomas Hummel unter www.abamatus.de:

„Erbrecht

Warum wird das Erbrecht im Grundgesetz zusammen mit dem Eigentum geregelt?

Das Erbrecht stellt im Grund nur eine zeitliche „Verlängerung" des Eigentumsrechts dar. Sein Vermögen zu vererben ist eine Verfügung über das Eigentum - nur eben nach dem Tod. Insofern sind beide Grundrechte zusammen zu verstehen.

Inwieweit wird das Erbrecht grundrechtlich geschützt?
Durch die Aufnahme des Erbrechts in Art. 14 GG findet ebenfalls ein Schutz des Rechtsinstituts (dass also der Eigentümer entscheidet, was nach seinem Tod mit seinem Eigentum geschieht) und des Individualrechts (dass ein konkreter Eigentümer sich seine Erben selbst aussuchen darf) statt.
Grundrechtsträger sind sowohl der Erblasser (also die Person, die vererbt) als auch der Erbe (also der Begünstigte).
Wie weit kann der Gesetzgeber das Erbrecht regeln?
Das letzte Hemd hat bekanntlich keine Taschen. Darum darf jeder selbst darüber entscheiden, was nach seinem Tod mit seinem Vermögen geschehen soll. Grundsätzlich kann das Gesetz festlegen, wer gesetzlicher Erbe ist, sofern der Eigentümer das Recht hat, hiervon abzuweichen. Dabei können für die Abweichungsbefugnis gewisse Grenzen festgelegt werden wie dies bspw. beim Pflichtteilsrecht der Fall ist.
Dass das Gesetz gewisse Rechtsinstitute (z.B. Vermächtnis, Auflage) vorgibt, dient der Systematisierung des Erbrechts und schränkt den Erblasser nicht über Gebühr ein.
Besondere Formvorschriften für das Testament (eigenhändig oder durch einen Notar) sind zulässig und dienen ggf. sogar dem Schutz des Erbrechts, da sie Fälschungen erschweren und vor Übereilung oder Täuschung schützen können.
Welche Bedeutung hat das Erbschafts-Grundrecht für die Auslegung eines Testaments?
Da es (innerhalb der genannten Grenzen) allein die Entscheidung des Erblassers ist, was er mit seinem Vermögen macht, muss das Testament auch nur nach dessen Willen ausgelegt werden. Ein dafür zuständiges Gericht darf nicht nach eigenen Gerechtigkeits- oder Praktikabilitätsvorstellungen entscheiden, wer Erbe werden soll.
Sofern das Gericht diesen Grundansatz nicht zeigt oder stattdessen eigene Erwägungen erkennbar an erste Stelle setzt, kann eine Verfassungsbeschwerde gegen ein erbrechtliches Urteil erfolgversprechend sein.
Ist eine Erbschaftsteuer zulässig?
Ja, grundsätzlich schon. Zwar handelt es sich um einen Eingriff in das Vererbungsrecht, da der Erblasser quasi gezwungen wird, einen Teil seines Vermögens dem Staat zu überlassen. Allerdings ist Steuerschuldner ausschließlich der Erbe, der Erblasser wird also nicht unmittelbar, sondern allenfalls ideell belastet. Insoweit hat der Staat auch allgemein das Recht, Eigentumserwerb der Besteuerung zu unterwerfen.
Seine Grenze findet dies allerdings dann, wenn die Erbschaftsteuer zu einer übermäßigen Belastung des Erben führt und zu befürchten ist, dass er insbesondere Gegenstände aus dem Erbe verkaufen muss, um die Steuer bezahlen zu können. Auch familiäre Beziehungen müssen berücksichtigt werden."
(Quelle: Rechtsanwaltskanzlei „Abamatus" Thomas Hummel, www.abamatus.de)

Ich möchte an diesem Punkt angekommen grundsätzlich festhalten, dass ich KEIN KOMMUNIST, KEIN SOZIALIST und sonst KEIN LINKER (auch NICHT LINKS/GRÜNER) bin, und natürlich auch KEIN FASCHIST, wenn ich trotzdem eine generationsübergreifende Diskussion über die „Heilige Erb-Kuh" anstoßen möchte.

Ich bin mir nicht sicher, ob die Grundgesetzschreiber im Jahr 1949, direkt nach dem 2. Weltkrieg, diese enge Verknüpfung zwischen Eigentum und Vererben gesehen haben und möchte ihnen deshalb auch keinen Vorwurf machen. Im 2. Weltkrieg wurde „alles dem Boden gleichgemacht" (es wurde viel zerstört und kaputt gemacht), sodass gemäß Walter Scheidel „nach dem Krieg alle gleich" gewesen sind; „alle" wurden zu hungernden „Habenichtsen".

Davon ausgenommen ein paar Superreiche, die ihr Vermögen über den Krieg retten konnten (siehe Bernt Engelmann: „Das Reich zerfiel, die Reichen blieben"), also gemäß des Buchs „Farm der Tiere", indem zum Ende die Schweine rufen: „Alle Tiere sind gleich, aber einige sind mehr gleich, als die anderen".

Die Grundgesetzgeber konnten auch nicht ahnen, dass es nach dem 2. Weltkrieg eine in der Geschichte einmalig lange Friedensphase in Europa geben wird, sodass sich diese anfängliche „Unwucht" zu einer ausgewachsenen Fehlverteilung entwickeln wird.

Mit der Verquickung von Besitzrechten mit Erbrechten wurden die Grundgesetzschreiber, ob gewollt oder nicht, zu „Schutzheiligen" der leistungslosen Nutznießer, oder „Erbschleicher". Sie konnten nicht ahnen, oder wollten es nicht kommen sehen, dass Grund- und Boden-Besitz eine derart „steile Karriere" im Laufe der folgenden Generationen machen würde.

Preisentwicklung für baureifes Land in Deutschland:

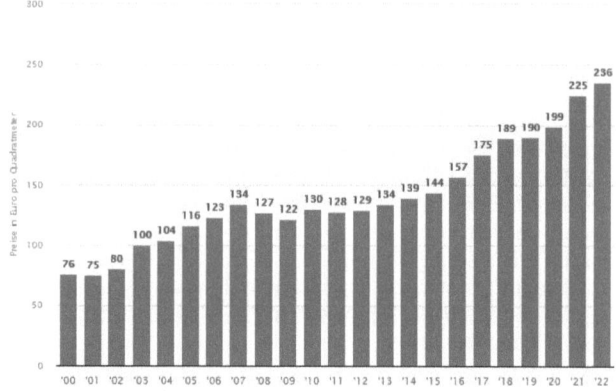

(Quelle: Statista, Preisentwicklung für baureifes Land in Deutschland in den Jahren 2000 bis 2022)

Die Preisentwicklung für baureifes Land zeigt die Dramatik, vor der der Homo Pragmaticus in Deutschland steht, innerhalb von nur 22 Jahren hat sich das Bauland praktisch verdreifacht (ca. 310%), was einer mittleren Steigerung von 5,3%/Jahr entspricht.

In der gleichen Zeit haben sich die Nominallöhne aber nur um rund 47% erhöht (ca. 1,75%/Jahr).

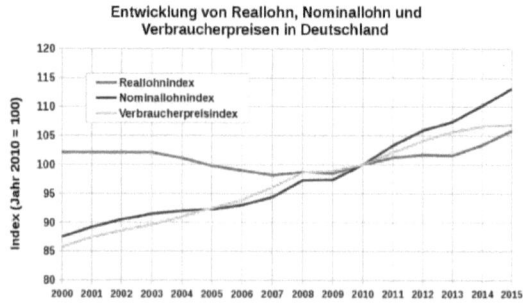

Abbildung 1: Entwicklung von Reallohn, Nominallohn und Verbraucherpreisen in Deutschland (vgl. Statistisches Bundesamt 2015)

Ergänzung Arnulf Dietl:

Kalkulation: 2000-2015 (15 Jahre)

Jahr	Index
2015	113

Faktor: 113/87 = <u>1,30</u> -> Wachstum (1,30 = X^{15}) = 1,0175 **(1,75%/a)**

Jahr	Index
2000	87

Zum Vergleich, Hochrechnung auf 2022 (22 Jahre): $1,0175^{22}$) = 1,47 (<u>Steigerung um **47%**</u>)

(Quelle: Universität Köln 2020, Nikola Noske, Wirkungsmechanismen der Hartz-Reformen auf das deutsche Lohnniveau, Nominallohnindex)

Diese wirklich simple Gegenüberstellung verdeutlicht, dass der Homo Pragmaticus mit einer mittleren Gehaltssteigerung (ca. 1,75%/a) niemals in den Genuss eines Baugrundstücks (und damit in den Besitz eines Eigenheims) kommen wird, weil er von der Preissteigerung der Baugrundstücke geschlagen wird.

Noch dramatischer wird die Betrachtung, wenn man eine Abschätzung „nach vorne" macht, sagen wir bis 1950; ich weiß, das werden viele als „unredlich" empfinden, so einfach 50 Jahre nach vorne zu rechnen, aber ich versuchs trotzdem; es sind ca. 6 €/m² (i.e.<u>12 DM/m²</u>), was vielleicht noch hoch geschätzt ist.

Wer also nach dem Krieg „ein paar Pfennige" besaß und sich ein „Stücksche Erd" leisten konnte, der ist heute „ein gemachter Mann". Ich denke da auch an die vielen (Klein)Bauern in den stadtnahen Gebieten, die im Laufe der Zeit ihr Land in Bauland umwidmen ließen und danach „einen goldenen Schnitt" machten.

Zum Vergleich, meine Eltern in Kärnten, Österreich; sie erwarben 1949 ein Grundstück für ca. fünf (5) Schilling/m². Heute haben ähnliche Grundstücke einen mittleren Wert von ca. 245 €/m², 2025 (i.e. ca. 3.400 ÖS/m²), womit das einer Preissteigerung von sage und schreibe mehr als dem 600-fachen des Ursprungswert entspricht (unglaubliche 60.000%!) und einer Wertsteigerung von ca. 8,9%/Jahr! Erklärend sei erwähnt, dass da zwischenzeitlich eine Bodenumwandlung stattgefunden hat - von Agrar- in Bauland; meine Eltern erwarben das Grundstück als Ackerland, auf dem (zuerst) von der Gemeinde eine kleine

Fläche als Bauland ausgewiesen wurde. Erst viel später wurde das gesamte Grundstück per Gesetz zu Bauland umgewidmet.

Das Beispiel von meinen Eltern zeigt aber sehr deutlich, dass, wer am Ende des zweiten Weltkriegs schon (viel) Land hatte, dessen (Boden)Vermögen über die Jahrzehnte „ins Unermessliche" stieg. Nicht umsonst „klammern" sich praktisch alle Bodenbesitzer „wie ein Ertrinkender an den Strohhalm" über die Jahre an den „Erbbesitz", weil es ein leistungsloses „Hinzuverdienst" wird, das „irgendwann" von einem Erben „versilbert" werden kann, den überproportionalen Wertzuwachs inklusive. Wer also ein „Bauerwartungsland" sein Eigen nennen darf, der wird es „mit Zähnen und Klauen verteidigen".

Dem Homo Pragmaticus bleiben nur zwei Chancen, entweder kann er ein Grundstück erben, oder er verdient so viel, dass er die Grundpreissteigerung ausgleichen kann. Beide Möglichkeiten sind aber meist Ausnahmen und verdeutlichen den Riss, der mittel- und langfristig durch die Gesellschaft gehen wird - und es mittlerweile auch schon tut.

Ich habe vergleichend auch den Hauspreis verfolgt, der sich, wie das unten liegende Diagramm zeigt, sehr lange „nicht von der Stelle rührte", bis es so ab ca. 2010 zu einer „Preisexplosion" gekommen ist.

Hauspreisindex von einer Immobilienrendite

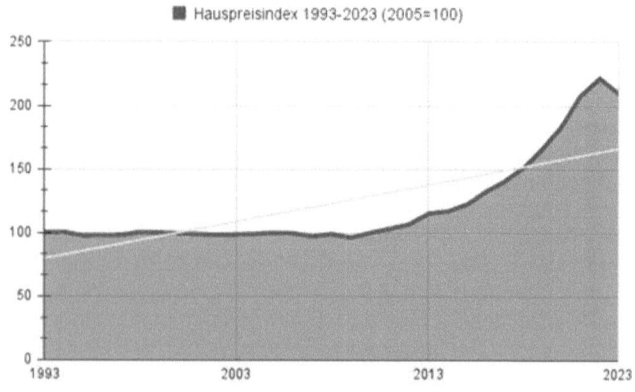

52

(Quelle: Europace: Eigene Berechnungen und eigene Darstellung meine Rendi-
teimmobilie)

Ich denke, das ist auch damit zu erklären, dass über viele Jahre
der Bauzins nur langsam abnahm, bis er um 2010 praktisch zur
„0" tendierte. Das war wohl „der Startschuss" für einen Immobilienboom unvergleichlichen Ausmaßes. Homines Pragmatici,
die „eine gute Bonität" hatten, konnten den „Cantillon-Effekt"
nutzen und sich jetzt sehr leicht mittels billigen Krediten Immobilien kaufen, während wiederum andere „ohne gute Bonität"
leer ausgingen.

Auch das anliegende Diagramm über den Zeitraum 1998-2018
(20 Jahre) zeigt den gleichen Vektor, das Gesamtvermögen
nimmt kontinuierlich zu, aber die unteren Einkommensschich-
ten haben praktisch nichts davon (siehe vorherige Diagramme).

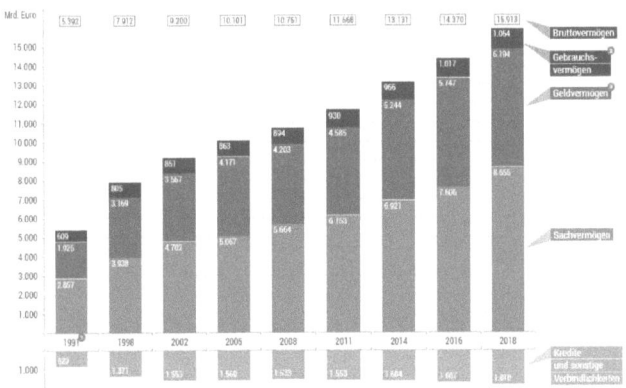

(Quelle: Deutsche Bundesbank, Statistisches Bundesamt: Sektorale und ge-
samtwirtschaftliche Vermögensbilanzen)

Tja, „so ists Lebe!", sagt der Volksmund, aber er sagt´s mittlerweile „mit dem Schaum vor dem Mund"!

Wenn ich mir die Diagramme ansehe, dann blicke ich sie mir
auch mit Nachdenklichkeit an und Walter Scheidel kommt mir
immer wieder in den Sinn.

Muss es wirklich soweit kommen, dass wir Homines Pragmatici nichts aus der Geschichte lernen und die Ungleichheit solange „ausreizen" bis es zu Bürgerkriegen kommt und wir alle wieder „vor dem Nichts stehen" - aber dann als egalitäre „Habenichtse" und Millionen Tote mehr?

Aber mehr und mehr Stimmen, nicht nur aus dem Lager der „Enteignungs"-Sozialisten und „Leistungslos"-Links/Grünen, kommen zur Überzeugung, dass „sich etwas tun muss", so zum Beispiel der Historiker Heinrich August Winkler, der bereits 2020 anlässlich der Corona-Pandemie dem „Tagesspiegel" ein Interview gab:

„Deutschland wird um eine Umverteilung großen Stils nicht herumkommen – einen Lastenausgleich zwischen denen, die unter den materiellen Folgen dieser Krise weniger zu leiden haben als die, deren berufliche Existenz auf dem Spiel steht." Und: „Die Dimensionen dieser Umverteilung werden die des historischen Lastenausgleichs zugunsten der Heimatvertriebenen und Ausgebombten in der alten Bundesrepublik weit übertreffen."
(Quelle: Welt, 2022, Geschichte: Erster Lastenausgleich)

Ich zähle mich nicht zu jenen Verfechtern, die anderen einfach etwas „wegnehmen" möchten, einfach nur, weil diese es möchten, oder jene zu bequem sind ihre Leistung in die Gesellschaft einzubringen und bevorzugt „leistungslos", auf Kosten anderer sich durchs Leben „schmarotzen" wollen.

Wer zum Beispiel ein leistungsloses Grundeinkommen fordert oder max. 20 Std. pro Woche arbeiten möchte, oder sich weigert einen Dienst an der Gesellschaft zu machen, der braucht mit mir nicht über eine Änderung des Erbrechts nachzudenken.

Diskutieren möchte ich nur mit jenen Bürgern, die bereit sind ihre persönliche Leistung in die Gesellschaft einzubringen, die das Wort „Leistung" als eigenverantwortlichen Beitrag zur Gesellschaft sehen, aber nicht mit jenen, die den Begriff „Leistung" als einseitige staatliche Bringschuld verstehen, für die sie selbst nichts erbringen müssen - also ein leistungsloses „Abstauben" an der Gesellschaft.

Gedanken anregen möchte ich bei jenen, die den Begriff Leistung als Dienst an der Gesellschaft verstehen, sei als einjähriger Wehrdienst oder Sozialdienst, oder generell als freiwillige

Leistung („für Gottes Lohn") in diversen ehrenamtlichen Bereichen (zum Beispiel bei der Tafel etc.), aber nicht bei jenen, die
lieber Cannabis rauchend „dem Herrgott den Tag stehlen" und
nur darauf warten, an die Staatskasse „ausfassen zu gehen".

Auch kann ich mir vorstellen mit Arbeitsgruppen und -Vertre-
tungen zu sprechen, durchaus auch mit den Gewerkschaften,
aber nur dann, wenn nicht nur über weniger Arbeit, sondern
durchaus auch über **mehr Arbeitszeit** offen gesprochen wird.

In diesem Zusammenhang weise ich gern auf mein Kapitel 4.0,
Würde, Fleiß, Bildung hin, indem ich im Detail auf die Sinnhaf-
tigkeit des Fleißes eingehen werde.

Eine neue Erbdebatte im 21. Jahrhundert

Ich denke, wir müssen die „Erbthematik" im 21. Jahrhundert
neu betrachten lernen; wir MÜSSEN eine neue Debatte führen,
aber nicht in Deutschland allein, oder in Frankreich oder, oder,
oder, sondern das muss eine nationenübergreifende Debatte
werden, ähnlich der globalen Quellensteuerthematik.

Ich denke, diese Frage ist wirklich nicht neu!

Wie heißt´s: „Geld/Vermögen ist wie ein scheues Reh!" Das
Vermögen „entzieht sich" liebend gerne etwaigen Steuerfahn-
dern und „versickert" bevorzugt dann in irgendwelchen „Offs-
hore"-Bunkern, um anschließend als „gewaschenes Vermögen", dann wieder im Wirtschaftskreislauf „aufzutauchen". Das
kann und darf natürlich nicht sein; sowas muss verhindert werden, weil sofort wieder neue Ungerechtigkeiten entstehen würden. Der Homo Pragmaticus ist da äußerst erfinderisch „im
Züchten scheuer Rehe" und Menschen, die mehr davon verstehen, können mehr „Honig daraus ziehen", als andere, die
nicht diesen Zugang haben.

Gut, Ungerechtigkeiten wird es immer geben, weil ja der Homo
Pragmaticus so ist, wie er ist. Die Frage bleibt also wie groß,
oder besser wie klein die Ungerechtigkeiten bleiben dürfen, um
ein gedeihliches Zusammenleben zu ermöglichen, ohne wieder
nach einem zerstörerischen Krieg als „egalitäre Habenichtse"

vor den Trümmern ihrer Existenz zu stehen, wenn man überhaupt die Chance hat den Krieg zu überleben (siehe Walter Scheidel).

Wie kann also so eine „erbliche Gleichheit" aussehen? Für meine Begriffe hat Goethe dazu den Denkanstoß gegeben mit seinem Satz:

„Was du ererbt von deinen Vätern hast, erwirb es, um es zu besitzen".

Ich finde diesen Satz wirklich „unique", wenn man das so sagen darf, weil er das ausdrückt, was es de facto ist; es gibt um das (Neu)"Erwerben" eines schon vorhandenen "Besitzes".

Es geht darum, dass jede Generation von neuem den Besitz der vorherigen Generation erwerben muss, um durch (eigene) Leistung wieder in den Besitz des (Erb)Guts zu gelangen. Das ist meines Erachtens der Schlüssel zum Ganzen!

Es stellt sich ja wirklich die Frage, ob es Sinn macht, dass man in dem Moment, indem man „die Augen für ewig zumacht", seine komplette Macht über sein irdisches Vermögen weiter beherrschen darf - also „über den Tod hinaus" über irdisches Vermögen zu verfügen und das Recht zu haben, zu entscheiden, was mit seinem Vermögen passiert.

Tot ist tot, da gibt es nichts zu deuteln. Man kann auch nichts „mitnehmen", weil heute doch jeder weiß, dass „im Jenseits" andere „Vermögensregeln" herrschen, als im irdischen Dasein. Warum also „verfügen" über irdische Güter? Wozu einen „letzten Willen" kundtun, wenn man soundso nicht weiß, wie es weitergeht. Im ganzen Tierreich gibt's keinen Fall von „Erbübertragung", und auch unsere steinzeitlichen Altvorderen kannten Besitz (und Erbe) nicht.

Es geht um den Goethe´schen Gedankenansatz, dass sich jede Generation von Neuem mit der „Erwerbsthematik" auseinandersetzt und nicht warten kann, bis ihr eine erwerbslose, also wirklich leistungslose „Frucht" in den Schoß fällt, so wie es weiland der Sterntalerin im Märchen passiert ist.

Unser Leben ist kein Märchen und kein „Ponyhof", sondern muss ein durch (eigene) Leistung geprägtes schöpferisches Zusammenleben sein; es ist ein Leben, das durch eigene Leistung zum Erwerb von Gütern und Vermögen führen soll. Ein leistungsloses „Abschmarotzen" darf gar nicht oder nur in engen Grenzen bleiben.

Und so muss das auch meines Erachtens „mit dem (Nicht)Erben" sein; ein leistungsloses „Erben", ohne dem dazwischen stehenden „Erwerben" soll und darf es nicht mehr geben - unterschiedslos für jede Generation.

Dieses (Nicht)Erben soll ähnlich gelten, wie bei den diskutierten royalen Häuptern im vorherigen Kapitel 3.1.1, Das „Gottesgnadentum" der Herrscher. Es gibt keine „Erbfolge" mehr - und damit kein Recht des Übertragens von royalen „Pfründen" und Vermögen von einer Generation auf die nächste.

Was machen wir nun mit den nichtvererbten Vermögen und Gütern? Wir sprechen da zum Beispiel von mehreren 100 Mrd. € pro Jahr allein Deutschland. Aber da gibt es mittlerweile einen bunten Strauß von Möglichkeiten, man muss nicht gleich an „den Staat" als „erblichen Abstauber" denken. Das alles ist ja nicht neu, sondern wird schon seit vielen Jahrzehnten praktiziert. Ich denke da zum Beispiel an die vielen Stiftungen, seien sie privat oder öffentlich, in die das Erbvermögen eingebracht werden kann; Beispiele gibt es genug, ich denke da zum Beispiel an die Siemens-Stiftung, die Bosch-Stiftung und unzählige weitere allein Deutschland.

Und gerade aktuell lese ich einen passenden Artikel von Frau Nadine Kammerlander in der FAZ vom 08.07.2024 zu diesem Thema:
„Der Betriebswirt-Für die Zukunft in treuen Händen
Eine neue Rechtsform könnte die Nachfolge von Unternehmern sichern. Welche Regeln braucht es dafür?"
In diesem Artikel geht um nichts weniger, als um die Erstellung eines neuen Gesetzes zur Regelung der Nachfolge in Ergänzung den oben erwähnten Stiftungsmodellen.

Ist „Nicht (mehr) erben" also eine „Enteignung"?

ALLE möglichen Erben werden bei diesem Artikel empört „kalte Enteignung" aufschreien und das Grundgesetz bemühen; das ist bis dato schon richtig, aber es löst trotzdem unser eigentliches Gesellschaftsproblem nicht. Ein „Aufschrei" ohne gleichzeitig eine Lösung anzubieten, ist „nicht nützlich".

Eine Gesellschaft in Freiheit kann nur in Freiheit weiter bestehen, wenn in etwa alle in ähnlichen Verhältnissen leben können. Dazu brauchen wir weder einen (diktatorischen) Kommunismus/Sozialismus, noch einen (ungebremsten) Kapitalismus, sondern die „Freiheit als Einsicht in die Notwendigkeit" (wer auch immer das gesagt hat, da gibt's einen Zitatenstreit).

Es macht ja auch wirklich wenig Sinn, dass es einem „Besitzer" erlaubt ist „über den Tod hinaus" über seinen Besitz zu „verfügen". Ich kann mich nur wiederholen, tot ist tot und damit außer Kraft weiter über „Besitz" zu verfügen.

Ein neuer Begriff: Das „Er(wer)bsrecht"

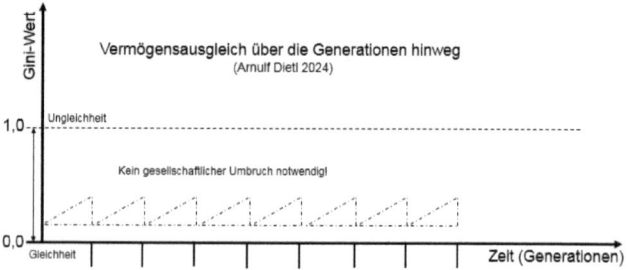

(Skizze: Arnulf Dietl, Vermögensausgleich über die Generationen hinweg)

Ich denke, es wird Zeit, dass wir den Erbrechtsbegriff zu einemneuen Begriff, dem „Er(wer)bsrecht" weiterentwickeln müssen, ganz im Sinne Goethes, dass das, „was man nicht nutzt, eine schwere Last ist". Wie viele Erben sind gar nicht in der Lage das Ererbte auch zu nutzen, sondern es nur für Machtspiele zu missbrauchen oder um es leistungslos zu „verjubeln". Nur erben, um des Erbens willen ist „nicht nützlich"; das Erbe wird durch „Erwerben" zum Nutzen, weil man den Wert des Erbes erst dadurch erkennt.

Und da passt sehr gut die Initiative ein neues Gesetz ins Leben zu rufen, die die Nachfolge von Unternehmern schon zu deren Lebzeiten regeln helfen, um den Bestand des Unternehmens zu sichern und nicht durch erbliche Ansprüche in Gefahr zu bringen; ein gut geführtes und gesundes Unternehmen sollte meines Erachtens „Generationen überdauern" und nicht in die Strudel eventueller Erbansprüche geraten; ein durch das Erbrecht erzwungenes „Filetieren" eines Betriebs schadet allen - den Mitarbeitern, der Gesellschaft, aber auch den Erben selbst.

An Erbstreitigkeiten verdient nur eine Gruppe - die der Erbanwälte, aber um die sollten wir uns als Gesellschaft nicht zu sehr Sorgen machen; „gestritten" wird immer, da findet sich immer ein „warmes Plätzchen" als Ersatz für Erbanwaltschaft.

Ich denke, wir müssen das Grundgesetzt, Art. 14 etwas ändern, indem „der Eigentümer seinen Eigentumsgegenstand erwerben, behalten, veräußern, nutzen oder nicht nutzen" darf - aber nicht mehr „vererben".

Es widerspricht im Ganzen dem Wesen des Homo Pragmaticus, weil er damit seine ganze (Geistes)Kraft auf das „leistungslose/leistungsarme Dasein" lenkt.

Es gibt genügend Beispiele, die zeigen, dass das Erbrecht im Kern reformbedürftig ist. Ich möchte hier ein paar Felder und Bereiche beispielhaft anführen.

Der Landwirtschafts-/Agrarsektor

Viele Bauern und Landbesitzer werden mir jetzt „ins Kreuz springen" wie der Volksmund sagt, weil ich das Thema (Land)Besitz natürlich am deutlichsten vor Augen führen kann.

Im ganzen Agrar- und Landwirtschaftsbereich ist es so, dass die Anzahl der Erwerbsbauern immer mehr abnimmt, gleichzeitig aber die Pachtflächen immer mehr zunehmen (siehe anliegende Tabelle). Das anliegende Diagramm zeigt die leichte Abnahme der Erwerbsbauern zwischen 2016-2023, während im gleichen Zeitraum die Pachtflächen um ca. 8% zugenommen haben. Immer weniger (Erwerbs)Bauern pachten also immer mehr Agrarland, oder anders herum immer mehr Bauern werden zu „Nebenerwerbsbauern", die selbst nicht mehr landwirtschaftlich tätig sind und ihre Landflächen an Erwerbsbauern verpachten. Das ist ja auch wirklich sinnvoll, weil ein Bauer mit größeren Flächen viel besser seine Landmaschinen einsetzen und daher effektiver sein Land bestellen kann.

Landwirtschaftliche Betriebe mit gepachteten Einzelgrundstücken der landwirtschaftlich genutzten Fläche (LF) 2016, 2020 [1,] und 2023

Bundes-länder	landwirtschaftlich genutzte Fläche insgesamt				und zwar für Ackerland				und zwar für Dauergrünland			
	Betriebe	LF	gepach-tete LF	Pach-tentgelt je Hektar	Betriebe	LF	gepach-tetes Acker-land	Pach-tentgelt je Hektar	Betriebe	LF	gepach-tetes Dauer-grünland	Pach-tentgelt je Hektar
	Anzahl	Hektar in Tausend		Euro	Anzahl	Hektar in Tausend		Euro	Anzahl	Hektar in Tausend		Euro
Deutsch-land 2016	179.140	14.182,5	8.588,1	288	124.690	12.100,7	5.683,5	328	116.660	9.814,6	2.247,4	175
Deutsch-land 2020	174.399	14.210,5	9.063,4	329	121.802	12.494,8	6.208,9	375	118.344	10.382,5	2.424,2	198
Deutsch-land 2023	178.740	14.610,3	9.284,9	357	124.040	12.943,7	6.419,8	407	121.652	10.652,0	2.531,4	212

Bundes-länder	landwirtschaftlich genutzte Fläche insgesamt			
	Betriebe	LF	gepach-tete LF	Pach-tentgelt je Hektar
	Anzahl	Hektar in Tausend		Euro
Deutsch-land 2016	179.140	14.182,5	8.588,1	288
Deutsch-land 2020	174.399	14.210,5	9.063,4	329
Deutsch-land 2023	178.740	14.610,3	9.284,9	357

(Quelle: Agrarheute.com,
https://agrarbericht.brandenburg.de/abo/de/agrarstruktur/pacht/)

Die Sache hat nur einen Haken - macht es Sinn, dass Nebenerwerbsbauern „einfach so" eine Pacht beziehen, weil sie leistungslose Erben von ihren Vätern und Vorvätern sind?

Viele Kinder ehemaliger (Klein)Bauern erlernten einen Beruf und sind heutzutage meist völlig „agrarfremd" tätig - aber sie beziehen als Eigentümer „so nebenbei" Pacht-„Pfründe", also recht erkleckliche Summen vom Pächter. Ergänzend, und das treibt den Wahnsinn an die Spitze, kassieren genau diese „Verpächter" auch noch die Subventionen und Zuschüsse vom „Staat" sowie von der EU, statt dass diese an die Pächter ausgeschüttet werden. Die Landeigentümer müssen kaum etwas tun, vielleicht noch von zu Hause aus am Computer ihre „Pfründe" anmelden.

Je mehr Fläche ein „Nebenerwerbsbauer" hat, umso mehr Geld bekommt er „Cash auf die Kralle", ohne „auch nur einen Finger zu rühren"! „Den Vogel schießen die ex-royalen/erlauchten Kreise ab", weil sie meist über Jahrhunderte ihren Landbesitz retten konnten und daher heutzutage immer noch große land- und forstwirtschaftliche Güter besitzen. Da verquickt sich „Erbfolge" wortwörtlich mit (physischen) „Erbhöfen".

Der Immobiliensektor

Ganz ähnlich verhält es sich mit dem Immobiliensektor, besonders in den Städten. Eigentümer, die nach dem Krieg ein (meist zerbombtes) Haus in einer Stadt, oder in Stadtnähe besaßen oder erwerben konnten, profitierten ebenso vom „Immobilienboom". Viele heutige Haus- und/oder Wohnungsbesitzer haben ihren Immobilienbesitz geerbt und sind damit familiär „in den Fahrstuhl der Erbvermögen" eingestiegen - und mit dem „Boom-Fahrstuhl" in die heutige Zeit weitgehend leistungslos hochgefahren.

3.1.3 DAS DEUTSCHE RENTENSYSTEM

„Die Rende is sischä (Die Rente ist sicher)"
(Ex-Arbeitsminister Norbert Blüm, in den 1980ern)

Jeder aus meiner Generation wird sich an das Bild des Plakate-klebenden Norbert Blüm im Jahre 1986 erinnern, mit dem er für die Beibehaltung der Generationenrente warb. Ich bin ehrlich, ich habe die „Cosa" Rente nicht im Ernst verfolgt, weil mir suggeriert wurde, dass ja die Rente bei „ca. 70% des Endgehalts" bleiben würde.

Dass sich das späterhin als echter Trugschluss entpuppte, weil die Politik Einen „hinter das Licht geführt" hatte, wurde mir erst (viel) später klar. Naja, als Homo Pragmaticus, zu dem ich mich selbst bekenne, habe ich zur Jahrtausend-Wende „die Kurve gezogen" und bin aus verschiedenen Gründen beruflich in die Schweiz gegangen; das habe ich bis heute nicht bereut. Im Kapitel 4.7, Das Sozialsystem gehe ich detailliert auf das Schweizer Rentensystem ein, weil es meines Erachtens ein System ist, das „werthaltiger" ist, als das aktuelle deutsche.

Wann wurde das aktuelle Rentensystem eingeführt?

Das Rentensystem wurde von Reichskanzler Otto Bismarck im Jahr 1889 als „Invaliditäts- und Altersversicherung" eingeführt; sie folgte der Einführung der Krankenversicherung (1883) und dem Unfallversicherungsgesetz (1884) und sollte eigentlich nur bei Invalidität ausbezahlt werden; wurde aber jemand über 70 Jahre!! alt, dann erst griff die Altersrente als "Sicherheitszuschuss zum Lebensunterhalt". Dazu darf man nicht vergessen, dass die mittlere Lebenserwartung bei 45 Jahren bei Männern und 48 bei Frauen war. Es war daher extrem selten, dass jemand den „Sicherheitszuschuss" überhaupt erlebte und den Zuschuss nutzen konnte; dementsprechend war der zu zahlende Beitrag für diese Rente bei sehr niedrigen 1,7 Prozent, der je zur Hälfte von den Arbeitern und den Arbeitgebern getragen wurde.

Im Kern war das Rentensystem also „feudal" organisiert, die arbeitende Bevölkerung, also „die Jungen" zahlten für „die Alten".

Bismarcks Familie zog in der 1.Hälfte des 19. Jhds nach Pommern, wo sie ein Landgut bewirtschaftete und der junge Otto aufgewachsen ist. Meine Vermutung ist daher, dass er als pommerscher Landbesitzer einfach das bäuerliche „Hofsystem" in die Rentenversicherung übernahm. Der „Altbauer" übergibt das Landgut an den erstgeborenen „Jungbauer" und dafür muss der „Jungbauer" den „Alten" unterhalten - mit Wohnen, Essen, Schlafen etc. Dafür gab´s meistens „das Ausgedinge" (Unterhalt auf Lebenszeit im bäuerlichen Umfeld) am „Erbhof".

Bei so kleinen Summen (1,7% vom Lohn) da konnte das feudale „Ausgedinge"-Prinzip schon funktionieren, weil da in der Regel immer viele Kinder gezeugt wurden. Bismarck selbst hatte fünf (5) Geschwister, er hat also gar nichts anderes gekannt; er selbst hatte drei (3) Kinder. Das Bismarksche Modell wurde im Laufe der Zeit verändert und angepasst; so wurde noch vor dem 1. Weltkrieg für Angestellte eine eigene Altersversicherung eingeführt.

Und es funktionierte auch viele Jahrzehnte wohl auch sehr gut, dass sogar Konrad Adenauer nach dem 2. Weltkrieg das Rentensystem, so wie es war, wieder aufgriff und übernahm. Sein Spruch verdeutlicht es: „Kinder bekommen die Leute immer".

Dieser Spruch wurde bald widerlegt, weil halt die Antibaby-Pille in den 1960ern kam - und damit zusammenhängend „der Pillenknick". Das war „der Anfang vom Ende" des „feudalen" Generationenvertrags, weil exakt berechenbar war, dass dieses System früher oder später an seine Grenzen stoßen wird.

Von da an hat praktisch JEDE Regierungspartei die falsche Adenauer-Entscheidung weitergetragen und leider nur „Kosmetik" am System gemacht. Das Problem haben wir heute, dass das Rentensystem mit Milliarden von Euro jährlich gestützt werden muss und so den Bundeshaushalt erheblich belastet.

Das deutsche Rentensystem MUSS umgebaut werden, wollen wir im 21. Jahrhundert in Deutschland und Europa einen funktionierenden Sozialstaat sicherstellen. Wie gesagt, im Kap. 4.7 gehe ich detailliert auf das Schweizer Sozialsystem ein.

3.2 DER BÜROKRATIE-„DINOSAURIER"

Am Beginn meines Arbeitslebens, also nach dem Studium, begann ich meine erste Tätigkeit bei einem (sehr) großen Staatsunternehmen in Österreich. Die IT war noch nicht so verbreitet wie sie heute ist, aber das Unternehmen besaß eine eigene (Zentral)IT-Abteilung und diese Abteilung hatte praktisch „hoheitlichen" Charakter - wer dort hin musste, betrat „heiligen (IT)Boden" - und man wurde auch wie ein „Bittsteller" behandelt.

Dort an einer Wand hing eine selbstironische Comic-Collage über die Entwicklung der IT: Menschen finden ein Ei (i.e. IT), aus dem ein kleiner Dino schlüpft, der wächst heran und wird immer größer, bis er die Menschen selbst auffrisst.

Diese Metapher umschreibt für mich sehr anschaulich die Entwicklung unseres Verwaltungssystems. Keine Gesellschaft kommt ohne eine gewisse Organisation aus, keine menschliche Gruppe überlebt ohne Ordnung; ohne Ordnung gibt es Chaos unter uns Menschen. So weit so gut und richtig!

Die Frage aber, wieviel Verwaltung nötig, was an Ordnung gut und effizient ist, bleibt als nicht lösbare „Millionen-Euro"-Frage wohl ewig bestehen.

Je mehr ich mich damit beschäftige, umso überzeugter bin ich geworden, dass Verwaltung notwendig ist, dass aber (notwendige) Verwaltung oftmals als bürokratische Hybris endet. Der Homo Pragmaticus steht sich diesbezüglich selbst im Weg und schafft sich seine eigenen Abhängigkeiten.

Die aktuelle deutsche Gesellschaft zusammen mit der Bundesregierung „diskutiert" gerade den Bedarf an Verwaltungsstellen für die Kindergrundsicherung. Brauchen wir „5.000 Beamte mehr", genügen weniger, wenn ja wie viele, brauchen wir „überhaupt" mehr, kann die Leistung nicht in schon vorhandene Strukturen eingebettet werden etc.

Ich denke, da MUSS „der Hebel angesetzt" werden! Anhand von zwei (wirklich schlimmen) Verwaltungsstrukturen möchte ich die Bürokratisierung unseres Staatssystems verdeutlichen.

3.2.1 DIE SOZIALBÜROKRATIE IN DE

Ich bin überzeugt, dass mir niemand widersprechen wird, wenn ich sage, dass wir eine Gesellschaft sein müssen, die ein funktionierendes Sozialsystem ihr Eigen nennt.

Leistungsgesellschaft und Unterstützung der Schwächeren in der Gemeinschaft müssen sich wie zwei kommunizierende Röhren verhalten; die Mitglieder der Gesellschaft müssen wie die im chinesischen Daoismus beschriebene Yin-Yang-Begriffe verbunden sein. Die Starken in der Gesellschaft müssen die Schwächeren „tragen können". Da gibt es „kein Wenn und Aber"! Jeder Homo Pragmaticus wird mir da Recht geben.

Der Homo Pragmaticus ist aber auch ein janusköpfiges Wesen und verurteilt andererseits „die Faulen" und „die Schmarotzer"; er ist im Einzelnen „sehr sensibel", was „das leistungslose Naschen" am gesellschaftlichen Vermögen anbelangt.

Der individuelle Homo Pragmaticus steht also (sehr) oft im Zwiespalt mit sich selbst, aber auch mit der Gesellschaft, was ist noch unterstützungswürdig, aber was ist schon „Schmarotzen am System". Es ist auch nicht wirklich leicht eine scharfe Trennlinie zu ziehen zwischen Unterstützung und Ausnützen. Dafür Gesetze zu schreiben, die eine verbindliche Grenze ziehen, ist wahrlich nicht leicht, aber diese Aufgabe darf man der Politik nicht nehmen; das ist ihre ureigene Pflicht an uns Menschen.

Allerdings ist „die Politik" auch ein Spiegelbild der Gesellschaft, also von uns Homines Pragmatici. „Alle Kälber wählen ihre Metzger selber", stimmt in jedem Fall, weil wir wählen dürfen - ein wahrlich großes Privileg, das viele Menschen nicht haben! Allerdings ist mit „der Wahl" auch eine gewisse „Qual" verbunden, weil wir uns für die eine oder andere politische Richtung entscheiden müssen. Das fällt nicht jedem leicht und man hört oft den Spruch, „was ich denn wählen soll", ein Hilferuf, weil nicht jeder „entscheidungsfreudig" ist.

So ist´s auch mit unserem sozialpolitischen System, dem Einen geht's nicht weit genug, dem anderen geht's schon zu weit. Was der eine als noch unterstützungswürdig empfindet, ist für den anderen schon „ein Liegen in der sozialen Hängematte".

Was also tun? Wie eine Grenze ziehen zwischen einer „guten"
Sozialpolitik und einem „bösen" Ausnutzertum?

Als bekennender FAZ-Leser ist mir ein Artikel über den deutschen Sozialstaat ins Auge gefallen; er ist übertitelt: "Wie der
Sozialstaat zum Bürokratiemonster wurde" und wurde am
25.03.2024 veröffentlicht. Das anliegende „Konstrukt" verfolgt
die aktuellen Verkettungen unserer Sozialleistungen anhand
eines Beispiels. Ein alleinerziehender Vater mit einer pflegebe-
dürftigen Mutter ist zwar kein Standardfall, beschreibt aber vor-
trefflich den sozialstaatlichen Wirrwarr.

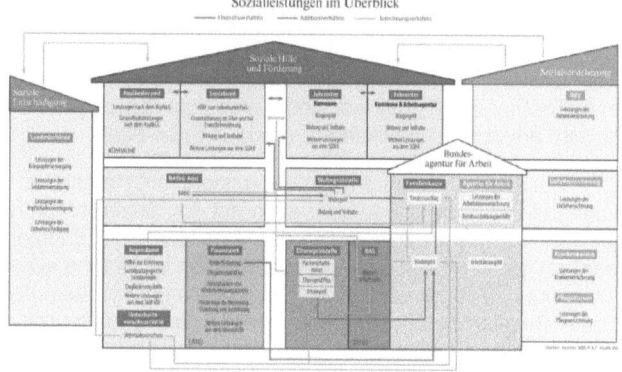

(Quelle: FAZ, 25.03.2024: „Wie der Sozialstaat zum Bürokratiemonster wurde",
Deloitte, „Wege aus der Komplexitätsfalle")

Grundsätzlich wird dargelegt, dass sich alle Sozialleistungen
über

- fünf (5) Bundes-Ministerien (Soziales, Familie, Bauen,
  Finanzen und Gesundheit),
- alle 16 Länder sowie
- die ca. 10.800 Städte und Gemeinden verteilen.

Je nach Sozialbedarf sind jeweils bis zu 12 Sozialleistungen
fällig, die über acht (8) verschiedene Behörden verteilt sind.
Dieser Artikel ist absolut lesenswert und pointiert die Absurdität

von Bürokratie; er ist eine „Pflichtlektüre" für jeden Homo Pragmaticus, der „den deutschen Sozialstaat" hinterfragen und wissen möchte, wohin „sein Steuergeld" fließt.

Der gesamte Artikel ist eine einzige „Abrechnung" über eine Jahrzehntelange ungebremste Fehlentwicklung der deutschen Sozialverwaltung und wird beschrieben als ein altes Haus, an dem über die Jahre hinweg nur Um- und Anbauten vorgenommen wurden, ohne sich jemals einen einzigen Gedanken an einen konzeptionellen Entwurf gemacht zu haben - das ganze Sozialsystem ist ein undurchsichtiges Flickwerk geworden, das Milliarden an Steuergeldern verschlingt, ohne nur einen Cent Mehrwert zu bringen.

Wenn wir über die Sozialkosten im Ganzen sprechen, dann reden wir über ca. 1.200 Mrd. € JÄHRLICH; wir reden also über „keinen Pappenstiel", sondern „über richtig viel Geld"! Würde man nur 3% davon durch eine Strukturreform einsparen, ohne den Kern der Sozialleistungen zu schmälern, dann sprechen wir über ca. 36 Mrd. € JÄHRLICH! Das ist doch eine unglaublich hohe Summe!

Der ganze Artikel umschreibt die „Heilige Kuh"-Problematik im deutschen Sozialsystem. Jeder weiß es, aber kein deutscher Politiker rührt daran und „macht sich die Finger schmutzig".

Und das ist ein wirkliches PROBLEM für den gesamten deutschen Staat, weil der „Sozialstaat" wie der eingangs erwähnte hochgepäppelte „Dinosaurier", als „Sozialei" in guter Absicht gegründet wurde, aber über die Jahrzehnte hinweg zum alles fressenden Sozial-„Tyrannosaurus-Rex" mutierte.

3.2.2 DIE 16-LÄNDER-BÜROKRATIE IN DE

„Die *Föderalitis*, als *deutscher Mutant* der Staateritis

Ein *Mutant dieser Staateritis*, die *Föderalitis,* ist ausgesprochen breit und tief in der deutschen Gesellschaft und Politik verwurzelt. Es ist mehr oder minder dasselbe Virus, wie das Staateritis-Virus, tritt aber nur in Deutschland auf und ist besonders heftig in den 16 Bundesländern verbreitet. Anhand des Föderalitis-Virus kann jeder sehr gut die Auswirkungen der Staateritis erkennen."

(Rodolfo Di Telo, 2021: „Mehr Europa wagen - Die Vision: Die Überwindung der Staateritis (eine europäische „Erbkrankheit", Kap. 5.0 DAS POLITISCHE EURO-PAPENDEL)

Die „deutsche Kleinstaaterei" hat in Deutschland eine Jahrhundertelange Tradition und ist ein fester Begriff, über den manchmal gespottet, aber über den sich viele auch ärgern; der Kaiser regierte zwar das „Heilige römische Reich", hatte aber im Kern nichts zu sagen in seinem Reich, anders als die Könige in den Reichen Frankreich, England oder Preußen. Im „Reich" regierten teilweise, die Könige, Fürsten und Herzöge "absolutistisch" in über 300 Staaten.

Ein gutes Beispiel für diese „Tradition" liefert das folgende Beispiel, mit dem sich die Hessische Staatsregierung rühmt:

© Henning Schacht

Geschichte
Hessische Ländervertretungen haben Tradition

Schon vor Gründung der Bundesrepublik Deutschland am 23. Mai 1949 gab es Repräsentanzen der Länder in Berlin.

© Staatsarchiv Darmstadt

Frühere Vertretungen
Von den Gesandtschaften zu den Ländervertretungen

Die heutigen Landesvertretungen haben ihre Vorläufer in den Gesandtschaften am Hof des preußischen Monarchen in Berlin.

(Quelle: Hessen in Berlin - Die hessische Landesvertretung)

Heute sind's zwar „nur noch" 16 Länder („Bundesstaaten") und es gibt keine Zölle und keine Maut mehr dazwischen, aber die „Länder-Bürokratie" ist im Kern dieselbe geblieben. Praktisch alles Politische wird im sogenannten „Bund-Länder-Föderalismus" geregelt; der „Bundesstaat" hat keine „Durchgriffsrechte".

Alles, aber auch wirklich alles muss in zähen und langwierigen „Verhandlungen" zwischen dem „Bund" und „den Ländern" diskutiert und verabschiedet werden. Die (offizielle) Begründung darin liegt „in der deutschen Geschichte", der schrecklichen Zeit zwischen 1933-1945, in der der Nationalsozialismus seine Krallen zeigte und alles „Nichtrassische" vernichtete, soweit er konnte. Das „darf nie wieder" passieren, weshalb das eine Begründung ist, dass wir „den Föderalismus brauchen", um die „Zentralgewalt" einzuschränken.

Stimmt ja unwidersprochen!

Aber warum es gerade 16 Länder sein müssen, das wird nicht gesagt. Es könnten ja mehr sein - aber auch weniger! Die Zahl „16" ist „nicht in Stein gemeißelt". Und was hat „Rassismus" überhaupt mit Verwaltungsstrukturen zu tun? Der aktuelle „Rassismus" als parteipolitische Manifestation in der AfD und teilweise auch im BSW hat ja nichts mit der Anzahl der 16 Länder zu tun, sondern mit dem Frust vieler Mitbürger über die, „aus dem Ufer geratene", falsche Migrationspolitik.

Und dass das BSW und die AfD im Osten viel mehr Anhänger haben, als im Westen, hat wohl mit der DDR-Vergangenheit und der daraus entstandenen Sozialisation zu tun - Das „gute Russland" Putins steht den Ost-Bürgern halt näher, als „der böse Westen" mit den USA und der NATO; aber all das hat ganz und gar nichts damit zu tun, dass wir „unbedingt" 16 Länder brauchen!

Rodolfo Di Telo hat da meines Erachtens eine wirklich grandiose Idee, die ich detailliert im Kapitel 7.0, Europa und Sicherheit diskutieren werde. Als „Europäer" leitet er seine Frage zur regionalen und nationalen Struktur von der „europäischen Vogelperspektive" ab und kommt zur Überlegung, dass sich Europa in Regionen á ca. 20-25 Mio. Einwohner strukturieren soll (nicht muss!), was für Deutschland vier (4) Regionen bedeuten würde (für Frankreich drei (3) Regionen etc.). Näheres könnt ihr in seiner Trilogie nachlesen.

Warum also nicht „nur vier (4)" Regionen für Deutschland? Spricht da etwas dagegen? Föderalismus bleibt Föderalismus, egal ob vier Regionen oder 16 Länder; ich denke, da sind wir uns einig.

Ein weiterer Grund für „nur" vier (4) Regionen spricht, dass der sich ungehemmt ausbreitende Faschismus (AfD) und (stalinistische) Kommunismus (BSW), in größeren Polit-Systemen einen weniger starken politischen Einfluss nehmen kann, als in kleineren Systemen. Es ist viel leichter in kleinen Systemen die 5%-Hürde zu überwinden, als bei Ländern mit 20 Mio. Einwohnern oder mehr.

Der aktuelle Bund-/16-Länder-Föderalismus in seiner jetzigen Struktur ist für mich eine einzige Fehlkonstruktion und ist heutzutage mit nichts mehr begründbar. Das für mich Unverständliche ist, dass das jeder weiß, aber sich niemand getraut diese „verkorkste" Struktur „beim Namen zu nennen"; weder die Medien und schon gar nicht die Politiker!

Alle, aber auch wirklich ALLE haben sich mit dieser Blockade-Struktur abgefunden und sich „häuslich eingerichtet". Alle zusammen ziehen daraus ihren „Honig" („Pfründe", Diäten, monetäre Ansprüche) auf Kosten von uns Steuerzahlern.

Länderfinanzausgleich (Bruttozahlungen, -erhalt)

Die Einnahmen und Ausgaben der Bundesländer (1950-2011) im Überblick*

	gezahlt (in Mrd. €)	bekommen (in Mrd. €)
Nordrhein-Westfalen	17,79	8,87
Bayern	38,34	3,42
Baden-Württemberg	48,93	-
Niedersachsen	-	22,38
Hessen	45,89	-
Rheinland-Pfalz	-	11,49
Schleswig-Holstein	0,56	8,72
Saarland	-	8,56
Hamburg	11,77	0,98
Bremen	0,05	15,52
Sachsen	-	17,26
Sachsen-Anhalt	-	10,54
Thüringen	-	9,56
Mecklenburg-Vorpommern	-	7,58
Berlin	-	45,36
Brandenburg	-	9,15

*neue Bundesländer seit 1995, gerundete Werte, nicht inflationsbereinigt

Quelle: Bundesfinanzministerium

(Quelle: Focus, 29.04.2019: „62 Jahre Länderfinanzausgleich - Die einen profitieren, andere bluten")

Das teuerste und ungerechteste System darunter ist der Länderfinanzausgleich, der zahlungsunfähige Länder geradezu ermuntert, so weiterzumachen wie immer, weil es ja immer Länder geben wird, die „mehr einnehmen", aber durch den Vertei-

lungsmechanismus gezwungen sind an „schwächere" abzuge-
ben. Der soziale Aspekt dahinter ist nur zu verständlich, er wird
aber in dem Moment zur Farce, wenn es Länder gibt, die seit
Jahrzehnten negative Zahlen schreiben und sich dabei in die
„politische Hängematte gelegt haben", aber nie dafür zur Verantwortung gezogen werden. Den „Vogel schießen ab" das
(Stadt)Land Bremen und auch das Saarland, die seit Jahrzehnten „am Tropf" des Finanzausgleichs hängen. Weitere Details
habe ich im Kapitel Länderfinanzausgleich zusammengetra-
gen.

Wir haben das teuerste Politsystem in Europa (möglicherweise
auf der ganzen Welt), aber erhalten nur wirklich schlechte Arbeit. Ich erwähne hier nur die völlig aus dem Ruder gelaufene
„Bildungspolitik", die von vielen nur noch als „Bildungsschande"
verspottet wird. Zum Schaden unserer Kinder werden 16 unterschiedliche Bildungs-„Experimente" durchgeführt, während
unsere Kinder von (PISA)Studie zur nächsten Studie immer
schlechter abschneiden.

Oder auch die überbordenden Verwaltungshemmnisse bei länderübergreifenden Projekten wie zum Beispiel die Jahre lang
verzögerten Stromtrassen zur Klimaverbesserung. Aber auch
notwendige Infrastrukturprojekte im Straßenbau oder im Bahn-
streckennetz werden Jahre lang verhindert nur weil irgendwo
das Habitat einer Blaumeise oder eines Hirschhornkäfers möglicherweise verletzt wird.

Homines Pragmatici! Europäer!

Um unser aller Zukunft Willen müssen wir umsteuern! So kann
es nicht und darf es nicht weitergehen!

Ich stelle deshalb die folgenden Fragen zur Diskussion:

- Die Zusammensetzung des Bundesrats
- Die Anzahl sowie die politischen Kosten der Länder
- Die Bund/Länder-Struktur mit den Aufgaben
- Die Bund-/Länder-Finanzstruktur

Zum extrem wichtigen Thema Bildung und Bildungspolitik
werde ich im Kapitel 4.3, Bildung detailliert Stellung beziehen.

Die Zusammensetzung des Bundesrats in Deutschland

Die Zusammensetzung des Bundesrats spielt für mich eine wichtige, aber sehr unglückliche Rolle, weil die kleineren Länder ein viel größeres Gewicht haben, als die großen Länder. Das stellt meines Erachtens soundso ein völlig verzerrtes Bild dar und ich frage mich, warum das beim Bundesverfassungsgericht nicht schon längst zu einer Klage geführt hat; für „alles und jedes" wird das Verfassungsgericht bemüht, aber für diese „himmelschreiende Ungerechtigkeit" nicht.

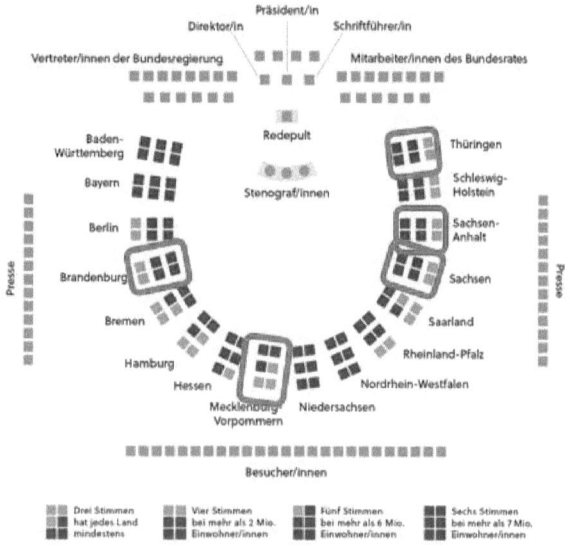

In den „fünf (5) neuen Ländern" (ohne Berlin) leben zusammen ca. 12,6 Mio. Einwohner; diese fünf (5) Länder haben aber zusammen 19 Sitze im Bundesrat (zusammen mit Berlin sogar 23 Sitze!), während Nordrhein-Westfalen (NRW) (ca. 18,2 Mio. EW) nur sechs (6) Sitze innehat.

Das darf meines Erachtens nicht sein und führt zu einer vollkommen verzerrten Entscheidungsfindung in der politischen Auseinandersetzung.

Diese, für meine Begriffe, falsche Sitzverteilung kann zu „seltsamen" politischen Entscheidungen führen, die letztlich keiner möchte. Die letzte Entscheidung zur Cannabis-Legalisierung zeigte dieses Missverhältnis! Die große Mehrheit der Bevölkerung lehnte das Gesetz ab, wurde aber trotzdem im Bundesrat „durchgewinkt".

Auch das Sitzverhältnis NRW zu Bremen zeigt dieses Missverhältnis auf; die Bremer mit ca. 700.000 EW haben drei (3) Sitze im Bundesrat, während NRW mit ca. 18.200.000 EW nur 6 Sitze hat. Die Bremer brauchen also nur 230.000 Stimmen für einen Bundesratssitz, während in NRW-Einwohner dafür ca. 3 Mio. Stimmen (also das 13-fache!) benötigen. Das ist doch meines Erachtens gegen jede (politische) Gerechtigkeit! Ich verstehe dieses „System" überhaupt nicht und ich frage mich, warum es das Bundesverfassungsgericht so billigt.

Diese politische Unwucht wird meist mit der „Rücksichtnahme von Minderheiten" begründet, die nicht „überstimmt" werden dürfen. Ist ja auch in Ordnung so, aber darf in einer Gegenfrage praktisch „verfassungsrechtlich" dauernd „der Schwanz mit dem Hund wedeln"? Das krasse Missverhältnis zwischen Bremen (230.000 EW) und NRW (18.200.000 EW) führt das tagtäglich vor Augen!

Ich meine, solche Ungleichgewichte dürfen nicht sein, weil sie über die Zeit hinweg zu politischen Veränderungen führen können, die unter Demokraten nicht gewollt sind. Ich komme darauf später noch zurück.

Die letzten Wahlen in Thüringen und Sachsen haben gezeigt, dass solche Kleinländer die gesamte Bundespolitik extrem einseitig beeinflussen, da „wedelt der Schwanz mit dem Hund". Mit gerade mal 5 Mio. EW werden im Bundesrat „ Fakten geschaffen", die mitunter nicht gut für Deutschland sind.

Ergänzend macht es auch wirklich wenig Sinn, dass JEDES JAHR 3-4 Länderwahlen stattfinden, zuzüglich zu den Bundestags- und Europawahlen.

Politische Kosten der 16 Länder

Rodolfo Di Telo war mir eine große Hilfe bei der Bewertung der politischen Kosten über alle Länder hinweg, weil er bereits vor zwei Jahren versuchte eine Kostenabschätzung für die politischen Kosten der 16 Länder zu ermitteln.

Die schon vorher dargelegte Ungerechtigkeit zieht sich auch durch die politischen Kosten für das „16-Länder-Föderalismus-System" durch. Von Rodolfo Di Telo inspiriert, der sich den Länderfinanzausgleich sowie die politischen Kosten der 16 Länder betrachtet hat, möchte ich ein paar Zahlen anhand des Landes Hessen verdeutlichen und sind den veröffentlichten Zahlen des hessischen Staatshaushalts entnommen.

Diagramm: 16 Bundesländer
Bevölkerung & Abgeordnete pro Landtag

Bevölkerungsgröße der 16 Länder				Größe der Landtage		
erstellt: Arnulf Dietl				erstellt: Arnulf Dietl		
Datum: Jul.22				Datum: Jul.22		
Daten: Destatis.de				Daten: jeweilige Landtage		
Land:	Einwohner 2022 Rang	Mo. EW	Prozent von NRW	Wahljahr	Abgeordnete Landtage	Abgeordnete je 1 Mo. EW
Nordrhein-Westfalen	1	17,9		2022	195	10,9
Bayern	2	13,2		2018	205	15,5
Baden-Württemberg	3	11,1		2021	154	13,9
Niedersachsen	4	8,0	44,7%	2017	137	17,1
Hessen	5	6,3	35,2%	2018	137	21,7
Rheinland-Pfalz	6	4,1	22,9%	2022	101	24,6
Sachsen	7	4,0	22,3%	2019	119	29,8
Berlin	8	3,7	20,7%	2021	147	39,7
Schleswig-Holstein	9	2,9	16,2%	2022	69	23,8
Brandenburg	10	2,5	14,0%	2019	88	35,2
Sachsen-Anhalt	11	2,2	12,3%	2021	97	44,1
Thüringen	12	2,1	11,7%	2019	90	42,9
Hamburg	13	1,9	10,6%	2020	123	64,7
Mecklenburg-Vorpommern	14	1,6	8,9%	2021	79	49,4
Saarland	15	1,0	5,6%	2022	51	51,0
Bremen	16	0,7	3,9%	2019	84	120,0
Deutschland gesamt		83,2		Summe	1.876	22,5 Durchschnitt

(Quelle: Rodolfo Di Telo; Anpassungen Arnulf Dietl veröffentlichte Info von den 16 Ländern, 2022)

Auszug Staatshaushalt Hessen 2022
Politische Führung und zentrale Verwaltung

01	Politische Führung und zentrale Verwaltung.	350.812.900	1.971.706.800
011	Politische Führung.	30.640.200	806.755.700
012	Innere Verwaltung.	117.304.800	448.293.900
013	Informationswesen.	—	9.851.200
014	Statistischer Dienst.	11.697.200	63.764.600
015	Zivildienst.	—	—
016	Hochbauverwaltung.	—	—
018	Versorgung einschließlich Beihilfen für Versorgungsempfängerinnen und Versorgungs-empfänger, soweit nicht unter Funktionen 048, 058, 068, 118 und 138.	191.170.700	548.906.000
019	Sonstige allgemeine Staatsaufgaben.	—	94.137.400

(Quelle: Plattform Land Hessen, Haushaltsentwurf 2022, Funktionenübersicht (Seite 38))

Leider war der Haushaltsentwurf für 2024 so fragmentiert, dass die politischen Kosten nicht mehr eindeutig zuzuordnen sind, weil die politischen Kosten der einzelne Ministerien den Gesamtkosten eines ministerialen Bereichs direkt zugeordnet und mit den allgemeinen Kosten des jeweiligen Ministeriums „vermischt" wurden. Für mich waren daher die gezeigten Zahlen nicht brauchbar.

Über drei (3) unterschiedliche Kostenabschätzungen habe ich, Rodolfo Di Telo folgend, versucht Größenordnungen zu finden:

Abschätzung 1: Anzahl Länder

Grundsätzlich kann gesagt werden, dass ein (1) Länderhaushalt politisch mit ca. **2 Mrd. € pro Jahr** zu Buche schlägt. In diesen Kosten sind enthalten

- Amt des Ministerpräsidenten
- die Ministerien (politische Führung & Entourage)
- die notwendige Verwaltung
- Informations-/Medienwesen
- politische Vertretungen (Berlin & Brüssel!)
- Statistik
- Pensionsrückstellungen (549 Mio. €, i.e. 28%)

Da das Land Hessen in etwa in der Mitte der Länder angesiedelt ist, kann man ungefähr abschätzen, dass alle 16 Länder zusammen ca. **30-35 Mrd. €** (16 x 2 Mrd. €/Land) pro Jahr uns Steuerzahlern als „politische Kosten" in Rechnung gestellt werden.

Abschätzung 2: Anzahl Landtagsabgeordnete

Wie Sie dem oberen Diagramm entnehmen können liegt Hessen mit derzeit 137 Landtagsabgeordneten ca. in der Mitte der 16 Länder. Über alle 16 Landtage hinweg gibt es derzeit 1.876 Abgeordnete.

Nimmt man die politischen Kosten von Hessen und dividiert sie durch die Anzahl der Landtagsabgeordneten

Ca. 2.000 Mio. €/137 = ca. <u>14,6 Mio.</u> €/Abgeordneten;

Das entspricht:

ca. 14,6 Mio. € x 1.876 Abgeordnete = **<u>ca. 27-30 Mrd.</u> €**

gesamt an politischen Kosten

Abschätzung 3: Kosten Ministerpräsident separat

Im Jahr 2023 wurden die Kosten des Ministerpräsidentenamts extra ausgewiesen, weshalb man einen dritten Vergleichsansatz wählen kann.

Gesamterfolgsplan 2023

Zusammenfassung der Erträge und Aufwendungen der Einzelpläne

Nr.	VKR	Bezeichnung	01 Hessischer Landtag	02 Hessischer Minister-präsident	03 Hessisches Ministerium des Innern und für Sport	04 Hessisches Kultus-ministerium	05 Hessisches Ministerium der Justiz	06 Hessisches Ministerium der Finanzen
7		Summe Erträge	2.344.100	10.122.300	904.936.800	237.389.300	706.855.300	131.298.500
8	600-619, 670-691	Aufwendungen für Verwaltungstätigkeit	20.503.500	71.228.000	957.111.100	190.484.100	617.338.400	277.661.400
9	620-649	Personalaufwand	23.307.100	64.003.200	1.592.687.000	4.152.588.500	766.399.100	609.979.900
10	660-689	Abschreibungen	2.417.800	2.772.700	109.308.000	2.332.400	118.346.000	12.830.100
11	720-729	Aufwendungen aus Finanzausgleichsbeziehungen						
12	710-719, 730-739, 780-789	Aufwendungen für Zuweisungen und Zuschüsse	2.012.500	213.270.700	178.006.500	707.418.100	17.955.600	60.624.700
13	650-659, 692-699, 791	Sonstige Aufwendungen	49.561.900	1.489.000	76.876.400	12.835.300	5.582.400	8.155.000
13a		Aufwendungen aus Verrechnung	3.381.200	8.670.500	738.182.100	1.679.749.700	294.011.400	290.450.800
14		Summe Aufwendungen	101.184.000	361.434.100	3.652.171.100	6.745.408.100	1.819.632.900	1.259.701.900
15		Verwaltungsergebnis (Saldo 7 und 14)	-98.839.900	-351.311.800	-2.747.234.300	-6.508.018.800	-1.113.577.600	-1.128.403.400

Kosten Ministerpräsident plus Verwaltung ca. <u>361 Mio.€/Jahr</u>

Politische Kosten (2022) ca.   2.000 Mio. €
abzgl. Ministerpräsident   <u>- 361 Mio. €</u>

Landtag & Minister   1.639 Mio. €

Ca. 1.639 Mio. € / 137 = ca. 12,0 Mio. €/Abgeordneten

Hochrechnung:

Ca. 12,0 Mio. € x 1.876 Abgeordnete = 22.500 Mio. €

16 X 361 Mio. € (16 MPs) = 5.800 Mio. €

Politische Kosten gesamt ca. = **28.300 Mio. €**

Gesamtergebnis der Abschätzung:

Die Abschätzung zeigt, dass derzeit unsere 16 Länder zusammen politische Kosten von ungefähr

28-32 Mrd. € pro Jahr

uns Steuerzahlern in Rechnung stellen.

Fazit aus der Überlegung:

Grundsätzlich sind „Politische Kosten" Kosten, die aufgrund politischer Verhältnisse entstehen und von uns Bürgern als solche zu tragen sind. Sie ergeben sich aus den politischen Verhältnissen eines Staatssystems.

Politische Kosten sind also „nicht in Stein gemeißelt", weil sie nicht rein wirtschaftlichen Überlegungen zugrunde liegen, sondern eben „politischen Notwendigkeiten". Politische Notwendigkeiten werden aber in einer Demokratie von uns Bürgern bestimmt und nicht von „irgendwelchen Staatslenkern"; sie sind daher „veränderlich" und im Rahmen einer lebendigen Demokratie grundsätzlich an politische Veränderungen anpassbar.

Die Bund/Länder-Struktur in Deutschland

Die politische Frage (in einer Demokratie) ist also legitim, brauchen wir 16 Länder für unseren Bund/Länder-Föderalismus? Können weniger Länder den gleichen Zweck erfüllen, oder vielleicht sogar effektiver sein, als die derzeitige 16 Länder-Struktur?

Die oben genannte Summe ist wirklich erstaunlich, gerade in der heutigen Zeit, in der tagtäglich nach „Einsparungen" gesucht wird. Fast stündlich schwärmen unsere Politiker in alle Richtungen aus, um eventuelle Kostensenkungen zu detektieren; fast jeden Tag lese ich in den Medien über „Bürokratieabbau", dabei liegen sie „vor der Haustüre" in jedem Bundesland.

Können wir, gemäß Rodolfo Di Telo, nicht doch mit vier (4) Regionen auskommen, um (viel) politisches Geld einzusparen, und trotzdem den Bund/Länder-Föderalismus zu gewährleisten?

Laut Rodolfo Di Telo würden vier (4) Regionen (zusammengefasste Länder) hoch gegriffen ca. zehn (10) Mrd. € kosten; das entspräche einer Einsparung von **20 Mrd. € JÄHRLICH** (16 Länder ca. 30 Mrd. €, 4 Regionen ca. 10 Mrd. €)

In der FAZ vom 06.09.2023 schreibt Manfred Köhler über die überbordende Zunahme von Staatsbeamten in Hessen und er erwähnt den Ökonomen Adolph Wagner, der wohl schon 1892 eine Gesetzmäßigkeit von wachsenden Staatsausgaben erkannte; Hintergrund ist die Zunahme von Staatsbediensteten zwischen 2012-2022 um 14%.

Menschen! Europäer!

Darf es mal in die andere Richtung gehen? Kann nicht mal „weniger ist mehr" die Devise sein? Ich darf die Frage stellen:

Warum brauchen wir:	wenn:
16 Ministerpräsidenten	4 Ministerpräsidenten
16 Finanzminister	4 Finanzminister
16 Wirtschaftsminister	4 Wirtschaftsminister
16 Innenminister	4 Innenminister

16 Kultusminister	4 Kultusminister
16 Justizminister	4 Justizminister
etc.	etc.
	genügen,

um einen funktionierenden föderalen Staat aufrecht zu erhalten?

Das Land Nordrhein-Westfalen (NRW) macht´s ja vor, da wohnen ca. 18 Mio. Einwohner und das Land „kollabiert nicht", ob der Größe! Eine Bevölkerungsgröße von ca. 20-25 Mio. Einwohnern ist definitiv „machbar", man braucht nur den politischen Willen dazu.

Ich denke, dass tatsächlich darüber nachgedacht werden muss, ob in Deutschland 16 Länder noch „ der Weisheit letzter Schluss ist". Betrachtet man den „Output" der 16 Länder, dann wird der 16-Länder-Föderalismus zum abschreckenden Beispiel. Ich möchte das anhand von ein paar politischen Feldern verdeutlichen.

Die Bildungshoheit der 16-Länder

*„Die **Föderalitis** als Mutant der Staateritis - **Bildung**: Fach Deutsch*
„Die deutsche Erbkrankheit zeigt sich aber auch in weiteren wichtigen Bereichen: zum Beispiel in der Bildungspolitik. Da mutiert der GRÖGAZ, dann zum GRÖBAZ (zum „Größten Bildungspolitiker Aller Zeiten"). Und wieder grassiert die Föderalitis in Deutschland.
Es ist so, dass zum Beispiel die deutsche Muttersprache in Flensburg eine völlig andere Grammatik hat als am Starnberger See in Bayern. Deshalb braucht der GRÖBAZ ein eigenes Bildungsministerium, ich meine natürlich, alle GRÖBAZE, 16 an der Zahl, brauchen ihre Bildungsministerien, sonst könnten die GRÖBAZE nicht den jeweiligen Landes-GRÖBAZ ausleben. Alle GRÖBAZE zusammen sind der Meinung, und das ist wohl der Sachgrund, dass jeder von ihnen die deutscheste Sprache der deutschen Muttersprache beherrscht."
Oder
*Die **Föderalitis** als deutscher Mutant der Staateritis - Bildung Fach Mathematik*
*„Der jeweilige Landes-GRÖBAZ beherrscht die mathematischste Mathematik von ganz Deutschland, weswegen das der Sachgrund für sein Bildungsministerium ist. Wäre die **Mathematik in Hamburg die gleiche wie in Frankfurt oder in Berlin**, hätte er ja **KEINEN SACHGRUND** für sein Bildungsministerium und könnte nicht den GRÖBAZ abgeben."*
Oder
*Die **Föderalitis** als deutscher Mutant der Staateritis - Bildung Fach Physik*
*„Bei der **Physik** siehts ähnlich aus. Da ist es wohl so, dass die physikalischen Gesetze in Bremen ganz andere sind als in München und die wiederum andere als in Erfurt. Der Sachgrund sind also die unterschiedlichen physikalischen Gesetze, und schon hat der GRÖBAZ einen Grund für ein separates Bildungsministerium und kann den Landes-GRÖBAZ abgeben.*
*Ich frage mich allerdings, wie es die **Lufthansa** schafft, bei den 16 unterschiedlichen naturwissenschaftlichen Verhältnissen in den Ländern, dass die Flugzeuge immer wieder starten und landen können, ohne dass sie einen Schaden nehmen. Wahrscheinlich sitzen da **16 GRÖFAZe** (Größte Flugpiloten Aller Zeiten) pro Flugzeug im Cockpit, damit die Flugzeuge sicher starten und landen können. Anders kann es mir nicht erklären."*
(Quelle: 2021: „Mehr Europa wagen - Die Vision: Die Überwindung der Staateritis (eine europäische „Erbkrankheit"), Kap. 5.0 DAS POLITISCHE EUROPAPENDEL)

Rodolfo Di Telo hat den deutschen Bildungsföderalismus wohl besonders „aufs Korn genommen" und macht sich mächtig lustig über diesen bildungspolitischen Irrweg. Es ist ja auch wirklich nicht rational zu erklären, dass die Bildungspolitik „Ländersache" sein soll. Deutsch (als Muttersprache) und die Naturwissenschaften wie Mathematik, Physik, Chemie etc. sind überall gleich, egal ob in Flensburg oder in Kempten, ob in München oder in Köln; es gibt KEINE UNTERSCHIEDE!

Gerade auf diesem wichtigen politischen Feld wird aber länderspezifisch besonders viel „herumgedoktert", was ein politischer Machtapparat so hergeben kann; Landespolitiker verteidigen

„mit Zähnen und Klauen" ihre „Ansprüche" gegenüber der Bundesbildungspolitik.

Aber die PISA-Ergebnisse zeigen in der letzten Zeit nur noch schauerliche Resultate und stellen der deutschen Bildungspolitik insgesamt ein grauenhaftes Zeugnis aus. Es ist wirklich „zum Fremdschämen"

Die 16-Länder haben zwar ein gemeinsames Koordinierungsgremium, die Kultusministerkonferenz (KMK), aber dieses Gremium „hat nichts zu sagen"; jeder „Landes-Fürst" zusammen mit seiner „Bildungs-Entourage" macht, was er will - und so sieht denn auch die deutsche „Bildungslandschaft" aus:

Abitur:

In nur fünf (5) Ländern ist Mathematik Pflicht im Abitur (BW, Bayern, Hessen, Sachsen, Sachsen-Anhalt), in den 11 anderen nicht (NRW, Bremen, Niedersachsen, Saarland, Schleswig-Holstein, Rheinland-Pfalz, Hamburg, Brandenburg, Thüringen, Mecklenburg-Vorpommern, Berlin)

Es gibt noch immer nicht ein für alle Schüler abgestimmtes Zentralabitur, obwohl das Bundesverfassungsgericht diesen Mangel bereits mehrmals angemahnt hat; so weichen die Noten um bis zu zwei Noten voneinander über die Länder hinweg ab, was zu einer nachgewiesenen großen Ungerechtigkeit unter den Schülern führt. Schulabgänger von einzelnen Ländern habe so Startvorteile gegenüber Schülern aus anderen Ländern.

Grundschulen und mangelnde Bildung

Seit der veröffentlichten IGLU-Studie 2023 wissen alle Menschen in Deutschland „amtlich", dass ihre Kinder eine mangelhafte Bildung in den Grundschulen bekommen. Noch gravierender ist, dass die Bildungsqualität nicht nur nicht zugenommen, sondern sich noch in den letzten Jahren seit der vorherigen Befragung verschlechtert hat. Deutsche Schüler werden immer schlechter aus- und weitergebildet.

Hier das Ergebnis der IGLU-Studie 2021 (veröffentlicht Mai 2023) „in epischer Breite":

1. ***Lesekompetenz im internationalen Vergleich:*** *Die Schülerinnen und Schüler der vierten Jahrgangsstufe in Deutschland liegen mit durchschnittlich 524 erreichten Punkten in der Lesekompetenz im Mittelfeld der Teilnehmerstaaten und -regionen. Singapur erreicht mit 587 Punkten den Spitzenwert, gefolgt von Hongkong und der Russischen Föderation. Unter den EU-Ländern liegen England, Finnland und Polen weit vorn. In Deutschland gibt es **große Unterschiede zwischen den lesestärksten und -schwächsten Schülerinnen und Schülern.** Die Leistungen weichen bis 77 Punkte voneinander ab. Damit sind die Leistungsunterschiede deutlich gestiegen, 2001 waren es 67 Punkte.*

2. ***Negativer 20-Jahres-Trend:*** *Im Vergleich zum Beginn der IGLU-Untersuchungen im Jahr 2001 ist die Lesekompetenz in Deutschland um 15 Punkte gesunken. Besonders deutlich ist der Leistungsrückgang zwischen 2016 und 2021. Allerdings wurde der negative Trend bereits 2006 sichtbar. In der Gruppe der 16 Länder oder Regionen, die schon seit 2001 dabei sind, ist nur in Schweden und in den Niederlanden die Lesekompetenz noch stärker gesunken. Die größten Verbesserungen in den vergangenen 20 Jahren dagegen zeigten die Schülerinnen und Schüler in* <u>Singapur</u>, *in der Türkei und in Honkong.*

3. ***Verfehlter Mindeststandard:*** *Ein Viertel der getesteten Kinder in Deutschland erreicht nicht den international festgelegten Mindeststandard beim* <u>Lesen</u> *(Kompetenzstufe III), der zum erfolgreichen Lernen nötig wäre. Dieser Anteil (25,4 Prozent) ist im Vergleich zu 2016 (18,9 Prozent) stark gestiegen. 2001 waren es 17 Prozent. Vor allem der Anteil der Schülerinnen und Schüler, die nur ein rudimentäres Leseverständnis (Kompetenzstufe I) aufweisen, hat sich von 2001 bis 2021 mehr als verdoppelt – von 3 Prozent auf 6,4 Prozent. „Nur rund ein Drittel des Leistungsabfalls erklärt sich durch die veränderte Zusammensetzung der Schülerschaft. Wichtig ist auch, dass nicht die ausländische Herkunft maßgeblich ist. Der soziale Status – Buchbesitz, Bildungsabschluss und Berufsstatus der Eltern – und die zu Hause gesprochene Sprache erklären die Leistungsunterschiede", sagte Nele McElvany, Studienleiterin für Deutschland, im* <u>Interview</u> *auf ZEIT Online.*

4. ***Soziale Herkunft und Migrationshintergrund:*** *Die sozialen und migrationsbedingten Unterschiede bei den Lesekompetenzen sind seit 2001 kaum verändert und fallen im internationalen Vergleich besonders hoch aus. In den letzten 20 Jahren hat sich hier in Hinblick auf die* <u>Bildungsgerechtigkeit</u> *nichts getan. Kinder, die zu Hause manchmal oder nie Deutsch sprechen, erreichen deutlich schlechtere Leseleistungen als Kinder, die zu Hause Deutsch sprechen. Der Leistungsnachteil beträgt etwa ein Schuljahr (40 Punkte). Andere Länder zeigen, dass das nicht so sein muss. In Italien etwa liegt der Leistungsnachteil der Kinder, bei denen die Testsprache nicht zu Hause gesprochen wird, nur bei 24 Punkten, in Polen bei 13 Punkten. Ähnlich groß ist der Unterschied in Deutschland je nach sozioökonomischem Hintergrund. Der Vorsprung der Kinder aus*

Haushalten mit mehr als 100 Büchern beträgt 42 Punkte gegenüber jenen Kindern aus Elternhäusern mit weniger als 100 Büchern.

5. **_Geschlechterunterschiede:_** *Mädchen schneiden bei der Lesekompetenz in den meisten Teilnehmerstaaten besser ab als Jungen. In Deutschland haben die Mädchen gegenüber den Jungen einen Vorsprung von 15 Punkten. Im internationalen Vergleich liegt Deutschland damit im Mittelfeld. Mädchen haben Vergleich zu Jungen eine höhere Lesemotivation und schätzen ihre Lesekompetenz selbst auch besser ein.*

6. **_Lesemotivation und Leseverhalten:_** *Die Lesemotivation der Kinder in Deutschland ist im internationalen Vergleich relativ hoch, nimmt aber im 20-Jahre-Trend ab. Der Anteil der Kinder, die sagen, dass sie gern lesen, hat sich von 76 Prozent im Jahr 2001 auf 69,9 Prozent im Jahr 2021 verringert. 63 Prozent der Schülerinnen und Schüler lesen mindestens eine halbe Stunde täglich in ihrer Freizeit. Dieser Anteil ist im internationalen Vergleich hoch, in der EU-Vergleichsgruppe liegt er bei 54 Prozent.*

7. **_Leseunterricht:_** *Die Lesezeit im Unterricht ist bei den Viertklässlerinnen und Viertklässlern mit durchschnittlich 141 Minuten pro Woche vergleichsweise gering. In den OECD-Staaten insgesamt liegt der Mittelwert bei 205 Minuten.*

8. **_Zufriedenheit:_** *Die Mehrheit der Schülerinnen und Schüler erlebt die Schule als einen emotional positiv besetzten Ort. Die Schulzufriedenheit fiel zwischen 2011 und 2016 ab und nahm 2021 wieder zu.*

9. **_Nutzung digitaler Medien:_** *Die Digitalisierung in den Grundschulen ist in Bezug auf Ausstattung und Nutzung digitaler Medien im internationalen Vergleich unterdurchschnittlich. 29 Prozent der Kinder nutzen digitale Geräte mindestens einmal pro Woche während des Leseunterrichts, um Texte zu lesen. Zum Vergleich: In Norwegen, Spitzenreiter in Sachen Digitalisierung, sind es 89 Prozent. Zur individuellen Diagnostik kommen digitale Tools bei der Hälfte der Kinder in Deutschland nie zum Einsatz.*

10. **_Übergang in die Sekundarstufe:_** *Der Übergang an ein Gymnasium hängt bei gleicher Lesekompetenz und bei gleichen kognitiven Fähigkeiten stark von der sozialen Herkunft der Kinder ab. Lehrkräfte prognostizieren für Kinder aus Akademiker-Haushalten mindestens doppelt so häufig den Wechsel auf das Gymnasium wie bei Kindern aus Arbeiterfamilien. Die Schwelle für eine Gymnasialempfehlung durch die Lehrkraft liegt bei Kindern aus Arbeiterfamilien bei 559 erreichten Punkten in der Lesekompetenz, Kinder aus Akademikerfamilien brauchen dagegen nur 510 Punkte für eine solche Prognose.*

(Quelle: Roberts-Bosch-Stiftung, Schulportal: „Lesekompetenz in der Grundschule Internationale IGLU-Studie - die wichtigsten Ergebnisse")

Die IGLU-Studie 2021 ist die Dokumentation der bildungspolitischen Verantwortungslosigkeit der 16-Länder-„Fürsten" zusammen mit deren Kultus-„Entourage". Es wird wirklich Zeit, dass die Bildungspolitik den Ländern entzogen wird, oder andere Mechanismen zum Tragen kommen, die die Länder-

„Fürsten" in der Bildungspolitik vollständig „entlasten". So darf es nicht weitergehen!

Die universitäre Bildung/Forschung

Die universitäre Ausbildung sowie Wissenschaft und Forschung sind ebenfalls den 16 Ländern zugeordnet. Warum das so sein muss, wurde nie und wird nicht in Frage gestellt. Jedes Land „definiert" seinen eigenen „Bedarf" an Akademikern selbst, dabei herrscht ein riesengroßer Mangel an gut ausgebildeten Kräften.

Da ich derzeit privat leider (sehr) viel in hessischen Krankenhäusern sowie bei niedergelassenen Psychologen/Psychiatern zu tun habe, kann ich diesen Mangel tagtäglich sehen und „miterleben".

Europäer, es ist „ein Graus"! So muss man es kurz und knapp einfach aussprechen.

Das gesamte (hessische) Gesundheitswesen arbeitet „am Anschlag"; sowohl Ärzte wie auch das Pflegepersonal sind reihenweise unterbesetzt und schaffen am Rand ihrer persönlichen Kapazitäten! Wären nicht so viele migrantische Spezialisten tätig, das hessische Krankenhauswesen würde kollabieren.

Europäer!

Das kann mir doch keiner erzählen, dass diese Knappheit „vom Himmel gefallen" ist! So eine Entwicklung bahnt sich doch über Jahrzehnte an; da kann man (politisch) gegensteuern, wenn man will. Warum werden an den (Länder)Universitäten viel zu wenige Ärzte ausgebildet, warum wird viel zu wenig Pflegepersonal angelernt?

Meine Meinung hierzu ist, dass sämtliche 16 Ministerpräsidenten inklusive deren teure Entouragen völlig überfordert sind; die gesamte akademische Bildung MUSS den 16 Ländern entzogen und gesamtstaatlich organisiert werden. Dieses „kleinstaatliche" „Fürstengebaren" MUSS BEENDET werden!

Die Chaos-„Innenpolitik" und der Verwaltungs-Wirrwarr innerhalb der 16-Länder

Wie schreibt die Zeitschrift Cicero am 24.08.2024:

„Wie lange hält dieses Land das noch aus? Der dreifache Mes-
sermord auf dem „Festival der Vielfalt" in Solingen steht geradezu symbolisch für das Scheitern dessen, was dort gefeiert
werden sollte. Und für die Hilflosigkeit einer Politik, die auf die
pure Gewalt nur mit gefühligen Worten reagiert."

Man liest diese Zeilen und ist nur noch sprachlos! Kalte Wut
steigt in Einem hoch, ob des Unvermögens der Politik diese
Brutalität in aller Öffentlichkeit zuzulassen.

Ein paar Tage vorher, am 04.08.2024 steht in der FAS eine
„praktische Ergänzung": „Deutschland steht sich selbst im
Weg" …Wie Bürokratie und Föderalismus dringend benötigte
Fachkräfte abschrecken".

Dieser Artikel beschreibt „brutalst" möglich" (Robert Koch) die
inneren Zustände im Bund-/16-Länderföderalismus; er zählt
Fakten auf über das „Zusammenwirken" der 16 „Länderfürsten"
und deren Entourage; er pointiert die Arroganz der einzelnen
Verwaltungen sowie das schon fast autistische Verharren in ihren jeweiligen bürokratischen „Kokons"; jede Abteilung „werkelt" scheuklappenartig allein „vor sich hin", ohne nach „links
oder rechts zu blicken". Man fühlt fast schon körperlich diese
Apparatschik-artige „Singularität" der jeweiligen Verwaltungen.

Und das 16-mal in Deutschland plus „dem Bund"! Die „Bundesrepublik" „verkommt" zu 16 einzelnen („unabhängigen") „Staaten", die gefühlt „nichts voneinander wissen" und nur „zufällig"
dieselbe Muttersprache glauben zu sprechen.

Wie heißt´s beim Roulette: „Rien ne va plus" („Nichts geht
mehr"); so wie der Roulette-Spieler vor dem Tisch steht und
nur noch zusehen kann, wie sich die Kugel dreht und er in seinem Inneren spürt, dass gerade sein Einsatz „den Bach runter
geht", so stehen wir mittlerweile mit kalter Wut vor dem Chaos
und dem Verwaltungs-Wirrwarr der 16-Länder zusammen mit
dem „Bund".

„Nichts geht mehr" in der „Bundesrepublik" - wir sind die „Zuschauer" und sind „zum Zuschauen verdammt", wenn auf unsere Kosten „der Staat" uns diesen Wirrwarr auch noch in Form von Steuern „in Rechnung stellt", so wie der Croupier am Roulettetisch den Einsatz mit kalter Miene mit seinem Rechen „abräumt".

Der Vielfach-Mörder Anis Amri mit dem LKW am Breitscheidplatz in Berlin, der Messer-Mörder in Mannheim, jetzt schon wieder der Mörder in Solingen, der gleich drei Menschen ermordet hat, im Januar 2025 der „Aschaffenburg"-Mörder.

„Quousque tandem abutere Res Publica patientia nostra" („Wie lange noch Staat willst du unsere Geduld missbrauchen?"), möchte man verzweifelt rufen, wenn es in seinem Inneren vor Wut nur noch kocht!

Das Kompetenzgerangel und der Wirrwarr rund um die Migration

Die aktuelle Debatte rund um das Thema Migration zeigt die ganze Hilflosigkeit der 16-Länder-Fürsten zusammen mit deren Entourage in Verbindung zum „Bund" sowie zur EU. In einem Rhythmus von ca. zwei Monaten passieren schreckliche Mordanschläge, zuletzt in Aschaffenburg sogar an einem zweijährigen Kleinkind, aber die „Betroffenheitspolitik", speziell aus der linksgrünen Ecke, findet keine Maßnahmen, um die Zuwanderung zu begrenzen.

Kenner der rechtlichen Situation sehen den Fehler im EU-„Dublin-Abkommen", das den Status von Geflüchteten innerhalb des Schengen-Abkommens regelt. Nach dieser Regelung hat Deutschland praktisch nur Innengrenzen - und da dürften nach der Dublin-Regelung gar keine Asylsuchenden ankommen, weil Asylsuchende an den EU-Außengrenzen ihr Gesuch stellen müssten. Aber es kommen trotzdem Tausende jeden Tag in Deutschland an, um hier Asyl zu beantragen; das zeigt, dass das Dublin-Abkommen von Anrainerstaaten Deutschlands praktisch unterlaufen/ausgesetzt wird.

Innerdeutsch herrscht nun ein regelrechtes Chaos, weil die aktuelle Gesetzeslage viel zu viele Lücken enthält, um die Asylbewerber deutschlandweit nachverfolgen zu können (siehe auch die Seiten davor).

Ein wesentlicher Mangel davon ist wieder einmal in der 16-Länder-Föderalitis zu suchen, weil „die Länder" auf ihre innenpolitische „Hoheit" pochen, und KEIN BISSCHEN „Staatsmacht" an den zentralen „Bund" abtreten möchten, sodass alle Asylsuchenden in einem zentralen Register erfasst werden können.

Auf diese Art entstehen „Aufenthaltslücken" einzelner Asylanten, die dann praktisch „unter dem staatlichen Radarschirm" schlimmste Untaten planen und durchführen können.

Aber ALLE politischen Maßnahmen zur Begrenzung des Asylstroms scheitern an linksgrün-gefärbten Ländern innerhalb des Bundesrats. Es ist halt wiederum so, dass „zu viele Köche den Brei verderben".

Dafür freut sich die rechtsextreme AfD, die von Wahl zu Wahl immer mehr Zulauf erhält.

Die „Auslandspolitik" der 16-Länder-„Fürsten"

Die Auslandspolitik ist per Definition Bundessache, was aber die Damen und Herren „Fürsten" nicht hindert, selbst „Auslandspolitik" zu betreiben. Und so „jetten" die Damen und Herren „fröhlich" durch die Welt und schütteln Hände, was der „Fürsten"-Arm so aushält, ob das jetzt in die Bundespolitik passt - oder auch nicht. Da steht dann eher die Parteipolitik im Vordergrund, als eine mit dem Außenministerium abgestimmte Politik im Sinne der gesamten Bundesrepublik.

Bilder gibt es zur Genüge, die diese „Auslandspolitik" untermalen; oftmals wirkt es peinlich und hat den Anschein von Lächerlichkeit auf die Bundesbürger.

Die 16 „Auslandsvertretungen" in Brüssel

Ein sündhaft teurer Schildbürgerstreich für uns Bürger sind die 16 „Staatsvertretungen" in Brüssel; ich verweise exemplarisch hierzu auf die Vertretung des „Freistaats" Bayern; das ist ein palastähnliches Schloss inklusive eines riesigen Parkgeländes mitten in Brüssel, direkt neben dem Europäischen Parlament! So viel König-Ludwig ähnlichem „Prunk und Protz" muss schon sein in der heutigen Zeit. Nichts dokumentiert besser die post-„royalen" Ansprüche des bayrischen Ministerpräsidenten und dessen „Hofschranzen"-Entourage, als diese „Vertretung" in Brüssel! Es verdeutlicht augenfällig, dass der bayrische Ministerpräsident mental immer noch im „königlichen Bayern" des 19. Jahrhunderts verhaftet ist, mit dem gesamten „royalen" Pomp drum herum - auf unsere Kosten!

Die Gesundheitspolitik der 16-Länder

Für jede Ärztin und jeden Arzt gilt folgendes Gelöbnis:
„Die Gesundheit und das Wohlergehen meiner Patientin oder meines Patienten
werden mein oberstes Anliegen sein. Ich werde die Autonomie und die Würde
meiner Patientin oder meines Patienten respektieren. Ich werde den höchsten
Respekt vor menschlichem Leben wahren."
(Eid des Hippokrates, ca. 460-370 AC)

Das deutsche Gesundheitssystem IST KAPUTT!

Das habe ich selbst „erleben" müssen - genau im „Staate" Hessen. Noch nie davor wurde ich mit der „Zwei-Klassen"-Versorgung so direkt konfrontiert wie aktuell (2024/2025). Entweder ist man „Privatpatient", dann wird über Einem das ganze „Füllhorn" der Gesundheitsversorgung „ausgeschüttet", oder man ist, so wie meine Frau und ich, „Kassenpatient", dann muss man „sehen, wo man bleibt".

Die kranken Menschen werden in zwei „Klassen" eingeteilt - und danach „behandelt". Es sind einerseits die Menschen, die im „Kassensystem verarztet" werden und die „Privilegierten", die als „Privatpatienten" eine exklusive Behandlung erfahren dürfen - „Chefarzt"-Behandlung inklusive. Und wenn es nur der Telefonhörer ist, den ein „Chefarzt" in die Hand nimmt, um einen „Privatpatienten" von einer Klinik zur nächsten DIREKT zu verlegen; für Kassenpatienten reichen Assistenzärzte völlig aus.

Diese Zwei-Klassenmedizin wird noch überlagert durch den - ich muss es jetzt so aussprechen, wie ich es sehe - „kranken" 16-Länder-Föderalismus. Jedes Land „kümmert" sich um seine Bürger und Patienten selbst - aber nicht jedes Land hat die gleiche Gesundheitsversorgung! Muss ja auch nicht sein, aber kritisch wird es, und da beginnt für mich der „16-Länder-Fürsten"-Wahn, wenn es nicht möglich ist, oder nur für „ausgewählte", also Privatpatienten mit „Beziehungen", dass ein Kassenpatient von einem Land ins andere „verlegt" werden muss, um eine optimale Versorgung zu gewährleisten. Meiner Frau ist es so „ergangen", leider. Sie musste „in Hessen bleiben", weil es den Ärzten „nicht gelungen" ist, sie in ein Krankenhaus in BW oder Bayern zu verlegen!

Das soll das „wunderbare" deutsche Gesundheitssystem sein, für das (fast) jeder im Laufe seines Lebens Hunderttausende von Euro zwangsweise zahlen muss?

Dieses an sich schon „kranke" Gesundheitssystem wird, wie fast alles in Deutschland, durch das 16-Länder-Föderalitis-System überlagert; jedes Bundesland verfolgt da eigene Wege und hütet eifersüchtig die jeweilige „Hoheit" gegenüber „den Bund". Es ist wirklich traurig als Patient „erleben" zu müssen, wie die einzelnen Länder unterschiedliche Anforderungen stellen.

In Deutschland gibt es 2025 95 gesetzliche Krankenkassen und zusätzlich 42 separate private Krankenkassen (PKV), die alle unabhängig voneinander nebeneinander „existieren" und sich gegenseitig eifersüchtig versuchen Patienten abzuwerben. „Ausgewählte" Menschen dürfen in eine „Privatkasse", alle anderen MÜSSEN in eine gesetzliche Krankenkasse („Kassenpatienten").

Den Gipfel der Absurdität im 16-Länderföderalismus lieferten die 16 Landessozialminister im Zuge der deutschen Wiedervereinigung, indem sie gesamtstaatlich organisierte Krankenkassen zwangen sich gemäß der 16 Länderzuständigkeiten aufzuspalten; ein Beispiel für diesen „Föderalitis"-Unsinn lässt sich auf der Internet-Plattform der TK nachlesen:

TK auch in den Bundesländern präsent

1991 gründete die TK in allen Bundesländern Landesvertretungen. Dies war ein <u>deutliches Zeichen an die Landessozialminister</u>, die im Herbst 1991 die Sozialversicherung regionalisieren wollten, was fast <u>zwangsläufig zu einer Zerschlagung der bundesweit engagierten Ersatzkassen geführt</u> hätte. Als im Januar 1993 das Gesundheits-Strukturgesetz in Kraft trat und die Rolle der Bundesländer innerhalb des Krankenkassenwesens aufwertete, zeigte sich die TK aufgrund ihrer Landesvertretungen bestens gerüstet - und das bis heute.

(Quelle: TK-Internet, Geschichte der TK-Die TK nach der Wiedervereinigung)

Soviel landesfürstliche Überheblichkeit darf bitte schon sein im Bundesstaat Deutschland; es erinnert an den berühmten Satz Ludwigs XIV.: „L'État, c'est moi" („Der Staat, das bin ich") oder an die absolutistische Festlegung im Augsburger Religionsfrieden: „Cuius regio, eius religio" (Wer regiert, bestimmt die (Landes)Religion).

Und so solls wohl auch bei der Gesundheit (und anderen Politikfeldern) sein, „Cuius regio, eius sanitas" („Wer regiert, bestimmt die Gesundheitsversorgung"); der jeweilige „Landesfürst" mit seiner Entourage bestimmt in Deutschland, welche Gesundheitsversorgung die Landesbürger erhalten dürfen; der „Landesherr" legt fest, welche medizinische Versorgung „gut für die Bürger" ist!

Europäer!

Das ist einfach nur schrecklich und passt überhaupt nicht mehr in das Demokratieverständnis des 21. Jahrhunderts. Wir Bürger sollen vom „Wohlwollen" der jeweiligen Landesfürsten sowie seiner Gesundheitsentourage „abhängig" sein.

Das DARF NICHT SEIN! Meine Meinung!

Wäre ich persönlich nicht davon berührt - Europäer, ich würde es nicht glauben, dass sowas noch im Deutschland des 21. Jahrhunderts usus ist. Ich darf auf das vorige Beispiel meiner Frau hinweisen, für die hessische Ärzte nicht in der Lage sind, sie in Fachkliniken außerhalb von Hessen direkt zu verlegen, obwohl sie dringend eine Spezialbehandlung erhalten müsste.

Will man als magersüchtiger Patient zum Beispiel eine Aufnahme in eine entsprechende Klinik in Hessen bekommen, muss man eine entsprechende Einweisung (i.e. „Verordnung für Krankenhausbehandlung") von einem niedergelassenen Psychiater erhalten - jeder, der schon mal in einer ähnlichen Situation war, versteht meine Situation, es gibt kaum Psychiater in Hessen, die Wartezeiten liegen im viele Monate Bereich! In Bayern hingegen genügt eine entsprechende Einweisung von einem niedergelassenen Arzt.

Dieses Beispiel zeigt wiederum, welcher Schaden mittlerweile im 16-Länder-Föderalitis-System steckt. Für dieses kranke Gesundheitssystem brauchen wir nicht die 16 teuren Gesundheitsminister inklusive der gesamten Verwaltungsentourage

Für die Kassenpatienten wurde das Fallpauschalen-System „erfunden", das für praktisch jede Krankheit eine Kostenpauschale festlegt, die ein Krankenhaus oder ein Rehabilitationszentrum („Reha") gegenüber der jeweiligen Kasse abrechnen darf. Das führt dazu, dass für jede Krankheit eine spezifische „Liegezeit" den Kliniken zur Verfügung steht, die sie einzuhalten haben. Benötigen Patienten einen kürzeren Aufenthalt in der Klinik, dann führt das zu einem Gewinn, bei längeren Liegezeiten, als geplant zu einem Verlust der Klinik gegenüber den Kassen. Jedes Krankenhaus wird daher „alles tun", um die Patienten möglichst schnell wieder zu „entlassen".

Besondere „Fälle" fallen dabei durch diesen „Pauschal-Rost"; für seltene Krankheiten gibt es aber kaum/keine Pauschalen, sodass ein Patient daher möglichst schnell wieder „auf die Straße verbannt" wird, damit die jeweilige Klinik nicht in ein „Kostenloch" zu fallen droht.

Privatpatienten hingegen dürfen fast alles ihren Privatkassen in Rechnung stellen, auch längere „Liegezeiten", sodass Privatpatienten dadurch bei sehr spezifischen Krankheiten einen eindeutig besseren Versorgungsstatus erhalten, als Kassenpatienten.

Ein weitere üble Entwicklung im Gesundheitssystem ist die weitgehende Privatisierung im Klinikwesen, was bedeutet, dass die meisten Kliniken als „unternehmerische Einheiten", also als renditeorientierte Krankenhausgesellschaften betrieben werden und entsprechende Umsatzrenditen erwirtschaften müssen; 15% Umsatzrendite (zum Beispiel Helios Kliniken, Fresenius-Konzern) sind durchaus als Zielmarge vorgegeben.

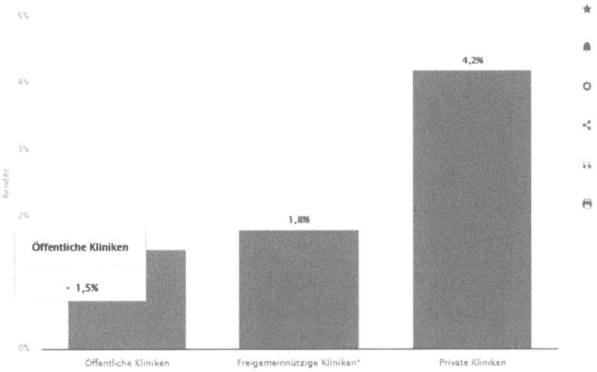

Öffentliche Kliniken

- 1,5%

1,8%

4,2%

Öffentliche Kliniken   Freigemeinnützige Kliniken"   Private Kliniken

(Quelle: Statista, Durchschnittliche Umsatzrentabilität deutscher Krankenhäuser nach Trägerschaft im Jahr 2013)

Ich wiederhole hier meine Einstellung, ich bin kein Sozialist, kein Links-Grüner und schon gar kein Kommunist, sondern ein Anhänger einer christlichen Soziallehre und damit der Meinung, dass wir als Gesellschaft keine „Profite" an der Gesundheit von uns Menschen zulassen dürfen. Wir müssen (wieder) weg vom „Rendite"-Denken im Gesundheitswesen, hin zu einer menschlichen Versorgung, die ohne „Rendite"-Druck Patienten wieder als würdige Menschen verstehen – und auch so behandeln.

Die Corona-Politik der 16-Länder-„Fürsten"

Von einer „besonderen Auffassung" von Gesundheitspolitik sind mir die „MP-Konferenzen" zusammen mit Frau Merkel während der Corona-Phase in Erinnerung geblieben.

In einer manchmal schon an Lächerlichkeit anmutenden Art saßen die 16 MPs mit ihrer Gesundheits-Entourage immer wieder zusammen, „beschlossen gemeinsam etwas" - aber kaum waren die „Konferenzen" beendet, leisteten sich ALLE MPs eine Kakophonie an „Ratschlägen" an ihre Bürger. Während all der „Sitzungen" war nicht eine einzige darunter, nach der sich die MPs auf sowas wie eine gemeinsame Linie einigen konnten.

Besonders denkwürdig über den Zustand der Bund-/16-Länder-Bürokratie empfand ich die „Ostersitzung" 2021, nach der sich Frau Merkel entschuldigte einen 5-tägigen „Oster-Lockdown" einführen zu wollen, weil es da wohl zu viele „Umsetzungshürden" gegeben hätte. Der Lockdown wurde ausgesetzt, aber KEINER der 16-MPs hatte eine Antwort, wie es weitergehen soll. Es war symptomatisch für die 16-Länder-„Fürsten"-Politik, alle mäkelten an der „Bundespolitik" herum, hatten aber selbst „nicht einen Dunst von einer Ahnung", wie es weitergehen soll.

Die Krankenhäuser waren übervoll, das Medizinpersonal war völlig überfordert, es war (noch) kein Impfstoff da, Tausende Patienten starben - und unsere 16-Länder-„Fürsten" „diskutierten Maßnahmen", aber zu keiner Zeit konnten sie sich auf eine gemeinsame Zielsetzung einigen.

Es war so beklemmend für uns Bürger, und total unverständlich! Das Virus war in Hamburg nicht anders, als in München und in Köln nicht anders, als in Berlin, aber unsere 16-Länder-„Fürsten" mit ihrer „Gesundheits-Entourage" „werkelten" an völlig unterschiedlichen „Modellen" herum, als wäre das „Hamburg"-Virus ein völlig anderes, als das „Köln"-Virus.

Diese Phase der deutschen Innenpolitik habe ich wirklich als extrem frustrierend empfunden und mich in meiner Meinung bestärkt, dass der deutsche Bund-/16-Länder-Föderalismus, besonders in kritischen und lebensbedrohlichen Phasen in großen Teilen versagt.

Dieses Versagen in kritischen Phasen hat sich bald wieder während der Ahrkatstrophe im Juli 2021 wiederholt (siehe Innenpolitik, Katastrophenschutz).

Die Innenpolitik

So wie die Bildungspolitik „Ländersache" ist, so sind fast alle weiteren Politiken Ländersache wie

- Die Innenpolitik (Polizeiwesen etc)
- Die Finanzpolitik und der Länderfinanzausgleich
- Die Justizpolitik
- Die ÖRR-Medien

Folgende Steuereinnahmen wurden 2023 in Deutschland eingenommen und anschließend auf Bund, Länder, Gemeinden und EU verteilt, gesamt ist es eine Summe von 915,8 Mrd. € (Quelle: Destatis 2024), die sich wie folgend summieren:

Deutschland, Steuereinnahmen 2023

Quelle: Destatis, 05.06.2024

	Mrd. Euro	Mrd. Euro
Steuereinnahmen 2023		**915,8**
Gemeinschaftssteuern		690,7
Umsatzsteuer	291,4	
Lohnsteuer	236,2	
Summe andere	163,1	
Bundessteuern		101,8
Energiesteuer	36,7	
Summe andere	65,1	
Gemeindesteuern		92,3
Gewerbesteuer	75,1	
Summe andere	17,2	
Landessteuer		25,2
Grunderwerbssteuer	12,2	
Summe andere	13,0	
Andere Steuern		5,8

(Quelle: Destatis, Juni 2024, Steuereinnahmen - Steuereinnahmen 2023 summieren sich auf rund 916 Milliarden Euro)

Nach einem komplizierten Verfahren, das wohl nur ausgewiesene Finanzexperten verstehen sollen, werden die Steuern anschließend wiederum auf den Bund, die Länder, die Gemeinden sowie der EU umverteilt:

Deutschland, Steuereinnahmen 2023
Umverteilung auf Bund, Länder, Gemeinden, EU

Quelle: Destatis, 05.06.2024		
	Mrd. Euro	Mrd. Euro
Steuereinnahmen 2023		**915,8**
Bund		356,0
Länder		**382,6**
Gemeinden		143,5
EU, Brüssel		35,4
Rundung		-1,7

(Quelle: Destatis, Juni 2024, Steuereinnahmen - Steuereinnahmen 2023 summieren sich auf rund 916 Milliarden Euro)

Diese beiden Tabellen sollen die Basis für die weiteren Betrachtungen sein.

Lieber Leser, bitte lassen Sie mich dabei außen vor, ich kenne weder die Erhebungen, noch die Verteilungsschlüssel, die zu diesen Tabellen geführt haben. Ich glaube auch, dass dieses Steuersystem bewusst so kompliziert gemacht ist, damit wir Bürger das „Hin und Her der Gelder" nicht durchblicken können.

Fakt ist, dass

-       „der Staat" insgesamt   916 Mrd. €
        davon
-       „die Länder" ca. 42%   **383 Mrd. €**

an Steuern zugewiesen bekommen haben.

Fakt ist aber auch, dass ca. 30 Mrd. € jedes Jahr nur für die politischen Kosten der 16 Länder „draufgehen"; das sind ca. 8% (in Worten: acht Prozent!) der gesamten Einnahmen der 16 Länder.

Zum Vergleich, die Steuereinnahmen des Bundes betragen ca. 356,0 Mrd. €; davon die politischen Kosten (Präsident, Bundestag inkl. Kanzler, Bundesrat etc) ca. 5 Mrd. €. (i.e. 1,4% des Haushalts)

Politische Führung des Bundes, Abschätzung			
Basis:	Bundestagsnachrichten 2022, 2023		
Ersteller:	A. Dietl, 2024		
		Mrd. €	
Bundespräsident		0,047	
Deutscher Bundestag		1,210	
Bundeskanzler inkl. Amt		3,700	
Bundesrat		0,038	
politische Kosten Bund		**4,995**	

(Quelle: Bundestagsnachrichten, diverse Etatentwürfe 2022, 2023)

Zusammenfassung und Fazit:

Das Beispiel zeigt augenfällig welche Diskrepanz zwischen dem Bund und den Ländern herrscht; es ist wirklich an der Zeit, dass dieses völlig unnötige Kostenspektakel zu einem Ende kommt. Der deutsche 16-Länderföderalismus ist eine unheimlich teure „Heilige Kuh", und kostet dem Steuerzahler

um die **30 Mrd. € jährlich**

ohne dass der Steuerzahler Vorteile erkennen kann.

Es ist eher umgekehrt, die 16-Länder stehen sich oftmals aus rein parteitaktischen Gründen im Weg.

Vier (4) Regionen würden für einen funktionierenden föderalen Status völlig ausreichen, der nur ca. 10 Mrd. € kosten würde.

Dem Steuerzahler würden **JÄHRLICH 20 Mrd. € erspart** (Stand 2022/2023) und zusätzlich eine zähe und lähmende Bund-/Länderpolitik erspart bleiben; politische Prozesse könnten beschleunigt und noch teures Steuergeld eingespart werden.

Welch ein großer Vorteil!

3.3 DAS LEISTUNGSLOSE GRUNDEINKOM-MEN

„Von nichts, kommt auch nichts"
(Volksmund, den meine Mutter oft gebraucht hat; zeitlos gültig)

„Es gibt nichts Gutes, außer man tut es"
(Erich Kästner, Schriftsteller und Publizist)

Das Adjektiv „leistungslos" drückts ja aus, was es ist - es ist das gerade Gegenteil von „leistungswillig" und das ergänzende Substantiv „Einkommen" vervollständigt nur noch den ganz schrägen Vektor, der den Weg einer Leistungsgesellschaft hin „zum Abgrund" zeigt.

Wie sagte meine Mutter auch: „Wo nichts ist, da kann auch nichts werden!" Diese griffigen Worte meiner Mutter, so schlicht sie sind, drücken den gesamten Umfang einer arbeitsscheuen Einstellung aus. Nur wer fleißig ist, der wird letztlich auch etwas erwirtschaften; das ist die eine Seite und betrifft jeden Einzelnen, das Individuum also.

Die andere Seite ist die schon oftmals zitierte Aussage von J. F. Kennedy und betrifft unsere Gesellschaft im Ganzen: „„Fragt nicht, was euer Land für euch tun kann - fragt, was ihr für euer Land tun könnt".

Beide Seiten zusammen sind DIE EINE MEDAILLE einer Gesellschaft; sowohl das Individuum, als auch die Gesellschaft im Ganzen müssen etwas „tun", um das Überleben der Gesellschaft insgesamt zu gewährleisten.

Wenn man aber den Gedanken der „Leistungslosigkeit" zu Ende denkt, ja wer soll denn dann das erwirtschaften, was wir ja letztlich zum (Über)leben brauchen? Wer soll all die notwendigen landwirtschaftlichen Güter erarbeiten, damit wir alle genug zu essen haben? Wer soll die Millionen von Gebäuden errichten, damit wir wohnen können? Wer die Produkte erstellen, damit wir alle genug Kleidung haben? Wer stellt sich in die Werkshallen, um die vielen 100.000 Windräder zu bauen, die wir brauchen, um die nötige Energie für uns alle bereitzustellen? Wer wird die seltenen Erden aus der Erde „buddeln", um die nötige Menge an Rohstoffen für unsere Chips zu erhalten, und wer wird sie dann zusammenbauen? Wer baut dann alle Fahrzeuge zusammen, egal ob, PKW, Busse, Bahnen, damit wir unsere Mobilität erhalten?

Der zweite Gedanke betrifft die Finanzierung selbst.

Nach meinem Verständnis soll jeder Bürger „Anspruch" auf ein Mindesteinkommen bekommen, das wohl in der Größenordnung von ca. 1.200 -1.500 €/Person x Monat liegen soll. Zu Ende gedacht, bedeutet es, dass jeder Bürger „Anspruch" an ein Jahresgehalt von ca. 12 x 1.200 €/Mo = ca. 15.000 €/Jahr hat.

Bei einer Bevölkerung, sagen wir Deutschland mit ca. 84 Mio. Einwohnern, wären das dann ganz schlicht gerechnet:

15.000 €/a x 84.000.000 EW = 1.260.000.000.000 €/Jahr, also

1.260 Mrd. €/Jahr! (2024)

Zum Vergleich dazu beträgt das gesamte deutsche Bruttoinlandsprodukt (BIP), also die Summe aller erwirtschafteten Güter und Dienstleistungen, ca. **4.120 Mrd. €/a** (Quelle: Statista 2023).

Das leistungslose Grundeinkommen würde also ca. 31% der gesamten Wirtschaftskraft Deutschlands verbrauchen, also genau aus der Wirtschaftskraft Deutschlands, die von Bürgern geleistet wird, die in einem hohen Maße vollständig berufstätig sind, also der „Fraktion der Arbeitswilligen"! Die Frage liegt doch auf der Hand, wenn jetzt keiner mehr etwas leistet (Grüne Stolla: „Arbeit macht krank"), also „arbeitet", woher soll dann bitte die Wirtschaftskraft herkommen? Aus dem Universum? „Vom Vater im Himmel"?

Betrachtet man ergänzend den Staatshaushalt 2023, dann betragen die gesamten Steuereinnahmen vom Bund, den 16 Ländern sowie den 10.800 Städten/Gemeinden zusammen ca. **916 Mrd. €** (Quelle: Destatis 2024); eine Gegenüberstellung zeigt, dass wir dann ca. **138%!** aller Steuereinnahmen nur für das leistungslose Grundeinkommen aufwenden müssen, also **38%** mehr als wir an Steuern einnehmen!

Eine weitere „Quelle" wird von der „Fraktion der Leistungslosen" immer wieder „aus dem Hut gezaubert" - das „Vermögen der vielen Reichen" soll hoch versteuert werden zugunsten des Leistungslosen Einkommens.

Stellt man die Summe der leistungslosen Einkommen dem Ertrag aus den versteuernden Vermögen gegenüber, dann müsste das deutsche Vermögen ja jedes Jahr genau um die Summe des Leistungslosen Einkommens wachsen, also um ca. 1.260 Mrd. € jährlich, um das „Vermögen abschöpfen" zu können. Das Privatvermögen betrug im Jahr 2018 (Quelle: Richter-Publizistik, CRP-Infodienste sowie Destatis) ca. 15.000 Mrd. €.

Die Vermögenssteuer müsste also jährlich grob gerechnet ca. 8% (1.260/15.000 Mrd. €) betragen und zwar über alle Vermögen hinweg, allein um die Vermögen nicht ins Negative zu drehen! Möchte man aber „der Oma ihr Häuschen" (Ex-BK Schröder) unversteuert belassen, dann würden große Teile der Bevölkerung unbehelligt bleiben, aber für „die Superreichen" kämen Steuersätze zustande, die sicherlich weit über die 10% pro Jahr ausmachen würden.

„Geld ist flüchtig wie ein Reh", sagt ein Spruch! So schnell können wir gar nicht „gucken", wie das „Geld der Reichen" aus Deutschland verschwunden wäre, sollten solche Überlegungen in die Tat umgesetzt werden; unser ganzes Staatssystem würde zusammenbrechen.

Natürlich sind das einfache und statische Berechnungen, die bei einer detaillierten Kalkulation angepasst werden müssten, aber der schlichte Befund, dass die Summe aller Leistungslosen Einkommen in die Nähe des gesamten deutschen Staatseinnahmen um fast 40% übersteigt, zeigt schon den völlig unsinnigen und unverantwortlichen Gedankenansatz.

Es zeigt einen gesellschaftsverachtenden Denkansatz einer völlig aus dem Ruder gelaufenen Politikerklasse, für die Leistung nichts mehr zählt und stattdessen „das fröhliche Leben auf Kosten der Anderen" zur Maxime erhoben wurde, das „Hanfpfeifchen" inklusive.

Dumm nur, wenn alle so denken, dann ist zwar „an alle gedacht", aber keiner hat dann noch etwas! Dann beginnt „der Kampf ums Überleben", es beginnt ein „Hauen und Stechen" unter uns Menschen, dann ist Bürger(Krieg) angesagt, nach dem dann wieder „alle gleich sind" (Walter Scheidel).

Menschen! Europäer!

Wir müssen aufstehen gegen diese gesellschaftsverachtende Grundhaltung, bevorzugt gefordert in der „progressiv" links/grünen Politikszene, die gerne „auf Kosten anderer leben" will; das sind die meist jungen Politrattenfänger mit marxistisch/kommunistischem Neiddenken, die bevorzugt „die Früchte ernten wollen, die sie nicht gesät" haben und es sind diejenigen, die letztendlich „die Reichen enteignen" und das Vermögen „vergesellschaften" wollen, wobei sie bewusst unscharf den Begriff „Reichtum" definieren, um die „volle Zugriffsfähigkeit" auf jegliche Art von (Privat)Vermögen zu bekommen.

Das alles hat es Anfang des 20. Jahrhunderts schon gegeben! Wir haben genügend Beispiele.

Ich denke nur an die brutalst menschenverachtende Regierungszeit der Diktatoren Lenin und Stalin, die während ihrer Regierungsphase sprichwörtlich „über Leichen gingen", um in Russland „der Gleichheit" zum Sieg zu verhelfen. Zig Millionen von Russen, Ukrainern, Weißrussen und anderen verhungerten, wurden ihres Besitzes beraubt, ermordet und/oder in Arbeitslager verschleppt, wo sie elendig zugrunde gingen. Es war die kommunistische „Hölle" im 20. Jahrhundert.

Die Zeit Stalins wird später eine gewisse Frau Wagenknecht, als *„… die einzig mögliche Form eines realisierten Sozialismus"* preisen!

Der Sowjetkommunismus musste 1989 den Offenbarungseid leisten und ging anschließend in die „kommunistischen Jagdgründe" ein. Übrig blieben Hunger, Elend und eine Zerstörung der Gesellschaft; das nutzten ein paar (später stinkreiche) „Oligarchen" aus, die Land und Leute ausplünderten und teilweise auch vor Mord nicht zurückschreckten.

Daraus hervorgegangen ist letztlich der KGB-Offizier aus St. Petersburg, ein gewisser Wladimirowitsch P., der zuerst mit brutaler Gewalt die Oligarchen „zurechtstutzte" und „einordete", um dann das ganze Russland unter seine „Fittiche" („Knute") zu nehmen. Er startete seine „Karriere" mit einem Krieg gegen die Tschetschenen, um dann weiter in Georgien, auf der Krim und Ostukraine und letztlich 2022 die ganze Ukraine mit einer Blutspur sondergleichen überzog.

Dann der maoistische Kommunismus in China, dessen „Umerziehung" zum „Homo Communisticus" wohl bis zu 40 Millionen Chinesen das Leben kostete!

Diese unrühmlichen und menschenverachtenden Politsysteme wollen uns tatsächlich die links/grün/kommunistischen Politrattenfänger als große Errungenschaften „verkaufen"!

Homines Pragmatici! Europäer!

Das müssen wir verhindern!

„Umgekehrt wird ein Schuh draus", sagt ein Sprichwort! Wir müssen wieder zu „den alten Tugenden" zurück und wieder Leistung als erstrebenswerten Wert anerkennen.

Wir müssen dem Spruch „Leistung muss sich wieder lohnen" eine Basis geben, um darauf aufbauend unserem wirtschaftliches Handeln einen Sinn zu geben; wer mehr leistet, soll auch mehr verdienen.

Und wir müssen den ganzen „leistungslosen Schmarotzerkram" über Bord werfen und wieder das Miteinander der Gesellschaft in den Mittelpunkt unsres Handelns stellen. Wer der Gemeinschaft seine (Tat)Kraft leiht, oder sogar kostenlos zur Verfügung stellt, der muss entsprechend anerkannt und belobigt werden; er muss seinen Platz in der Gesellschaft finden.

3.4 HOHEITLICHE AUFGABEN

„Ich bin ein großer Befürworter eines schlanken Staats: So viel Beamtentum wie nötig, aber so viel Anstellungsverhältnis wie möglich.

Hier die Mitte zu finden ist eine hohe Staatskunst und würde demjenigen, der diesbezüglich einen optimalen Schlüssel findet, vermutlich den Nobelpreis bescheren! Demzufolge werden wir bis dorthin mit dem Ach und Weh des Verwaltungskompromisses leben müssen.“

(Rodolfo Di Telo, Mehr Europa wagen - Die Umsetzung, Ideen für eine Verfassung, Kap. 3.1 Grundzüge einer Verfassung, Staat & Recht)

Rodolfo Di Telo beschreibt in seinem Buch erstens die Notwendigkeit eines unabhängigen Beamtentums für ein möglichst reibungsloses Funktionieren eines Staatsgebildes und zweitens geht er auf den Begriff der „hoheitlichen Aufgaben" ein.

Beim Lesen seiner Bemerkungen fühlt man aber die Schwammigkeit bei der Definition der hoheitlichen Aufgaben sowie einer Trennung beim „Schlachten heiliger Kühe" und dem Beibehalten wichtiger „Kühe". Es ist aber in der Tat nicht leicht eine scharfe Trennung zwischen hoheitlichen und nicht hoheitlichen zu schaffen. Wie vieles in unserem Leben gibt es auch da graue Zonen, also Tätigkeitsbereiche die man berechtigterweise der einen oder der anderen Gruppe zuordnen kann.

In jedem Fall aber sind hoheitliche Aufgaben in Verbindung mit dem Beamtentum teure Einrichtungen innerhalb eines Staats und sollten daher möglichst niedrig gehalten werden. Ein besonderes Kapitel davon ist das Kapitel über die Beschreibung der ausgesprochen teuren Pensionsansprüche nach dem Beenden der aktiven Beamtenzeit. Hier sind dringlich Überlegungen notwendig, da die aktuell schon bekannten Zahlungen aus dem jährlichen Haushalt das staatliche Regieren so sehr einengen, dass für die eigentlichen Aufgaben wie Sicherheit/Verteidigung, Infrastrukturmaßnahmen, Gesundheit und Bildung praktisch nichts mehr übrig bleibt.

Ein Beispiel für die exorbitanten Verwaltungskosten sind die horrenden Pensionsansprüche der Länderpolitiker mit ca. 28% der politischen Kosten (Basis Land Hessen mit ca. 549/2.000 Mio. €). Ein grenznahes Land, die Schweiz, zeigt für mich, wie

Deutschland eventuell das Beamtenpensionssystem in Griff bekommen kann (siehe Kap. 4.7 Sozialsystem)

Wie so oft ist auch diese Problematik schon längst bekannt, wird aber nicht wirklich in den Fokus genommen, weil da zu viele „Interessen" dran hängen, die ein politisches Agieren schwierig bis unmöglich machen. Trotzdem müssen wir auch Teilen dieser „Kühe" den „Heiligenschein" entziehen; es bleibt nichts anderes übrig, wollen wir als Gesellschaft insgesamt unsere Zukunft sicher machen.

Eine Überprüfung sollte auf allen Ebenen unseres Staatswesens stattfinden, die sind

- Die Kommunen
- Die Länder
- Der Nationalstaat und
- Die EU

Menschen! Europäer!

Was wird tagtäglich über die „überbordende Bürokratie" an den Stammtischen lamentiert, in den Talkshows „diskutiert", in den Schriftmedien geschrieben und kritisiert, packen wir es einfach mal an!

3.4.1 ZWECK DES BEAMTENTUMS

„Ein Grundsatz könnte darin bestehen, dass das Berufsbeamtentum möglichst beschränkt wird, also auf wichtigste Funktionen reduziert bleibt. Für meine Begriffe könnte als Richtschnur gelten, dass das Beamtentum hoheitlichen Funktionen/Aufgaben vorbehalten bleibt. Da kommt aber natürlich gleich die Frage auf, was denn hoheitliche Aufgaben sind.

Für mich sind das wesentliche Aufgaben/Aktivitäten, die im Wesentlichen mit der Sicherheit sowie der Unabhängigkeit eines Staates zu tun haben, kritische Funktionen, die den Staat in seinem Innersten zusammenhalten und gewährleisten."
(Rodolfo Di Telo, Mehr Europa wagen - Die Umsetzung, Ideen für eine Verfassung, Kap. 3.1 Grundzüge einer Verfassung, Staat & Recht)

Rodolfo Di Telo geht für meine Begriffe zurecht auf den wesentlichen Kern des Beamtentums ein, den er bereits im vorab erwähnten Kapitel als „hoheitliche Aufgaben" so umschreibt:

„Für mein Dafürhalten gehören u.a. folgende Funktionen zu diesen hoheitlichen Aufgaben:

- Das Kerngerichtswesen (Richter, Staatsanwälte, gehobene Beamte)
- Das Kernpolizeiwesen (Polizisten selbst, gehobene Beamte)
- Der Kernparlamentarismus mit nichtpolitisch besetzten Funktionen wie Staatssekretäre, Ressortleiter
- Das Kernfinanzwesen (hohe Finanzleiter, Revisoren)
- Das Kernaußenministerium (Attachés, Botschafter etc)"

Ich würde noch weitere Positionen hinzunehmen, die in Wirtschaft, Infrastruktur (Straße, Bahn, Flugwesen etc) sowie im Bereich der Verteidigung/IT-Sicherheit etc für staatstragende und/oder geheimdienstliche Aufgaben zu besetzen sind.

Aber (viel) mehr sollten es dann nicht mehr werden. Wie Rodolfo Di Telo bin auch ich der Meinung, dass wesentliche hoheitliche Aufgaben nur eingespart werden können, wenn es zu einer Zusammenlegung der 16 Länder zu ca. 4 Regionen kommt. Ich kann es nicht oft genug betonen, dass ein großes Einsparpotential nur bei einer Zusammenlegung gehoben werden kann; „weniger ist mehr" stimmt hier wirklich. Schlankere Verwaltungsstrukturen sorgen auch für einen beschleunigten Ablauf in den Organisationen.

Nach (deutschem) Beamtenrecht muss der Beamte „fraglos" Aufgaben des Staats übernehmen, er darf sich nicht dagegen „auflehnen". Für diese „Staatstreue" wird er vom Staat, also von der gesamten Gesellschaft „alimentiert" - und zur „Alimentation" gehören ein auskömmliches Einkommen, aber auch weitere Privilegien, die den Beamten „unabhängig" gegenüber äußeren Einflüssen machen soll. Ich denke, soweit wird mir jeder folgen und zustimmen.

Für die „Staatstreue" wird der Beamte besonders belohnt („alimentiert"). Er bekommt keinen Lohn, sondern ein Gehalt, er erhält den Status der Unkündbarkeit und weitere Freiheiten, wie zum Beispiel Freistellungen, wenn er politische Aufgaben übernehmen will. Während der gesamten Freistellungszeit wird ihm seine Position frei gehalten und er nimmt auch an üblichen „Vorrückungen" (Gehaltssprünge, Beförderungen etc) teil. Auch seine pensionsrechtlichen Ansprüche laufen weiter, als wäre er in der Position weiter tätig. Diese Ansprüche unterliegen einem separaten Pensionsgesetz mit besonderen Vergütungen, auf die ich im unteren Kapitel vertieft eingehen werde.

Über die „absolute" Anzahl von Beamten kann ich hier sicherlich keine Auskunft geben, aber wieso zum Beispiel Lehrer in dem einen Land Angestellte sind (Thüringen, Berlin), in einem anderen Land wiederum Beamte sein müssen, das erschließt sich mir gar nicht.

Es macht auch wirklich keinen Sinn darüber zu „spekulieren", weil ein Lehrberuf für mein Verständnis sehr wichtig ist, aber sicherlich nicht im Status einer hoheitlichen Funktion. Ich kann es menschlich sehr gut verstehen, dass auch ein Lehrer den Status eines Beamten haben möchte, weil damit die oben erwähnten „Sicherheits-/Positions-Pfründe" verbunden sind, aber eine besondere „Staatstreue" wird von einem Lehrer sicherlich nicht abverlangt.

Berufsstand	Anzahl	Anteil
Lehrer, Forschung, Hochschulangehörige	76	10,7 %
Sonstige Öffentlicher Dienst	129	18,2 %
Mitarbeiter von Abgeordneten, Parteien, Fraktionen	79	11,1 %
Sonstige politische und gesellschaftliche Organisationen	23	3,2 %
Kirchen	8	1,1 %
Wirtschaft (Selbständige, Angestellte, einschl. Verbände)	234	33,0 %
Rechts-, wirtschafts- und steuerberatende Berufe	99	14,0 %
Sonstige freie Berufe	22	3,1 %
Sonstige	21	3,0 %
Keine Angaben	18	2,5 %

(Quelle: Wikipedia, Mitglied des Deutschen Bundestages, Wahl 2017, Basis 709 Abgeordnete)

Weil unsere Gesellschaft aber eine „Bildungsgesellschaft" sein möchte - ob das noch stimmt anlässlich der schlechten PISA-Ergebnisse -, haben wir ca. 780.000 Lehrer (Stand 2022/23), die (fast) alle verbeamtet sind.

Insgesamt gibt es in Deutschland ca. 1,76 Mio. Beamte

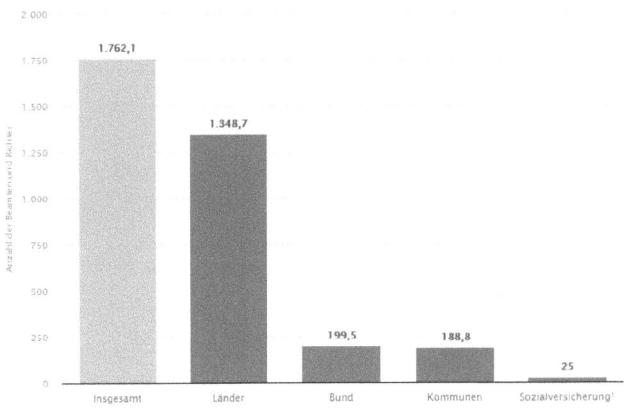

(Quelle: Statista Anzahl der Beamten und Richter in Deutschland zum 30. Juni 2023 nach Beschäftigungsbereichen (in 1.000)

Zum Vergleich (Quelle Statista): „Im Mai 2024 waren saison- und kalenderbereinigt rund 45,91 Millionen Erwerbstätige mit Wohnsitz in Deutschland registriert (Inländerkonzept)".

Viele Juristen, Staatsdiener – kaum Handwerker, Arbeiter: Kennen Politiker die Sorgen vieler Menschen überhaupt noch?

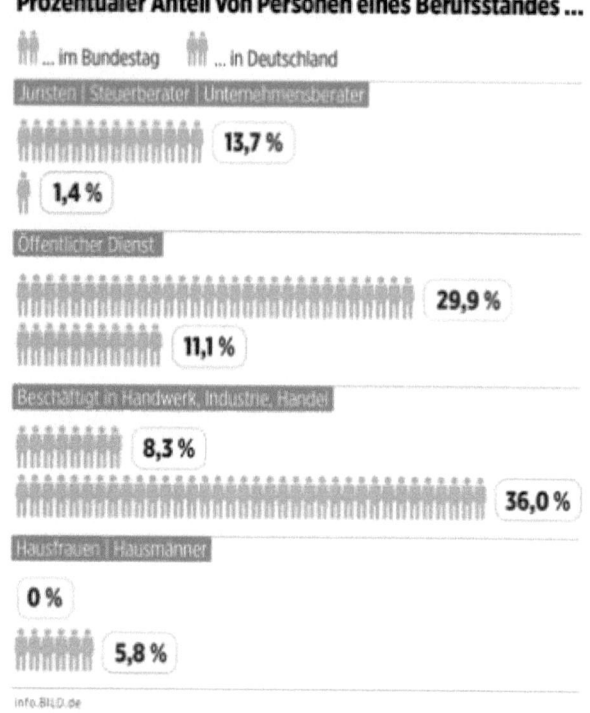

Prozentualer Anteil von Personen eines Berufsstandes ...

... im Bundestag   ... in Deutschland

Juristen | Steuerberater | Unternehmensberater
- 13,7 %
- 1,4 %

Öffentlicher Dienst
- 29,9 %
- 11,1 %

Beschäftigt in Handwerk, Industrie, Handel
- 8,3 %
- 36,0 %

Hausfrauen | Hausmänner
- 0 %
- 5,8 %

info.BILD.de

(Quelle: Berliner Zeitung/Bild.de (01/2023), Unsere Politiker sind fast nur Beamte und Juristen)

3.4.2 BEAMTENPENSIONEN

Deutschland „diskutiert" gerade wieder einmal die völlig aus dem Ruder laufenden Kosten des Rentensystems. Immer wieder „lamentieren" Politiker, wie die Gesellschaft auch, dass das „Rentensystem nicht mehr bezahlbar" sei. Es wird, sicherlich zurecht, darauf hingewiesen, dass „es einen Ausgleich braucht" zwischen den laufenden Rentenbeiträgen, der Verlängerung der Arbeitszeit (Rente ab 67) und dem staatlichen Zuschuss.

Was aber für meine Begriffe nie diskutiert wird, das sind Fragestellungen wie die horrenden Beamtenpensionen auf allen staatlichen Ebenen (Bund, Länder, Gemeinden) zukünftig gestemmt werden sollen. Diese Frage ist „ein bestens gehütetes Geheimnis", damit nur ja „keine schlafenden Hunde geweckt werden", um darüber eine gesellschaftliche Diskussion zu entfachen.

Während ein Angestellter einen Rentenanspruch auf max. 48% einer bestimmten Lohnhöchstsumme hat, wird die Beamtenpension an der Höhe der letzten Gehaltsstufen bemessen.

In Satiresendungen (warum eigentlich nur da?) wird in seltenen Fällen darauf Bezug genommen und anhand von Beispielen dargestellt, wie groß die Unterschiede zwischen Rentenhöhen und Beamtenpensionen sind. Unter lautem Lachen kommen dann Größenunterschiede von mehreren zehntausend Euro pro Jahr „auf den Tisch der Öffentlichkeit", um dann ganz schnell wieder zu verschwinden, weil wir ja „keine Neiddebatte führen" wollen.

Ich bin wirklich der letzte, der einem Beamten dessen Pension neiden möchte, aber wenn wir über „heilige Kühe" sprechen wollen, dann müssen wir auch darauf Bezug nehmen.

3.5 ARBEITSZEITVERKÜRZUNG

Seit 1. Juli 2024 gibt es die 6-Tage Woche in Griechenland, während bei uns die (leistungsarmen) links/grünen Homines Utopienses gleichzeitig die 4-Tage Woche einfordern wollen - bei vollem Lohnausgleich natürlich; das kann man sich natürlich wünschen. Im Märchenland der Sterntalerin sowie am „Ponyhof" der Illusionen sind sowas möglich.

Wie schreibt die Wirtschaftswoche vom 25.06.2024 dazu: „Während die Beschäftigten in Griechenland mehr als 2000 Stunden pro Jahr schuften, belegen die Deutschen mit nicht einmal 1400 Stunden pro Jahr einen der hintersten Plätze." Und weiter: „Laut der europäischen Statistikbehörde Eurostat betrug die durchschnittliche Wochenarbeitszeit 2022 in Griechenland 42,8 Stunden. Deutschland landet im Mittelfeld. Durchschnittlich arbeiten die Menschen hierzulande rund 40,4 Stunden wöchentlich:"
(Quelle: WiWo, „Wie Griechenland mit einer 6-Tage-Woche den Fachkräftemangel bekämpft")

Und wie sehen die Gewerkschaften das? Im MDR ist nachzulesen, dass „Kürzung der Wochenarbeitszeit geplant - Grundsätzlich hält der IG-Metall-Chef (Jörg Hoffmann) jedoch an seiner von Arbeitgebern heftig kritisierten Forderung nach der Viertagewoche fest. Nach dem Bestreben der Gewerkschaft soll dabei die Wochenarbeitszeit von 35 auf 32 Stunden bei vollem Lohnausgleich verkürzt werden. "Auf längere Sicht kommen wir nicht umhin, solche Arbeitszeitmodelle für alle zu ermöglichen", sagte er."

3.6 SCHATTENWIRTSCHAFT

Laut eines aktuellen Berichts der ARD vom Januar 2024 steigt die Schattenwirtschaft wieder an. „Experten gehen von einem Anstieg der Schwarzarbeit in Deutschland aus. Laut einer Prognose werden in der sogenannten Schattenwirtschaft in diesem Jahr mehr als 480 Milliarden Euro generiert."

(Quelle: ARD, Januar 2024, Schattenwirtschaft - Voraussichtlich mehr Schwarzarbeit in Deutschland)

Ja, die Schwarzarbeit, „die Heilige Kuh der kleinen Leute" hat uns Homines Pragmatici „fest im Griff". Wenn jetzt einer sagt, er habe „noch nie etwas schwarz machen lassen", dann „lügt er, dass sich die Balken biegen", oder er darf „den ersten Stein werfen" (Jesus). Jeder Homo Pragmaticus darf sich die „Büßerkluft überziehen" und dabei „Asche aufs Haupt streuen".

480 Mrd. Euro allein für das Jahr 2024 sind wahrlich „kein Pappenstiel" und kommen gefährlich nahe an unseren „Tyrannosaurus Rex" der jährlichen Vererbung ran.

Die Gründe für diese unfassbar große Summe der Schattenwirtschaft sind mannigfaltig, sie sind aber im Wesentlichen in uns selbst begründet. Wir, Homines Pragmatici lassen uns nicht gerne „in die (Geld)Karten schauen", um gegenüber dem Staat nicht allzu transparent daherzukommen. Wir haben gerne „stille Kassen" (Konten oder Bargeld), über die „nicht jeder" Bescheid wissen soll.

So gerne wir „scheue Rehe züchten", wie in Kapitel 3.2, das Erbrecht erwähnt, um Steuern aller Art „minimieren oder verhindern" zu können, so gerne auch „leiten wir Geld für Leistungen aller Art" über Umwege „am Fiskus vorbei". Der Grund ist immer der gleiche - wir wollen „Steuern sparen" und freuen uns diebisch, wenn uns das gelingt.

Jaja, so sind wir! Da müssen wir uns schon alle ehrlich machen. Aber wie es so ist, „die Wahrheit liegt in der Mitte". Wir wissen um unsere „pekuniären Problemzonen", weil wir mit unserer Janusköpfigkeit - Ehrlichkeit einerseits, Egoismus andererseits

- uns oft im Wege stehen und eigentlich gerne „auf einen roten Faden der Tugend" zurückgreifen würden, der aber FÜR ALLE gilt.

Deutschland, Steuereinnahmen 2023
Quelle: Destatis, 05.06.2024

	Mrd. Euro	Mrd. Euro
Steuereinnahmen 2023		**915,8**
Gemeinschaftssteuern		690,7
Umsatzsteuer	291,4	
Lohnsteuer	236,2	
Summe andere	163,1	
Bundessteuern		101,8
Energiesteuer	36,7	
Summe andere	65,1	
Gemeindesteuern		92,3
Gewerbesteuer	75,1	
Summe andere	17,2	
Landessteuer		25,2
Grunderwerbssteuer	12,2	
Summe andere	13,0	
Andere Steuern		5,8

(Quelle: Destatis, Deutschland Steuereinnahmen 2023)

Jeder versteht, dass „der Staat" Geld braucht, um seine „Staatstätigkeit" finanzieren zu können und dazu erhebt er Steuern über verschiedene Wege; eine davon ist die Umsatzsteuer. Für jede Transaktion/Dienstleistung erhebt er eine Steuer vom Endverbraucher. Derzeit sind es generell 19% auf jede Ware, von Ausnahmen abgesehen; das bringt gemäß Tabelle ca. 291 Mrd. € ein. Bei einem Satz von 19% wären das grob geschätzt Waren/Dienstleistungen im Wert von ca. 1.530 Mrd. € jährlich (291 Mrd. €/0,19%).

Ich bin mir sicher, dass der Bundesfinanzminister „tagtäglich" nachrechnet, wie niedrig er die Umsatzsteuer - und um die geht es ja – ansetzen muss, damit die „Schattenarbeiter" steuerliche „Lichtgestalten" werden.

480 Mrd. € „Schattengeld" würde bei 19% ca. 90 Mrd. € einbringen. Eine einfache Idee meinerseits wäre ja, ob man nicht die „Schattenware" zu „Weißware" macht, indem man den Satz von derzeit 19% so senkt, dass der Staat zu seinem Geld kommt und der „dunkle" Homo Pragmaticus seine „weiße Weste" anziehen kann.

Wäre die Rechnung falsch? Ich nehme den „weißen Umsatz" und addiere den „schwarzen" dazu, dann käme ich auf ca. 2.000 Mrd. € Umsatz (1.530 + 480 Mrd. €). Bei einer aktuellen Umsatzsteuereinnahme von 291 Mrd. € könnte man den Steuersatz auf ca. 14-15% senken.

Ich bin mir bewusst, dass das natürlich statische Betrachtungen „des kleinen Mannes" sind und der Herr Finanzminister mit seiner Entourage viel ausgefeiltere Rechenprogramme hat, mit denen man „auf den Cent genau" Detailbetrachtungen durchführen kann, aber es führt meines Erachtens kein Weg daran vorbei, dass unsere Steuern schlicht zu hoch sind, um aus uns Allen einen „ehrlichen Homo Pragmaticus" zu machen;

Ergänzend könnte man noch die privaten Dienstleistungen steuerlich geltend machen, dann würde sicherlich die Einkommensteuer steigen, weil ja aus der „schwarzen" eine „weiße" Arbeit werden würde.

4.0. UNSERE GESELLSCHAFT

„Helmut Schmidt spricht weiter von Pflichtgefühl, Berechenbarkeit, Machbarkeit, Standhaftigkeit. […] Das sind Sekundärtugenden. Ganz präzis gesagt: Damit kann man auch ein KZ betreiben"
(Quelle: STERN 1982, zur Diskussion um den NATO-Doppelbeschluss, Oskar Lafontaine, Juli 1982)

Lieber Leser, ich habe bewusst Lafontaines Sponti-Spruch vorangestellt; er soll auf Sie „einwirken".

Die drei (3) Begriffe Würde (des Menschen), Fleiß sowie Bildung gehören für mein Verständnis zusammen, weshalb ich ihnen ein eigenes Kapitel gewidmet habe. Ich meine, dass diese drei Eigenschaften „den Menschen", den Homo Pragmaticus als Individuum charakterisieren sollen. Jeder Mensch soll eine Würde haben, so steht's im deutschen Grundgesetz - aber er soll auch fleißig sein und sich Bildung aneignen, meine ich.

Da wir Menschen aber keine Einzelwesen sind, gehört nach meinem Verständnis noch eine (große) Portion „Miteinander/Füreinander" in den „seelischen Rucksack" des Homo Pragmaticus. Eigentlich wäre es müßig das „Füreinander" überhaupt zu erwähnen, aber mein Eindruck ist, dass es derzeit gerade an dieser Eigenschaft sehr mangelt. Nicht umsonst sind so „witzige" Bemerkungen aus der Sponti-Ära, wie

„Wenn jeder nur an sich denkt, dann ist ja auch an alle gedacht!",

so weit in unserer heutigen Gesellschaft verbreitet.

Und mein Gefühl trügt nicht, dass das so ist.

Wenn ICH mich bilde, fleißig bin (und dabei etwas erwirtschafte) und mir nichts zu Schulden kommen lasse, ja dann bin ICH ein „ehrbarer" Homo Pragmaticus mit „Würde". ICH habe mich allein auf mich konzentriert und „Niemandem geschadet" - naja, ich habe vielleicht ein bisschen bei der Steuererklärung getrickst, diverse Arbeiten „cash auf die Kralle" erledigen lassen und auf der Autobahn nehme ichs mit der Geschwindigkeit „nicht so genau". Aber ansonsten bin ICH und bleibe ICH der

„ehrbare" Homo Pragmaticus. „ICH tu ja Niemandem weh, o-der?", ist seine innere Einstellung. Zufrieden sagt er zu sich: „ICH bin meine eigene moralische Instanz!"

So weit, so gut! Wer ist schon so „frei von Sünden, dass er den ersten (Moral)Stein werfen" darf; die „Großen" tuns, warum soll ich „kleiner Mensch" nicht im Rahmen meiner Möglichkeiten es auch versuchen.

Lieber Leser, bitte verstehen Sie mich nicht falsch, ich möchte hier mit Sicherheit „KEINE MORALPREDIGT" halten, ich möchte auf einen anderen Aspekt hinaus.

Wir als Homines Pragmatici denken zuvörderst an uns selbst; wir sind (fast) alle so gepolt, und im Rahmen des Möglichen ist das auch mehr oder weniger in Ordnung so, solange man niemand dabei (bewusst) schadet. Wir sind, bis auf wenige Ausnahmen, intrinsische Egoisten mit einem „Schuss" Machtinstinkt sowie dem Wunsch „nach mehr"; die Habgier als die extreme Form des „Mehr" steht nicht umsonst auf der Liste der sieben (7) Todsünden.

Die Grenze zwischen positivem Antrieb „nach mehr" (Ehrgeiz) und der Habgier ist aber fließend, da gibt es keine dicke rote Linie dazwischen; das ist ja auch der Grund, warum wir uns alle so schwer tun.

Die (Amts)Kirchen, als Jahrhunderte lange moralische Institutionen sind völlig weggebrochen, sie haben sich ihr eigenes „moralisches Grab geschaufelt". Wenige „weinen ihr noch eine Träne nach", was man an den drastisch hohen Kirchenaustritten erkennen kann. Und neue moralische Instanzen sehe ich (noch) nicht. Also die „Kanzel", die der Priester nutzte, um uns „die Leviten zu lesen", die ist unwiederbringlich abgebaut und kann bestenfalls noch in den mittlerweile verwaisten Kirchen besichtigt werden; die Priester selber gibt es auch nicht mehr, um uns moralisch „abzukanzeln" - sie sind uns ganz praktisch „abhandengekommen".

Allerdings haben wir sonst niemand anderen, der uns eine moralische Richtschnur geben kann; der „Vater im Himmel", der klar und kantig (Altes Testament) zwischen „Gut und Böse" unterschieden hat, der hat sich schmollend in die „universalen Weiten des Himmels" zurückgezogen, weil wir nicht mehr an ihn glauben wollen, uns hinterher schimpfend: „Macht's doch euren Kram alleine, wenn ihr mich nicht mehr braucht!"

Des Weiteren tu ich mich schwer mit Parteien, die „Werte" in ihre Programme schreiben, weil Parteiprogramme „tendenziös" sind, also, durchaus positiv gemeint, ihre (parteilichen) Vorstellungen darlegen wollen. (Gesellschaftliche) „Werte" sind aber für meinen Begriff über den Parteien und sollten eher in einem separaten Verhaltenskodex wieder aufleben.

Nur wer fühlt sich verantwortlich für diesen Verhaltenskodex in unserer Gesellschaft? Mit Lafontaines eingangs erwähntem defätistischen Sponti-Spruch kommen wir nicht weit, das haben die letzten 40 Jahre gezeigt. Es sind nämlich neben dem Grundgesetz genau diese „Sekundär"-Tugenden, die unsere Gesellschaft im Inneren zusammenhalten und uns dadurch Halt geben.

Ich habe das Gefühl, dass mit der damaligen „68er"-Denke „das Kind mit dem Bade ausgeschüttet" wurde. Ich meine, dass mit dem Verjagen des „Muffs unter den Talaren" auch wichtige Regeln für das Zusammenleben „vertrieben" wurden.

Man kann ja eine Gesellschaft „durchlüften", das ist sicherlich wichtig, weil wir Homines Pragmatici uns weiterentwickeln sollen. Man soll sogar dann und wann Gesellschaftsregeln „hinterfragen" und das Zusammenleben immer wieder justieren; aber was wir alle nicht können, ist, dass wir unser Wesen als Homo Sapiens so schnell verändern können, wie es so manche Homines Utopienses gerne hätten - Wir sind nun mal so, wie wir sind.

So nebenbei: Vor diesem „Problem" stehen ja unsere heutigen „Grünen" und teilweise die SPD, die im Wesentlichen die Epigonen der „68er"-Bewegung sind und meinen uns alle „zum guten Menschen" umerziehen zu können, also zum Homo Utopiensis. Ich wage zu prophezeien, dass auch sie an unserer Spezies scheitern werden - und mit ihrer Politik. Die SPD ist bereits auf dem Weg „zum (politischen) Abgrund", 12-13% sind keine „Volkspartei" mehr; sie nähern sich verdächtig schnell den anderen sozialistischen Parteien in Europa.

Aber zurück zum eigentlichen Thema.

Nach circa 40 Jahren (fast zwei Generationen) „progressiver links/grüner Wokeness" dürfen wir schon mal ein Résumé ziehen und uns selbst fragen, was aus dieser Zeit positiv war, was aber letztlich zu unerwünschten Ergebnissen geführt hat.

Positiv war sicherlich, dass viele starre Gesellschaftsregeln aufgebrochen worden sind und sich die Gesellschaft zum Beispiel von ihren verklemmten Sexualregeln befreit hat. Auf der Habenseite steht meines Erachtens auch, dass sich die gesamte Gesellschaft innerlich gelockert hat, der Umgang miteinander ist nicht mehr so mit „steifen Regeln" befrachtet.

Des Weiteren die Aufarbeitung des Nationalsozialismus mit all seinen schlimmen Auswüchsen durch ein andauerndes und fest verankertes Erinnern in der Gesellschaft. Ich denke, hier wurde sicherlich viel Positives geleistet; hier wurde der (nationalsozialistische) „Mief aus den Talaren", aber auch aus anderen Bereichen „vertrieben", also aufgearbeitet.

Allerdings sind viele sinnvolle „Sekundärtugenden" gleichzeitig auch, ich meine gewollt, „den Bach runter gegangen", weil „Pflichtgefühl, Berechenbarkeit, Machbarkeit, Standhaftigkeit" (Lafontaine) notwendige „Tugenden" sind, die auch eine Gesellschaft braucht, um sie in ihrem Inneren zusammenzuhalten.

Nur wenn wir „berechenbar bleiben", unsere „Pflicht erfüllen", dafür Sorge tragen, dass Aufgaben „umsetzbar (i.e. machbar)" sind und letztlich „standhaft" Projekte voranbringen, dann werden wir Erfolge erzielen, natürlich auch zum Wohle der gesamten Gesellschaft.

Ich meine, da müssen wir den „Verhaltens"-Hebel ansetzen. Wir müssen wieder ein, zwei Schritte zurück vom „progressiv woken" Weg der (mittlerweile) Alt-68er. Wir müssen kurz innehalten, „durchatmen", also unsere Ziele neu definieren - aber dann mit einem neuen „Verhaltenskodex" den Weg in unsere gemeinsame Zukunft beschreiten. Und wir müssen wieder (viel) mehr Achtung gegenüber seinem Nächsten entgegenbringen - wir müssen wieder mehr „Füreinander" üben und leben.

Aber wie sollen wir Homines Pragmatici, jetzt „alleingelassen" von allen moralischen Institutionen, wieder auf „den Pfad der (Sekundär)-Tugend" zurückkehren?

Das (deutsche) Grundgesetz ist sicherlich ein guter Leitfaden, weil es für mein Verständnis das modernste/neueste Staatsgesetz ist, das wir momentan „auf Erden" haben. Also auch nach meinem Dafürhalten das Beste, auf was wir uns „guten Willens" stützen können.

Jeder wird mir aber Recht geben, wenn ich sage, dass zwischen einem (Staats)Gesetz und dem „moralischen Handeln" doch noch große Lücken bestehen, weil nicht „alles Moralische" in ein Gesetz hineingepackt werden kann. Ich kann „absolute" Feststellungen treffen und damit „einen dicken roten Strich setzen", den zu übertreten „ein absolutes No Go" ist, aber damit habe ich noch längst nicht die „Tausend Grauschattierungen des menschlichen Lebens" erfasst.

Wir brauchen wieder praktische Orientierungen für das tägliche Zusammenleben; es sind die Regeln des „Das tut man nicht" oder „Das tut man so", also die ganz praktischen „Benimmregeln für den Alltag", die wir doch so notwendig für unser gedeihliches Zusammenleben brauchen. Es sind die kleinen täglichen Höflichkeiten, die wir brauchen, um uns gegenseitig zu schätzen, es sind nette Anmerkungen, die uns freundlich stimmen. Es ist zum Beispiel das schlichte Grüßen des Nächsten als ein Zeichen der Wertschätzung.

Es ist letztlich der Ausdruck von Würde gegenüber seinem „Nächsten", gemäß der 10 Gebote: „Du sollst Deinen Nächsten lieben, wie dich selbst". Ich denke, genau das ist in den letzten 40 Jahren „unter den (Sponti)Tisch gefallen". Liebe Leser, das müssen wir wieder uns ins Gedächtnis rufen.

Ich denke, gerade in dieser Hinsicht haben uns die „68er" einen echten Bärendienst erwiesen, weil sie nach meinem heutigen Verständnis diese kleinen gesellschaftlichen Bindekräfte der Lächerlichkeit preisgegeben haben.

4.1 WÜRDE

„Die Würde des Menschen ist unantastbar. Sie zu achten und zu schützen ist
Verpflichtung aller staatlichen Gewalt.“
(Deutsches Grundgesetz, Artikel 1)

Ich habe im Internet folgende Definition für Würde gefunden:
„Wenn etwas immer einen Wert hat, sagt man: Es hat eine
Würde“. Soweit ich diese Definition verstehe ist etwas Wertvol-
les gleichzeitig auch etwas Würdevolles.

Ich denke, die Grundgesetzschreiber wollten 1949 allen Deutschen „ins Stammbuch schreiben“, dass der Mensch grundsätzlich ein Wesen mit „Wert“ an sich ist und daher aus sich
heraus „Würde“ besitzt - als Kontrapunkt zur Zeit des Nationalsozialismus, in der unter der schlimmen Festlegung, dass „le-
bensunwertes Leben vernichtet“ werden müsse, viele Menschen ermordet wurden. Die Grundgesetzschreiber setzten
also einen dicken roten Strich - der Mensch an sich IST NICHT
anzurühren, er darf nicht verletzt und/oder angetastet werden.

Auch ich möchte die Würde des Menschen nicht „antasten“, da
haben unsere Grundgesetzgeber grundsätzlich Recht und
diese Forderung ist auch für mich nicht verhandelbar - in
Deutschland.

Wie sieht's aber in anderen Ländern und Kulturen aus?

Jenseits dieses dicken roten Grundgesetz-Striches beginnt -
ich nenne es - der „Graubereich“ der Würde; Würde wird zum
dehnbaren Begriff, wenn man sich fragt:

- Wieviel „Würde“ möchte man dem Massenmörder
  und Kriegstreiber Wladimir P. zugestehen?
- Wieviel „Würde“ tragen die Massenmörder in Srebre-
  nica in sich?
- Hat nicht „der (zitierte) Wolf“ mehr „Würde“, als ein
  Völkervernichter?
- Wieviel „Würde“ steckt in einem Menschen, der selbst
  andere Menschen auf dem Gewissen hat?

- Wieviel „Würde" tragen die Menschen in sich, die im Namen eines Gottesstaates „Ungläubige" ermorden?
- Sind Bewohner in Staaten würdelose Menschen, wenn dort die Todesstrafe vollzogen wird?
- Wie sieht's mit der Würde aus in anderen demokratischen Rechtsstaatssystemen?

Lieber Leser, bevor Sie spätestens jetzt das Buch gegen die Wand werfen und mich einen „gottlosen Spießgesellen" nennen, verstehen Sie mich bitte nicht falsch, auch ich unterschreibe, dass - in Deutschland - der Würde-Begriff „apodiktisch" so stehen bleibt. Das hat aber tatsächlich mit „der deutschen Geschichte" zu tun.

In anderen Ländern sieht's anders aus; da gibt es durchaus Unterschiede und Wertungen, was „die Würde des Menschen" anbelangt. Ich möchte jetzt wirklich nicht mit Wortklaubereien beginnen und neue „Definitionen von Würde und Mensch" anzetteln, sondern einfach auf das Kapitel 7.0, Europa und Sicherheit hinweisen, in dem ich später auf die Gründung der Vereinigten Staaten von Europa eingehen werde.

Meines Erachtens werden wir diesbezüglich - in Deutschland - juristische Kompromisse eingehen müssen, weil wir zum Beispiel einem Rechtsstaat, der einen anderen Würdebegriff verfolgt, nicht einfach „unser Grundgesetz" überstülpen können; da müssen Kompromisse gefunden werden.

Ich denke, wir werden dann sicherlich eine, dem aktuellen Würdebegriff adäquate, Definition finden; grundsätzlich sollen und müssen ALLE MENSCHEN ein würdevolles Leben führen dürfen. Was Deutschland aber nicht kann, ist, anderen Ländern, Nationen und Völkern ihren „Würde"-Begriff des Grundgesetzes „aufzuzwingen".

Leider versucht oftmals unsere „progressiv links/grüne" Obermoral-Klientel genau das immer wieder anderen Völkern und Nationen „zu verkaufen", indem sie zum Beispiel ihre Obermoral im EU-Parlament zum (Moral)Maßstab setzen. Aber wie heißt´s im Volksmund: „Hochmut kommt vor dem Fall" (das hat auch meine Mutter immer wieder gesagt).

Und so kam´s bei der letzten Europawahl, die SPD erreichte mit 13,9% ihr schlechtestes Ergebnis und die Grünen erreichten gerade mal 11,9%. Wenn es einer deutschgrünen Partei „Ums Ganze geht" (Grüne im Bundestag), ja dann zeigen die Wähler halt, was sie unter „dem Ganzen" verstehen - die Wähler haben sie (fast) „ganz abgewählt". Nur zur Info für die nicht ganz Bibelfesten, auch der Hochmut (=Arroganz) zählt zu den „sieben (7) Todsünden".

Ich weiß, da werden mir viele zustimmen.

4.2 FLEIß

„Wissen ist Macht, falsch gedacht! Wissen ist wenig, Wollen ist König!"
„Ohne Fleiß, kein Preis"
(Quelle: Spruch meiner Mutter, zeitlos)

„Helmut Schmidt spricht weiter von Pflichtgefühl, Berechenbarkeit, Machbarkeit, Standhaftigkeit. […] Das sind Sekundärtugenden. Ganz präzis gesagt: Damit kann man auch ein KZ betreiben"
(Oskar Lafontaine, Juli 1982)

Über 40 Jahre „Sponti-Indoktrination" hinterlassen tiefe Spuren in unserer Gesellschaft; ein Wiederholen von „witzigen Sprüchen" in einer anhaltenden Intensität „wie eine tibetanische Gebetsmühle" verändert das Bewusstsein bei uns Menschen, bis wir daran glauben - und trotz „Fake" für wahr hinnehmen.

So wie ich von meiner Mutter zu Fleiß und Pflichtgefühl „erzogen" wurde, so beeinflussten unsere „68er" über mindestens zwei Generationen unsere Gesellschaft im Umkehrschluss hin zu einem „pflichtlosen, unberechenbaren, unmöglich/machtlosen, nachgiebig/weichen" Haufen von leistungslosen Beziehern staatlich „verbriefter" (pekuniärer) Leistungen, um ja nicht „ein KZ zu betreiben".

Hört man heute die links/grünen Nachwuchspolitiker, also die (politischen) „Enkel Lafontaines", dann fühlt man sich unweigerlich in eine abstruse Echokammer der „Ungeister von 68" gesperrt und mit den Phrasen von damals beschallt.

Es wird nur noch nach dem leistungslosen Grundeinkommen gerufen, oder „maximal 20 Std./Woche gearbeitet, weil Arbeit krank macht" (Jung-Grüne Stolla bei Lanz). Fragt man nach, wie denn bitte das alles bezahlt werden soll, dann „wollen wir die 226 Milliardäre in Deutschland zu 226 Millionären machen" (Jungsoze Türmer bei Lanz).

So einfach ist das! Einfach wegnehmen (i.e. enteignen), ohne zu fragen wie denn „die Milliardäre" zu ihren Milliarden gekommen sind. Auf die Idee, dass vielleicht Fleiß und Leistung dahinter stecken könnten, wollen unsere „linksgrünen Jungspunde" partout nicht kommen - weil Fleiß und Leistung für sie wohl „archaisches Teufelszeug" und aus ihrem Wortschatz gestrichen sind. In ihren Augen werden Fleiß und Leistung nur noch von „konservativ/kapitalistischen Ausbeutern" propagiert, die dem leistungslosen „purpose" im Wege stehen.

Ergänzend lasse ich noch David Ricardo (berühmter Ökonom, 1772–1823) zu Wort kommen, der an der Schwelle vom 18. zum 19.Jhd lebte: „Wenn jeder Mensch, der Unterstützung benötigt, sicher sein könnte, sie zu erhalten – und zwar in einem Ausmaß, dass dadurch sein Leben angenehm wird . . ., dann würde die Anstrengung des Arbeiters sich allein darauf richten, Unterstützung zu erlangen."

Ich denke, so kommen wir nicht weiter! Diese Denke von arbeitsscheuen Faulenzern dürfen wir uns nicht zu eigen machen! Dieses verquere Schmarotzer-Gehabe führt unsere Gesellschaft nur in die Fänge böswilliger Rattenfänger, die „nichts Gutes" mit uns vorhaben und unsere wirtschaftliche Zukunft zerstören wollen.

Und diese „links/grüne Zukunft" wird uns unweigerlich in brutal mörderische Verteilungskämpfe führen, die in Bürgerkriegen und Anarchie enden werden, die Scheidelschen apokalyptischen Reiter inklusive. „Dank" dieser verantwortungslosen „Abstauber" werden dann alle wieder nichts mehr haben - also zu „egalitären Habenichtsen" verkommen und heulend vor den Trümmern ihrer Existenz hocken! Dann sind wieder „alle gleich" vor dem elendigen Verhungern und Sterben.

Und wo stehen da unsere Gewerkschaften?

Ende 2023 hat die IG-Metall-Gewerkschaft in Deutschland mittelfristig eine 32-Std-Woche in der Eisen- und Metallbranche durchgesetzt, teilweise sogar bei vollem Lohnausgleich. Wie ist da in der Zeitschrift VDI-Nachrichten vom 18. Dezember 2023 zu lesen: „Tarifabschluss Stahl: 32-Stunden-Woche und 5,5 % mehr Lohn".

Ich denke, da werden Fleiß und Leistung von den Gewerkschaften direkt konterkariert; sie haben sich selbst dabei aber einen echten Bärendienst erwiesen und sie zeigen damit, dass

Fleiß und Leistung für sie „kein Thema mehr" sind, sondern dass sie ihre Klientel nur noch durch arbeitszeitliche „Scheinzuckerl" bei der Stange halten können. In einer Welt, in der Hunderttausende Fachkräfte fehlen, nach „weniger Arbeit" zu rufen, scheint mir der völlig falsche Politikansatz zu sein. Es zeigt auch, dass die Gewerkschaften ihre Funktion als Arbeitervertreter schon längst verloren haben und eigentlich ihre „Daseinsberechtigung" nur noch durch völlig falsche politische Denkansätze rechtfertigen können. Die Gewerkschaften haben nach meinem Verständnis in weiten Bereichen längst ihre Daseinsberechtigung verloren.

Es gäbe nämlich viel wichtigere Aspekte, für die es sich lohnen würde zu „streiten", zum Beispiel, dass die frühere „Arbeiterschicht", das heißt die vielen Fachkräfte, Lehrlinge, Gesellen und Meister heute längst „in der Mittelschicht" angekommen sind und statt „weniger Arbeit" lieber „mehr Netto vom Brutto" in ihrer Brieftasche sehen würden.

Ich selbst war im Anlagenbau beruflich tätig und lernte viele hochqualifizierte Mechatroniker, Mechaniker, Techniker kennen, die hochmotiviert ihrer Tätigkeit nachgingen und auch gerne die eine oder andere Überstunde leisten wollten, aber frustriert davon absahen, weil „der Fiskus" ihnen dabei „tief in ihre Taschen griff" und weil sie die eine oder andere Mehrstunde noch begründen mussten.

Mir ist es schleierhaft, dass wir in Deutschland wohl nie dorthin schauen, wo es positive Anregungen gibt - auch wenn man nur ins angrenzende Ausland blicken muss. Ich selbst war viele Jahre beruflich in der Schweiz tätig und habe die wöchentliche „Mehrarbeit" nie als belastend empfunden. Ich habe schließlich auch mehr verdient - und es blieb letztlich „mehr Netto vom Brutto" in meiner Tasche.

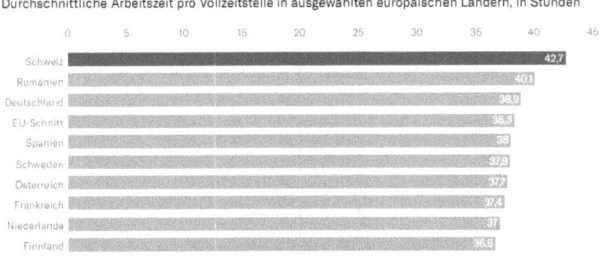

Wer in der Schweiz Vollzeit arbeitet, arbeitet viel

Durchschnittliche Arbeitszeit pro Vollzeitstelle in ausgewählten europäischen Ländern, in Stunden

Schweiz		42,7
Rumänien		40,1
Deutschland		38,9
EU-Schnitt		38,3
Spanien		38
Schweden		37,9
Österreich		37,7
Frankreich		37,4
Niederlande		37
Finnland		36,6

Quelle: Eurostat

NZZ / eik.

(Quelle: NZZ, Mai 2023: „Arbeitszeit: Die Schweiz ist gleichzeitig top und Flop")

In einem ressourcenarmen Land wie Deutschland, das ausschließlich von den vielen Hochleistern lebt, die unsere Wirtschaft tragen, mit leistungslosen „Stundenspielchen" zu vergraulen, scheint mir ein weiterer Vektor in Richtung „wirtschaftspolitischer Abgrund" zu sein.

Auch da haben 40 Jahre „68-Sponti"-Sprüche ihre Spuren hinterlassen, die zusammen mit den Gewerkschaften eine für meine Begriffe „unheilige Allianz" gebildet haben, sodass wir mehr und mehr zu einem leistungslosen Heer von arbeitsscheuen Elementen verkümmerten.

Homines Pragmatici! Europäer!

Fleiß, Verantwortung, Pflicht, aber auch Berechenbarkeit und Standhaftigkeit müssen wieder in die Mitte unserer Gesellschaft zurückkehren! Der „Fleiß" muss wieder ein „Preis"-Schild bekommen, Leistung wieder belohnt werden.

Wir alle brauchen keine „Stachanow-Arbeiter", die in Stalins Kommunismus als „Arbeiter-Stars" gefeiert wurden; nein, diese verlogene „Pflicht-Übererfüllung" soll nicht unsere Maxime sein! Wir brauchen wieder eine ehrliche Anerkennung derjenigen, die sich für die Gesellschaft einbringen und damit sich selbst und uns alle voranbringen.

Leistungslosigkeit und Schmarotzertum müssen geahndet und aus der Mitte der Gesellschaft „verjagt" werden. Wir brauchen wieder ein Aufstiegsversprechen auf Basis von Fleiß UND Leistung.

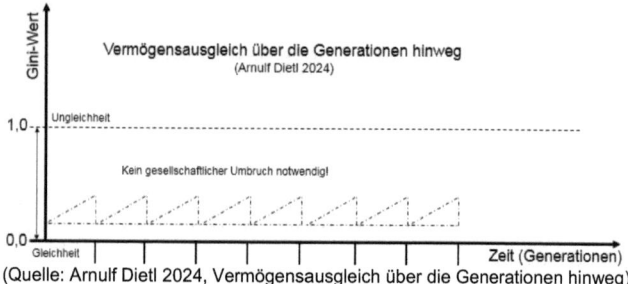

(Quelle: Arnulf Dietl 2024, Vermögensausgleich über die Generationen hinweg)

Dieses Aufstiegsversprechen soll bereits mit dem (neuen) Erwerb eines vorhandenen Vermögens durch eigenen Fleiß der Erbengenerationen immer wieder von Neuem beginnen.

4.3 BILDUNG

„Dass die Zahl leseschwacher Kinder immer größer wird, ist nur einer der Befunde des nationalen Bildungsberichts. Aus Sicht der Autoren muss sich etwas Grundsätzliches ändern. Der nationale Bericht „Bildung in Deutschland 2024" zeigt ein Bildungssystem, das von Mangel und Unzulänglichkeiten geprägt ist. Dazu zählen fehlendes Fachpersonal, unzureichende Finanzierung, Überforderung durch hohe Einwanderung Bildungsferner und stagnierende und sinkende Schulleistungen."
(Quelle: FAZ, Heike Schmoll 18.06.2024: Nationaler Bildungsbericht - „Das System arbeitet vielerorts am Anschlag")

Bildung hat schon seit vielen Jahrhunderten einen wichtigen Platz in den europäischen Imperien und Ländern eingenommen, genauer definiert im Wesentlichen seit der Aufklärung im auslaufenden 17. und dann im 18. Jahrhundert. Mit der Epoche der Aufklärung rückte der (einzelne) Mensch mit seinen intellektuellen Fähigkeiten in den Mittelpunkt der gesellschaftlichen Betrachtung; damit in Zusammenhang kam die Erfordernis einer (Aus)Bildung des Einzelnen als Basis jeglichen Handelns in den Fokus der Philosophie sowie der Gesellschaft. Nur ein (mehr oder weniger) gut gebildeter (Staats)Bürger ist eine Hilfe für die Gesamtheit; für die Philosophie der Aufklärung war es mehr, es war die Befreiung aus Untertanentum und Sklaverei, es war Ausdruck von Freiheit und Unabhängigkeit des Einzelnen; Bildung war nun nicht mehr „exklusiv" nur für die damaligen Eliten (Adel, Kirche) da.

Angeregt durch die Philosophen (Voltaire, Kant, Rousseau etc) führten imperiale Vordenker wie Friedrich von Preußen sowie in Österreich Maria Theresia so um die 2. Hälfte des 18.Jahrhunderts die allgemeine Schulpflicht ein; andere Länder folgten sukzessive.

Gleichzeitig zur Epoche der Aufklärung sowie in den folgenden 100-150 Jahren danach gab es quantensprunghafte Fortschritte in allen Bereichen der Naturwissenschaften wie Physik, Chemie, Mathematik, Medizin, Pharmazie, Naturkunde/Biologie, aber auch technische Innovationen wie die Erfindung der Dampfmaschine. Später werden Historiker diese Phase als die erste (1.) industrielle Revolution umschreiben.

Diese Fortschritte erforderten aber auch eine sehr breit gebil-
dete Bevölkerung, die die neuen intellektuellen Anforderungen
bewältigen konnte, standen doch nun grundlegende Bildungs-
erfordernisse wie „Schreiben, Lesen und Rechnen" im Mittelpunkt.

Aber wie vieles in der Entwicklung der Menschheit, so war auch
das Ende der Aufklärung mit disruptiven Veränderungen verbunden, der Absolutismus in Europa neigte sich dem Ende zu,
in Frankreich durch den Sturz des Königs inklusive seiner Er-
mordung, der Aufstieg sowie der Fall Napoleons, viele geogra-
phische Veränderungen und neue Grenzziehungen, aber
nochmals gut 100 Jahre letzte absolutistische Zuckungen in
Mittel- und Osteuropa bis zum Ende des 1. Weltkriegs 1918.

Was sich aber schon im 19. Jahrhundert abzeichnete, war das
Erstarken eines selbstbewussten Bildungsbürgertums - meist
in den Städten, das sukzessive für mehr gleichberechtigte Teil-
habe an der vorwiegend vom Adel geprägten Gesellschaft
kämpfte.

Auch die Arbeiter- und Bauernschicht profitierte von der allgemeinen Schulpflicht, konnte nun doch (fast) ein jeder (Propa-
ganda)Texte schreiben, austauschen und lesen und sich dementsprechend mit Gleichgesinnten zusammenschließen. Für
intellektuelle Vordenker wie zum Beispiel Marx oder Engels,
Viktor Adler oder Rosa Luxemburg war es daher ein Leichtes
ihre Schriften und Zeitungen einer breiten Arbeiterbewegung
zur Verfügung zu stellen und diese programmatisch zu führen.

Die durch die Aufklärung in die europäische Bevölkerung ge-
tragene Bildungsbewegung sorgte letztendlich dafür, dass die
noch im 18. Jahrhundert vorherrschenden Feudalstrukturen bis
zum 20. Jahrhundert in weiten Bereichen überwunden werden
konnten - Ausnahmen gibt es immer, die 16-Länder-Bürokratie
in Deutschland ist ein schlechtes Überbleibsel davon.

Bildung, ein Grunderfordernis von Demokratie

Das Bildungsniveau zeigt meist auch deutlich den inneren Zustand einer Gesellschaft auf; eine Gesellschaft mit vorwiegend gering oder schlecht gebildeten Menschen ist oftmals von Armut und inneren Zerwürfnissen geprägt, sie ist auch meist von diktatorischen Mächten „geführt", die die Gesellschaft auf verschiedenste Weise gängeln und/oder ausplündern.

Gesellschaften mit einer hohen Anzahl von gut ausgebildeten Mitbürgern hingegen neigen viel öfter zu demokratisch organisierten Regierungen. Außerdem zählen diese Gesellschaften auch vorwiegend zu den „reicheren Wirtschaftsländern", das erwirtschaftete Bruttoinlandsprodukt pro Kopf ist deutlich höher als bei Ländern mit niedrigem Bildungsniveau. Natürlich gibt es Ausnahmen, aber im Großen und Ganzen ist das so.

Lieber Leser, bevor Sie sich jetzt über diese „Binse" mokieren und sich ärgern dieses Buch gekauft zu haben, gehe ich gleich auf unser Bildungsproblem in Deutschland ein. Das wird Sie zwar „nicht besänftigen", sondern der Blutdruck wird möglicherweise noch steigen, aber da müssen Sie jetzt durch.

Das Bruttoinlandsprodukt (BIP) pro Kopf einiger Länder:

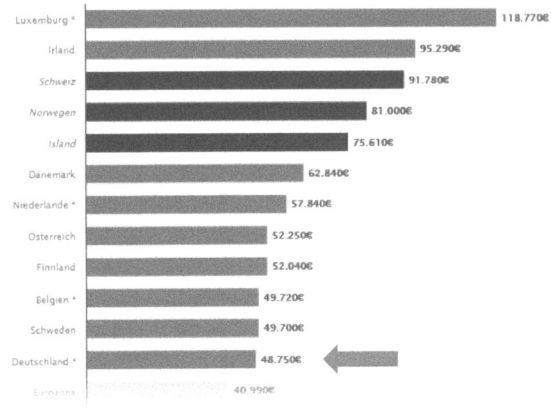

(Quelle: Statista, BIP pro Kopf in Europa 2023)

Ohne jetzt groß „herumzudeuteln" es besteht kein Zweifel, dass Deutschland zu den Ländern mit dem höchsten BIP pro Kopf der Bevölkerung zählt, von ein paar Ausnahmen in kleineren Ländern abgesehen. Aber wie sieht's mit unserer Bildungspolitik in Deutschland aus?

Die deutsche Bildungspolitik

Das (deutsche) Bildungssystem IST EIN EINZIGES DESAS-TER, da gibt's „nichts zu deuteln"! Egal welche Information man die letzten Jahre gelesen und gesehen hat, es herrscht eine große Lücke zwischen dem Anspruch eine „Bildungsnation" zu sein und dem tatsächlichen Zustand des Bildungsniveaus in unserem Schul- und Ausbildungssystem. Egal ob IGLU-Studien, oder andere Vergleichsdokumente, Deutschlands Bildung wird immer schlechter.

Bereits 2015 hat der Wissenschaftsmoderator Ranga Yogeshwar in einem Beitrag während einer Schulleiterkonferenz das (damals) aktuelle Schulsystem kritisiert:

„Es ist absurd, dass wir anno 2015 ein föderales Schulsystem in Deutschland haben, in dem Mathematik in Hamburg anders vermittelt wird, als in Bayern."
(Quelle: YouTube, 11.03.2015, „Ranga Yogeshwar kritisiert das Schulsystem scharf")

Heute haben wir das Jahr 2024 und „Hand aufs Herz" liebe Leser, haben Sie wirklich das Gefühl, dass sich etwas daran in den letzten 9 Jahren auch nur „ein Handbreit" geändert hat?

Wie schreibt Heike Schmoll in der FAZ vom 18. Juni 2024: „Der nationale Bericht „Bildung in Deutschland 2024" zeigt ein Bildungssystem, das von Mangel und Unzulänglichkeiten geprägt ist." Oder ganz neu vom 28.08.2024 im Artikel „Umfrage zur Bildungspolitik-Zwischen Wunsch und Wirklichkeit":

„Die Mehrheit der Bevölkerung hält Bildung für eine der wichtigsten Zukunftsaufgaben, traut den Institutionen aber wenig zu."
(Quelle: FAZ, 28.08.2024, „Umfrage zur Bildungspolitik-Zwischen Wunsch und Wirklichkeit")

Darin erwähnt sie, dass „94 Prozent (der Befragten) finden, Bildungspolitik sollte einen hohen Stellenwert haben. Allerdings sind 80 Prozent der Befragten der Meinung, dass die Politik sich nicht ausreichend um Bildungsfragen kümmert."

Das ist „der Faustschlag in das Gesicht" der Bildungspolitik; wir können also die gesamte Bildungspolitik der letzten Jahrzehnte, so wie sie ist, „in die Tonne treten" und sie kann meines Erachtens leider auch nicht kurzfristig gestoppt werden; sie ist ein „gordischer Bildungsknoten" geworden, der im Wesentlichen durch den 16-Länder-Föderalismus verursacht worden ist.

Der Egoismus der 16-Länder-Zuständigkeiten (Kap. 3.2.2)

Die Schuld daran trägt nach meinem Verständnis die „Feudal"-Struktur der 16-Länder-Zuständigkeiten. Fast alle politischen Felder werden in den 16 deutschen „Staaten" abgedeckt, nur die Verteidigung ausgenommen, die wird „vom Bund", also von der Bundesregierung und dem Bundestag politisch alleinverantwortlich gestaltet (siehe dazu auch Kap. 3.2.2, Die 16-Länder-Bürokratie in DE).

Diese 16-Länder-„Föderalitis" (Rodolfo Di Telo) mit so unterschiedlichen Größen wie Bremen mit nur 0,7 Mio. EW, aber NRW mit ca. 18 Mio. EW. „verwaltet und gestaltet" unser tägliches Miteinander.

Egal ob Energie und Klima, Infrastruktur und Naturschutz, Genehmigungen und Katastrophenschutz, Abschiebung und innere Sicherheit, ÖRR und Finanzverwaltung, Forschung und Wissenschaft, alles, aber auch wirklich alles wird „in den Ländern" von unseren 16 „Kleinkönigen und Fürsten" bestimmt und (oft nicht) „durchgeführt". Wenn nun überregionale Vorhaben oder Projekte in Deutschland wie zum Beispiel Straßen oder Eisenbahntrassen, aber auch Windräder, die über eine Landesgrenze müssen, verfolgt werden müssen, dann müssen „wegen der Länderzuständigkeit" eine überbordend hohe Anzahl an verwalterischen Hürden überwunden werden, was meist zu unverständlich langen Genehmigungszeiten führt. Hierzu hat die FAS, vom August 2024 einen passenden Artikel verfasst: „Deutschland steht sich selbst im Weg".

Die Bildung in der 16-Länder-Bürokratie

Besonders betroffen davon ist die Bildungspolitik, die mittlerweile wirklich zu einem handfesten bildungspolitischen Schandfleck verkommen ist.

Deutschland, Mitteleuropa ist durch die allgemeine Bildungsoffensive während der Aufklärung im 18. Jahrhundert im Laufe der folgenden 200 Jahre zu einem bildungspolitischen „Leuchtturm" aufgestiegen, viele namhafte Nobelpreisträger und Wissenschaftler stehen stellvertretend für die hohe Qualität an Bildung und Wissenschaft. Deutschland zählte bis zum Ende des 2. Weltkriegs fraglos zu den führenden Bildungs- und Wissenschaftsnationen auf der ganzen Welt; über viele Jahrzehnte war Deutschland „die Apotheke der Welt", Produkte „Made in Germany" waren begehrte und gefragte Artikel. Die DIN (Die deutsche Industrienorm) steht exemplarisch für den deutschen Taktgeber in der Welt der Industrie und Technik.

Und wo stehen wir heute - 80 Jahre nach dem 2. Weltkrieg?

Ich kann es immer nur wiederholen: „Der nationale Bericht „Bildung in Deutschland 2024" zeigt ein Bildungssystem, das von Mangel und Unzulänglichkeiten geprägt ist." (Heike Schmoll, FAZ August 2024).

Die Bildungsmisere stellt den völlig falsch strukturierten Bund-/Länder-Föderalismus brutalst möglich offen zur Schau; sie zeigt die Schwächen, wenn 16 „Länderköche" die wertvollen Bildungs-„Essenzen" zu einer ideologisch geprägten, ungenießbaren Suppe „verkochen", sodass jeder, ob Eltern oder Schüler, Lehrer oder auch Politiker selbst danach nur noch an Brechreiz leidet, wenn davon gesprochen wird.

Zwar gibt es in Bonn eine Koordinierungsstelle für die Bildungspolitik der 16 Länder, die Kultusministerkonferenz (KMK), aber diese „Koordinierungsstelle" kann man, so wie sie momentan „konstruiert" ist, sofort und komplett abschaffen, weil sich kein Ministerpräsident auch nur „ein Jota" daran hält. Die KMK ist die „in Beamtenform gegossene Sinnlosigkeit" einer Verwaltungsstelle. Meine Mutter würde sagen, die KMK „ist so wichtig wie ein Kropf".

Dabei folgt heutzutage der „Streit" über die richtige Bildungspolitik grob der politischen Richtung der jeweiligen Landespolitik; „konservative", also CDU-nahe Länder wie Bayern oder Hessen verfolgen eine anspruchsvollere (i.e. „konservative") Bildung, während „progressive", also SPD/grüne/linke Länder wie Bremen oder das Saarland einer eher anspruchslosen (i.e. „progressiven") Bildung nacheifern. Im Unterkapitel Abituranforderungen gehe ich näher darauf ein.

Diese Betrachtung ist natürlich etwas „holzschnittartig" beschrieben, weil es wie immer viele politische „Grauschattierungen" gibt; im Laufe der Jahrzehnte ist es immer wieder zu politischen Veränderungen in den Ländern gekommen; mal war SPD/Grüne Politik angesagt, dann mal wieder CDU mit anderen Parteien. Und mit jedem Wechsel wurde auch die jeweilige Landesbildungspolitik „umgekrempelt". So entstand im Laufe der Jahrzehnte ein „unheiliger" Wirrwarr an verschiedenen Bildungsformen durchmischt von parteipolitischen Denkrichtungen.

Allein die Diskussion, ob das Abitur nach 12 Jahren (G8, „Turboabitur"), oder erst nach 13 Schuljahren (G9) absolviert werden soll, zog sich über viele Kultusministergenerationen hin und war eine einzige bildungspolitische Blamage aller 16 Landes-„Fürsten" inklusive deren Bildungsentourage; sie führte die ganze ideologische Überfrachtung durch die deutsche Parteienlandschaft vor Augen, die Politiker dachten dabei am wenigsten an die betroffenen Schüler, sie folgten ausschließlich ihrer oftmals unerträglich verblendeten Parteiideologie.

Aber wann hat denn diese ideologische Beeinflussung der Bildungspolitik begonnen?

Lieber Leser, Sie ahnen es! Ja, für mich begann das heutige Bildungsdesaster wiederum mit der „68"-Bewegung und deren „Sponti"-Entourage. Sie wissen mittlerweile, was und wen ich meine, wenn ich wiederhole. „...Pflichtgefühl, Berechenbarkeit, Machbarkeit, Standhaftigkeit. [...] Das sind Sekundärtugenden. Ganz präzis gesagt: Damit kann man auch ein KZ betreiben".

Das einzige, was während der „68"-Zeit für mein Verständnis bildungspolitisch stimmte, war, dass in den 50ern und 60ern tatsächlich viele Lehrer aus der Nazizeit stammten, oder während dieser Zeit studierten, soweit sie studieren konnten. Das kann ich bestätigen, weil viele ältere Lehrer während meiner Schul- und Gymnasialzeit im Alter meiner Eltern waren (teilweise besuchten sie sogar zusammen mit meinem Vater das Gymnasium in der Zwischenkriegszeit),

Aber es ging auch nicht anders, wo sollten denn die vielen Lehrer herkommen, um in den 50ier- und 60er-Jahren den regulären Unterricht aufrecht zu erhalten. Mathematik, Physik, Chemie, Naturgeschichte/Biologie, Deutsch, Latein, Englisch, Geographie, Darstellende Geometrie etc sind doch Wissensgebiete, die völlig ideologie-"neutral" sind! Auch heute rückblickend betrachtet fühle ich mich nicht „rechtsideologisch verblendet", nur weil ich einen (für mein Verständnis extrem guten) Mathe-Lehrer hatte, der zufällig halt während der Nazizeit studiert hatte.

Mal „Hand aufs Herz", liebe Leser, was ist denn an Latein oder Mathematik oder Chemie „faschistisch" oder „kommunistisch"? Was ist da „faschistisch" im Satz: „Si tacuisses, philosophus mansisses" (Wenn du geschwiegen hättest, wärst du ein Philosoph geblieben)? Oder was ist da „kommunistisch" in der Formel 2x2 = 4? Oder was ist da „faschistisch" oder „kommunistisch" an der chemischen Formel von Wasser (H_2O)?

Nein, auch bildungspolitisch wurde in den 60ern und 70ern „das Kind mit dem „Ideologie"-Bade ausgeschüttet" und die fatalen politischen Echos davon können wir heute noch spüren.

40 Jahre „progressiv" links/grüne „Umerziehung" haben leider auch im Schul- und Wissenschaftssystem ihre Spuren hinterlassen und zwar nicht an der Mathe-Formel 2x2 = 4, oder der

chem. Formel von Wasser, H2O, sondern für mich viel schlimmer, es wurde an der Haltung der Schüler eine tiefe Veränderung vorgenommen, unter dem schon fast böswillig unterstellendem Unterton: „Pflichtgefühl, Berechenbarkeit, Machbarkeit, Standhaftigkeit = „Betreiben eines KZs!"

Dieser Herr „DERBRUNNEN", der zuerst die SPD fast zerrissen hätte, und dann „die Linke" in den Tod führte, um anschließend die Saar-Kommunisten „zu versenken", ist für mich der Inbegriff eines politischen Rattenfängers - hoch intelligent (Physiker), eloquent, aber prinzipienlos, unberechenbar, gefühllos, intrigant, zynisch, spalterisch und selbstverliebt „bis hinter die Ohrspitzen"; Spezies, die mit diesen genannten Eigenschaften ausgestatteten sind, wären durchaus bei den Nazis in der Lage gewesen wären „die Lagerverwaltung eines KZs zu führen", oder bei Stalin einen mörderischen GULAG „in Ordnung zu halten".

Heute haben wir „die Resultate" von 40-jähriger „Bildungsoffensive" durch die Epigonen der „68"er-Spontis vorliegen. Wie schreibt das Fachmagazin Cicero unter einer mehrteiligen Serie „Bildungsmisere" über diese (Ver)Bildungsproblematik:

„Seit 25 Jahren befindet sich das deutsche Bildungswesen in einer Abwärtsspirale. Die jüngsten PISA-Ergebnisse markieren den bisherigen Tiefpunkt. Man hat sie schnell durch Migration und Lockdown erklärt, doch das greift zu kurz. Vom Kindergarten bis zum Abitur hat ein ideologisch begründeter Wandel stattgefunden, der die Qualität von Erziehung und Unterricht gesenkt hat. Die Einstellungen der Bildungspolitiker und -forscher müssen sich ändern, damit unsere Kinder wieder etwas Handfestes lernen können"
(Quelle: Cicero 2024, Serie Bildungsmisere)

Das alles ist jedem Politiker bekannt, der einen Funken Verantwortung in sich trägt und jeden, den ich frage und mit dem ich mich austausche, schüttelt fassungslos und ratlos seinen Kopf; jeder weiß um die 16-Länder-Bildungs-Problematik, aber „es bewegt sich nichts" - GAR NICHTS BEWEGT SICH!

Das 16-Länder-Feudalsystem ist „zu Eis erstarrt"! Es vergiftet mehr und mehr unser politisches System und frisst sich an alle Strukturen unseres Zusammenlebens und Miteinanders hinein und zerstört gleichzeitig unsere Zukunft - nämlich die Bildung und Ausbildung unsere Kinder!

Ich möchte es an mehreren Beispielen verdeutlichen

- Mangelhafte Grundkenntnisse in der Grundschule
- Das „Verwässern" des Abitur-Anspruchs
- Das abschätzige „Belächeln" der MINT-Fächer
- Das exklusive Privatschulwesen für die „Eliten"
- Aufwerten der (praktischen) Handwerksausbildung sowie der Fachweiterbildung
- Die ideologische Überfrachtung der Bildungspolitik
- Universitäten in der 16-Länder-Politik
- Probleme bei Lehrerübertritten von Land zu Land

Hierzu hat auch Miriam Stiehler in der Zeitschrift Cicero, 2024 eine wirklich lesenswerte, mehrteilige Serie zur ideologischen Verblendung des deutschen Bildungswesens verfasst. Die Serie ist EIN MUSS für jeden, der sich Fragen stellt, warum die deutsche Bildung „den Bach runter geht".

Mangelhafte Grundkenntnisse in der Grundschule

Die Ergebnisse der letzten IGLU-Studie über die Kompetenzen der Grundschüler in Lesen, Schreiben und Rechnen (siehe auch Kap. 3.2.2, Die 16-Länder-Bürokratie in DE) zeigten das ganze bildungspolitische Desaster der 16-Länder-Bildungsbürokratie. Wie steht's dazu im Bildungsbericht der Roberts-Bosch-Stiftung, Schulportal: „Lesekompetenz in der Grundschule: „Ein Viertel der getesteten Kinder in Deutschland erreicht nicht den international festgelegten Mindeststandard beim Lesen (Kompetenzstufe III), der zum erfolgreichen Lernen nötig wäre. Dieser Anteil (25,4 Prozent) ist im Vergleich zu 2016 (18,9 Prozent) stark gestiegen".

Lieber Leser, bleiben auch Sie ratlos zurück bei diesen erschreckenden Bildungsergebnissen? Wollen wir das so hinnehmen, oder müssen wir unseren Bildungspolitkern „das Laufen lernen"? Dabei ist doch klar, dass ein Kind, das schon von Anfang an Schwierigkeiten an Lesen, Schreiben und Rechnen hat, späterhin immer weiter zurückgeworfen wird, weil es an den Grundlagen mangelt. Wie sagte dazu meine Mutter immer:

„Was Hänschen nicht lernt, lernt Hans nimmer mehr!"

Das „Verwässern" des Abitur-Anspruchs

Ein Kernpunkt meiner Kritik am Bildungssystem ist die „Egalisierungs"-Denke in weiten Bereichen der heutigen Bildungspolitik, aber grundsätzlich auch tief verankert in der Gesellschaft selbst. „Jeder" soll „Anspruch haben auf gleiche Bildung". Bildung soll keine „elitäre Angelegenheit" einer kleinen, aber „stinkreichen" Exklusivklientel mit (viel) Macht und Einfluss mehr sein, sondern soll „Allen" zur Verfügung stehen.

Ok, da gehe ich sofort konform und das habe ich auch all die Jahre „klaglos" mitgetragen, weil auch ich der Meinung bin, dass Bildung etwas sein muss, was allen Menschen in etwa gleichwertig zur Verfügung stehen muss.

Die Bildungsfähigkeit

Woran aber niemand, also auch kein Bildungspolitiker, vorbei-
kommt, ist, dass Intelligenz, also die grundsätzliche Fähigkeit
Bildung aufzunehmen urpersönlich ist und wie (fast) alles einer
„Gaußschen Normalverteilung unterliegt (wenn derjenige überhaupt versteht, wer „Gauß" denn sei - siehe „Deko"-Abiturien-
ten).

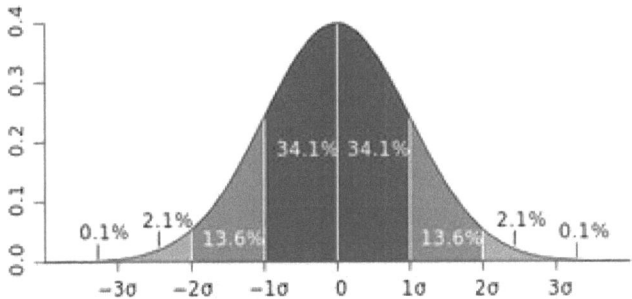

(Quelle: Internet, Gaußsche Normalverteilung)

Wie schreibt hierzu Miriam Stiehler in der Zeitschrift Cicero, Januar 2024 in der Serie Bildungsmisere, Teil 2 - Die Angst vor
einem intelligenteren Geschlecht:

„Jungen schneiden in MINT-Fächern besser ab als Mädchen
und sind häufiger hochbegabt. Doch statt natürliche Ge-
schlechterdifferenzen als gegeben zu akzeptieren, wird der Unterricht lieber „mädchenfreundlicher" gestaltet - und damit un-
sachgemäßer…"

Und weiter

„Ich denke, die Stärke von Jungs in Mathematik wird nicht nur
deshalb geringgeschätzt, weil man glaubt, alle Berufe paritä-
tisch besetzen zu müssen. Ich vermute dahinter einen anderen, tieferen Grund, der auf einem Missverständnis beruht.

Fakt ist nämlich: Sehr gut in Mathematik und Naturwissen-schaften zu sein, deutet mit großer Wahrscheinlichkeit auf hohe Intelligenz hin. Fakt ist auch, dass es mehr mathematisch hochbegabte Jungen als Mädchen gibt. Männer sind Frauen im mathematischen Schlussfolgern und der räumlichen Orientie-rung überlegen, während Frauen bei den reinen Rechenfertig-keiten wie schriftlichem Dividieren etc. etwas besser abschnei-den. Kein Fakt, aber eine Befürchtung ist: Wenn man zugibt, dass Jungs in der Schule oft besser als Mädchen in Mathema-tik sind, erklärt man Mädchen zum dümmeren Geschlecht."

(Quelle: Cicero 2024, Bildungsmisere, Teil 2 - Die Angst vor einem intelligenteren Geschlecht)

Auch hier, mit dem Ausblenden der Intelligenzverteilung, hat uns die gut 40 Jahre dauernde „Sponti"-Politik einen Bären-dienst erwiesen. Mit dem „egalitären" Wertlos-Abitur haben die „68"er wieder kräftig „zugeschlagen", indem sie „Bildung für alle" gefordert/eingeklagt haben. Damit meinten sie nicht die allgemeine Schulpflicht, sondern das „Jedermann"-Abitur. „Je-der" sollte quasi „Anspruch haben" auf eine höhere Bildung und als Einstieg dazu das Erreichen des Abiturs als Startvorausset-zung für eine folgende Hochschulausbildung.

Mit dieser gut 40-jährigen „Bildungsbastelei" haben unsere Kul-tuspolitiker nur eines erreicht, eine „egalitäre" Bildung auf nied-rigstem Niveau. Jetzt haben sicherlich „viel mehr" ein Abitur-zeugnis in der Tasche, aber zu welchem politischen und vor Allem zu welchem wirtschaftlichen Preis. Viele Hochschulen haben in den letzten Jahrzehnten Zugangshürden und andere Restriktionen aufgestellt, wie zum Beispiel einen Numerus Clausus für Medizin und andere Fachrichtungen, um die Qua-lität des Studiums nur auf einem halbwegs ordentlichen Niveau beibehalten zu können.

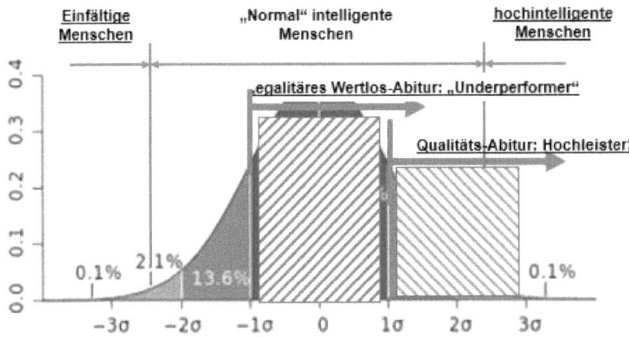

Das „egalitäre" Wertlos-Abitur

Die Gaußsche-Normalverteilung gilt für alles - auch für uns Menschen
Die Verteilung gilt über alle Länder, Ethnien & Nationen hinweg - unterschiedslos!

(Quelle: Arnulf Dietl, das „egalitäre" Wertlos-Abitur)

Das, was also früher vor dem Gymnasium als Aufnahmeprüfung gefordert wurde, wird jetzt sehr spät und mit viel schulischem Aufwand praktisch vor dem Studium nachgeholt.

Ich bin jetzt nicht der „Verfechter" zur Rückkehr einer Aufnahmeprüfung ins Gymnasium, aber ich würde schon dafür plädieren, dass zumindest nach den ersten vier (4) Jahren (also nach der 8. Klasse) eine intellektuelle Klärung stattfindet, ob ein Schüler für die gymnasiale Oberstufe geeignet ist, oder nicht.

Das abschätzige „Belächeln" der MINT-Fächer

Viele Jahre lächelte ich über den Aufdruck eines T-Shirts und fand ihn lustig:

„In Mathe war ich immer Deko" („Frauen Premium T-Shirt")

als Ausdruck der Hilflosigkeit gegenüber so manchem MINT-Fach in der Schule, weil ich der Meinung war, dass tatsächlich „nicht jeder" Mathematik und andere MINT-Fächer „bis ins letzte Detail" beherrschen muss, um im Leben zu bestehen.

Heute aber werde ich mehr und mehr eines Besseren belehrt, weil der oben genannte (Sponti)"Spruch" tatsächlich auch die Denke unter den Schülern selbst verändert hat.

(Quelle: Internet, „In Mathe war ich Deko", Beispiel käuflich zu erwerben)

Wer sich in den MINT-Fächern (Mathematik, IT, Naturwissenschaften, Technik) gut auskennt, der wird oftmals als „Streber" und „Wichtigtuer" abgetan. Des Weiteren wird auch damit insinuiert, dass MINT-Fächer nur für „spezielle Gruppen wichtig" seien, während die Gesellschaft andere Themenbereiche „viel notwendiger" braucht, wie zum Beispiel Soziologie, Psychosoziologie, Politologie, Friedensforschung, gesellschaftliche Themen, aber auch „irgendwas mit Medien"; Sprachen werden auch noch akzeptiert.

Aber MINT? (Herr DERBRUNNEN würde möglicherweise unterstellen, damit könne man „präzise gesagt auch ein KZ betreiben").

Das könnte schon richtig sein, aber ich habe leider auch erkennen müssen, dass ein andauerndes Vernachlässigen von Kernkenntnissen in den MINT-Fächern, zu einer dauerhaften Unkenntnis hinein in die Gesellschaft führt; weil zum Beispiel „irgendwas mit Medien" das ist, was es beschreibt: „Irgendwas"; das ist aber meistens nicht das, was den Einzelnen weiterbringt, und auch die Gesellschaft in der Regel nicht.

Während meiner beruflichen Lebensphase hatte ich auch sehr viel mit der Einstellung von Mitarbeitern zu tun und konnte daher ganz praktisch die fachliche Qualität der möglichen Kandidaten einer theoretischen und praktischen Überprüfung unterziehen, indem ich mir immer auch „die vollständigen Bewerbungsunterlagen" vorlegen ließ, also Schul-, Hochschul- sowie alle Arbeitszeugnisse.

Arbeitszeugnisse (bei älteren Bewerbern) geben natürlich einen guten Einblick über die Leistungswilligkeit sowie die fachliche Kompetenz eines Kandidaten; da gibt es diverse Ansatzpunkte, über die man eine gewisse Abschätzung bekommt. Eine letztgültige Erkenntnis liefert aber natürlich erst das gemeinsame Arbeiten „on the job", das ist klar.

Was aber im Laufe der Zeit immer mehr in meinen Auswahlfokus gerückt ist, das war das Abiturzeugnis des Kandidaten - und darunter speziell die MINT-Fächer.

War Mathematik mit einer schlechten Note (drei aufwärts), oder gar nicht als Prüfungsfach im Abiturzeugnis, ja dann landete die Bewerbung automatisch am „Uninteressant"-Stapel, weil mit „Deko"-Abiturienten konnte ich ganz praktisch (sehr) wenig anfangen, das hat dann die tägliche Arbeit meist gezeigt, da konnten dann die Arbeitszeugnisse noch so gut sein wie sie wollten.

Wenn nur ein paar Länder in Deutschland, genau sind's fünf (5), Mathematik als Pflichtprüfungsfach im Abitur fordern, die anderen 11 aber nicht, dann führt das zu einem dauerhaften Absinken des Wissens- und Leistungsniveaus in ganz Deutschland. Ich bin überzeugt, wer ein grundlegendes Verständnis von Mathematik beherrscht, der kann auch in anderen Bereichen sehr gut mitreden, weil Mathematik (und natürlich Physik) zu einem logischen Denken zwingen.

Ranga Yogeshwar hat hier wirklich Recht und ich kann ihm nur zustimmen, dass die MINT-Fächer im Allgemeinen, und Mathematik im Besonderen „nichts im 16-Länder-Föderalismus zu suchen haben", wie überhaupt die komplette Bildungspolitik den 16-Länderfürsten und deren Entourage entzogen werden muss.

Wir müssen selbst wieder „lernen", dass nicht einfach „jeder" für eine höhere/akademische Bildung geeignet ist. Wir müssen zurück zu einer bildungspolitischen Ehrlichkeit, in der in etwa der jeweilige Bildungsabschluss sich erneut am Bildungsniveau widerspiegelt. „Dummy-Zeugnisse", die zu keiner Zeit die intellektuelle Fähigkeit des Einzelnen zeigen, sind wertlos.

Um es kurz auf den Punkt zu bringen, Mathematik MUSS wieder IN GANZ DEUTSCHLAND ein Abi-Prüfungsfach sein. Punkt! Es müssen meines Erachtens folgende Fächer zwingend als Prüfungsfach vorliegen:

- Deutsch (schriftlich UND mündlich)
- Eine Fremdsprache (für mich auch Latein)
- Mathematik (schriftlich UND mündlich)
- Ein Naturwissenschaftliches Fach (MINT)

Weitere Fächer natürlich nach Qualifikation/Leistung des Prüflings, aber in ganz Deutschland in der gleichen Anzahl und Auswahl.

Das exklusive Privatschulwesen für die (zahlungskräftigen) „Eliten"

Ein Widerspruch in sich für die „egalitären Deko-Abi"-Verfechter müssen die paar (Super)-„Elite"-Schulen sein, wie Schloss Salem am Bodensee, die ja „nur" und ausschließlich für die (kräftig zahlende) Klientel der wenigen wirklich Vermögenden in Deutschland existiert. Ca. 50.000 € (und mehr) pro Jahr und Sprössling nur für die Schule, zuzüglich weiterer privater Leistungen sind unüberwindbare „Einstiegshürden" für fast jeden Bürger; so bildet sich eine separate „Bildungsschicht" die sich gemäß der Mengenlehre nie „berühren" mit der normalen Bevölkerung.

Was mich allerdings wirklich stutzig macht und überhaupt nicht in das links/grüne Bildungsbild passt, ist, dass der (Ober)Grüne

„Fürst"-Kretschmann in BW so ein elitäres „Bildungsinstitut" zulässt.

Aufwerten der (praktischen) Handwerksausbildung und der Fachweiterbildung

Lieber Leser, ich denke, wir müssen „ein paar Schritte zurück", um uns sowie unsere Gesellschaft bildungspolitisch wieder „ins Lot zu bringen". Dazu gehört nach meinem Dafürhalten eine Rückbesinnung auf unsere individuelle intellektuelle Leistungsfähigkeit.

Die Rückbesinnung auf die intellektuelle Leistungsfähigkeit

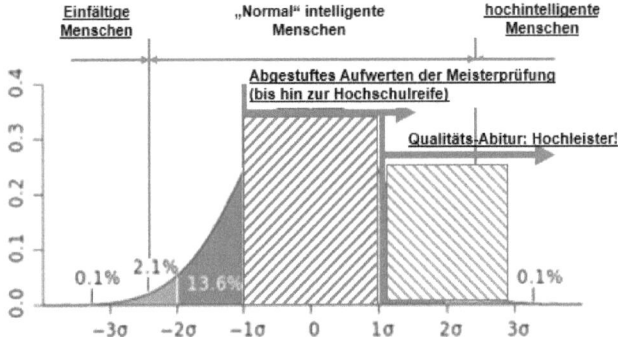

Die Gaußsche-Normalverteilung gilt für alles - auch für uns Menschen
Die Verteilung gilt über alle Länder, Ethnien & Nationen hinweg - unterschiedslos!

(Quelle: Arnulf Dietl, Die Rückbesinnung auf die intellektuelle Leistungsfähigkeit)

Für meine Begriffe war „früher" wirklich nicht alles „schlecht" - das wollen uns nur die links/grünen „Sponti"-68er weismachen. Ich denke nur an die für meine Begriffe wirklich gute Aus- und Weiterbildung der Handwerksberufe, oder auch die vielen Fachoberschulen wie zum Beispiel in der Schweiz und Österreich die „Handelsakademie" oder die „Höheren Bundeslehranstalten" für verschiedene technische Berufe wie Elektrotechnik, Maschinenbau oder Bauingenieurwesen, allesamt abschlussbar als „mittlerweile Reife" oder auch mittels Fachabitur, je nach individueller Leistung eines Absolventen. Diese Vielfalt an

Abschlussmöglichkeiten kommt viel mehr unseren individuellen Fähigkeiten entgegen, als das „egalitäre Wertlos-Abitur" für „Jedermann" (inkl. „Deko"-Abi).

Auch die vielen Möglichkeiten der handwerklichen Ausbildung mittels der Gesellenprüfung sowie der weiterführenden Meisterprüfung entsprechen viel eher unserer aufgefächerten intellektuellen Fähigkeit, als dass „jeder" ein „egalitäres Wertlos-Abitur" auf niedrigstem Niveau erhält, mit dem eigentlich niemand etwas anfängt, der Einzelne nicht und auch die Gesellschaft und Wirtschaft nicht.

Die ideologische Überfrachtung der Bildungspolitik

Lieber Leser, ich nehme an, dass sich bei Ihnen bis jetzt zwei Denkgruppen gebildet haben:

- Die Fraktion der „Daumen hoch" und
- Die Fraktion der „Daumen runter"

Dazwischen wird's wohl niemand geben, meine ich. Dessen bin ich mir bewusst, aber so wollte ich es auch; dafür ist mir die Bildungspolitik zu wichtig. Deutschland, Mitteleuropa haben nur diese eine „Ressource" - die Bildung. Andere Ressourcen wie Rohstoffe und/oder Energien sind bei uns „nicht sehr ausgeprägt". Diesbezüglich hat „der Herrgott im Himmel" uns daher nur zwei Dinge gewährt:

- Die Bildung und
- Den Fleiß (um die Bildung zu nutzen)

Aber 40 Jahre links/grüne 68er-„Sponti"-Indoktrination haben ihre Spuren hinterlassen - von Beidem ist nicht mehr viel übrig geblieben. Wir alle sind dabei uns von diesen „(Ver)Führern", man kann sie auch Rattenfänger nennen, in den Abgrund ziehen zu lassen.

Der aktuelle wirtschaftliche Notstand zeigt, wo Deutschland im internationalen Vergleich steht - und das hat auch damit zu tun, dass 40 Jahre Verunglimpfen von Fleiß und Bildung uns alle in die Richtung zu mehr Bequemlichkeit („Faulenzertum") und Bildungsarmut („Deko"-Abi) geführt hat.

Ich erinnere nur an die (politischen) „Enkel" der 68er-Spontis, den Jung-Sozen Türmer, der die „226 Milliardäre" in Deutschland zu „226 Millionären" „verarmen" möchte, nicht fragend, wie denn „die Milliardäre" zu ihren Milliarden gekommen sind, oder die Jung-Grüne Stolla, die eine 20-Stunden-Woche anstrebt, weil „Arbeit krank mache"; außerdem soll „das Bürgergeld verdoppelt und Reiche noch einmal ordentlich besteuert" werden.

Ich meine, mit dieser Jung-„Klientel" ist „kein Staat zu machen"; da ist „Hopfen und Malz verloren"; die sind (politisch) „in einem anderen Universum unterwegs" und wir sollten diese leistungslose Jung-„Sippschaft" schnellstens wie einen bösen Spuck vertreiben. Dieses sinnfreie Schmarotzertum in Verbindung mit einer immer schlechteren Bildung muss abgewählt werden. Sie haben schon viel zu lange unsere Gesellschaft missbraucht.

Lieber Leser, wir müssen unsere Bildung aus den Fängen dieser Ideologen befreien und (wieder) Bildung zusammen mit Fleiß in den Mittelpunkt unserer Lebensweise stellen. Diese links/grüne, ideologisch überfrachtete, Bildungsmisere MUSS EIN ENDE haben. Hier spreche ich in erster Linie die „Daumen hoch"-Fraktion an, für die Fleiß UND Bildung noch ein hohes Gut sind, für die Leistung und Dienst an der Gesellschaft noch „ein Wert an sich" darstellen.

Wir MÜSSEN diese 40-jährige bleierne und verquere links/grüne „Bildungsoffensive" stoppen und zurückkehren zu einer neuen und echten Offensive, dass sich erstens „Leistung wieder lohnen" soll und zweitens Bildung für jeden, nach seinen Fähigkeiten wieder Realität wird.

Universitäten in der 16-Länder-Politik

Ein weiterer bildungspolitischer „Schwachsinn" ist, dass Universitäts- und Wissenschaftsbetrieb ebenso im 16-Länder-Föderalismus verankert sind, wie das Schulsystem - und nicht auf nationaler Ebene angesiedelt; es wird also der bildungspolitische Irrsinn direkt in die Universitäten hinein weiter geführt.

Liebe Leser, man möchte fast „schreien vor Wut", über diesen nicht zu ertragenden Zustand - ich finde mental nur noch „böse Worte" dafür.

Wie kann es sein, dass Bildung (säkulares) „Gnadentum" von Ministerpräsidenten (i.e. „Länderfürsten") und seiner „Entourage" ist? Wir sind ja nicht mehr im 19. Jahrhundert der absolutistischen „Kleinkönige"! Wie kann es sein, dass regionale „Fürsten" entscheiden, welches Studienfach „studiert" (finanziert) werden kann?

Es ist schlicht unverständlich, dass der Bremer Bürgermeister (gleichzeitig der „Landesfürst") bestimmen darf, welche Wissensgebiete akademisch angeboten werden. So „darf" man nur „Friedensforschung" studieren, aber nicht, sagen wir Studien mit „Dual Use"-Anwendung, weil das als „Risiko" angesehen – und damit NICHT STUDIERT/wissenschaftlich BEARBEITET werden darf.

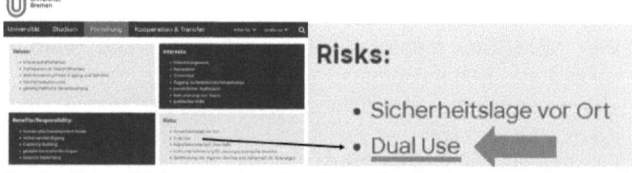

(Quelle: Universität Bremen, Bewertung internationaler Zusammenarbeit, „Dual-Use" als „Risiko")

So viel (naive) Ignoranz muss schon sein im „Stadtstaat" Bremen, der die letzten Jahrzehnte ausschließlich „auf Stütze" durch den Länderfinanzausgleich lebt. Das hat fast schon etwas Tragik/komisches an sich; eine (sehr) kleine Stadt (i.e. „ein

Land") lebt seit Jahrzehnte „auf Stütze", knebelt sich aber noch durch „pazifistische" Einschränkungen.

Ich denke, lieber Leser, das ist nur ein Beispiel, wie sich die einzelnen Länder selbst blockieren - und die anderen Länder gleich mit; bitte dabei nicht vergessen (der Nationalstaat) Deutschland wird dabei AUTOMATISCH IMMER in die Mithaftung genommen.

Probleme bei Lehrerübertritten von Land zu Land

Das gilt „natürlich" auch für die akademische Ausbildung zum Lehrer/Pädagogen; jedes Land bildet selbst „seine Lehrer" aus und schaut nicht über die Grenzen, weil ja jedes Land für sich für „die Bildung" verantwortlich ist. Hinzu kommt, dass in einigen Ländern Lehrer verbeamtet werden, in anderen wieder Angestellte (im öffentlichen Dienst) bleiben. Das führt dann dazu, dass es praktisch nicht, oder kaum möglich ist, dass einzelne Lehrer von einem Bundesland in ein anderes wechseln können.

Lieber Leser, ich weiß, das ist Ihnen ja ALLES BEKANNT, wie es allen Politikern und Medien bekannt ist, aber ES PASSIERT NICHTS! Die 16-Länderfürsten-Föderalitis ist ein einziges gesamtdeutsches BLOCKADE-SYSTEM.

Ja, dieses „Problem" IST ein echtes Problem und nur und ausschließlich der vermaledeiten 16-Länder-Fürsten-Föderalitis geschuldet. Jeder „Länderfürst" der 16 „werkelt" allein vor sich hin - er weiß mit Sicherheit, dass das ganze System völlig falsch „aufgegleist" ist, dass der Bund/Länder-Föderalismus längst hätte reformiert werden müssen; jeder von ihnen weiß, dass der 16-Länder-Föderalitis-Zug früher oder später „gegen die Wand fahren" wird - und dass damit definitiv ganz Deutschland in den Schlamassel hineingezogen wird. Aber keiner tut etwas und hofft, dass es während seiner Regierungszeit nicht zum großen Crash kommt.

Es ist wirklich „zum Haare raufen", dieser „föderalitische" 16-Länder-Wirrwarr.

Was ist die Lösung?

Für meine Begriffe hilft da nur noch eine „Alexandrinische Lösung" - mit einem „Hieb zerschlagen".

Besser und auch demokratischer, sind die Gründung von transnationalen Europa-Parteien, die „von innen heraus" sowohl die

Strukturen aufbrechen und gleichzeitig „die Staateritis überwinden helfen.

Die Bildungszuständigkeit MUSS den 16 Ländern entzogen, oder besser noch, die gesamte 16-Länder-Struktur muss neu überdacht werden. Ich verweise gerne auf das Kapitel 3.2.2, die 16-Länder-Bürokratie.

4.4 DAS GESELLSCHAFTSJAHR

„Fragt nicht, was euer Land für euch tun kann – fragt, was ihr für euer Land tun könnt"
(J. F. Kennedy, US-Präsident, Antrittsrede 1961)

Ein - wieder auferstandener - Begriff „geistert durch das Land", der Begriff des Gesellschaftsjahrs. Für die einen ist es DIE RETTUNG der Gesellschaft, für die anderen das genaue Gegenteil davon, sie würden ihn lieber „sofort" wieder in der Versenkung verschwinden lassen. Aber „der Geist ist aus der Flasche" und zieht seine Debatten durch die Medien und die Gesellschaft. Was also tun?

Grundsätzlich finde ich es richtig und gut, dass über ein Gesellschaftsjahr überhaupt diskutiert und nicht in die Tabuzone seitens „links/woker Moralapostel" verbannt wird.

Ein Gesellschaftsjahr ist für mich zuerst einmal eine neutrale Periode in einem (vorwiegend) jungen Mitbürgerleben. Es gibt viele Länder, in denen so etwas wie ein Gesellschaftsjahr erbracht wird wie zum Beispiel in Frankreich, Schweden oder der Schweiz. In Israel wird der Wehrdienst sogar als „patriotische Pflicht" (Rafael Seligmann) wahrgenommen, die bitteschön auch von allen jungen Israelis zu erfüllen ist.

Warum also nicht auch für Deutschland - oder später in den Vereinigten Staaten von Europa? Die Frage darf oder muss erlaubt sein, ob nicht alle jüngeren Europäer eine „patriotische Pflicht" entwickeln müssen gegenüber der deutschen/europäischen Gesellschaft? Kann es nicht so sein, wie J.F. Kennedy forderte, dass „du dich fragst, was du für dein Land tun kannst"?

Ich denke, die (europäische) Gesellschaft MUSS diese Debatte führen und darf nicht im krämerhaften „Kleinklein" der politischen Hauskämmerer, oder politischer „Honigsauger" so mancher Parteien versinken. Die Debatte wird unter anderem schon seit Längerem in Deutschland geführt, ist aber noch nicht abschließend geklärt. Und sie darf meines Erachtens nicht gestoppt werden, weil sie ein wesentlicher Teil des folgenden Kapitels ist.

Ein verpflichtendes Gesellschaftsjahr für alle jungen Bürger führt zu einem gemeinsamen Verstehen, wie Gesellschaft „funktioniert". Gesellschaft ist für mich „ein Geben und Nehmen", „ein Schenken und beschenkt werden".

Ein Gesellschaftsjahr gibt den Heranwachsenden die Chance über das in der Schule erlernte hinaus, notwendige Eigenschaften zusätzlich anzueignen, wie Verständnis füreinander, aber auch (Sekundär)Tugenden wie Fleiß, Pflichtgefühl, Standhaftigkeit und Verantwortung, also alles, was eine Gesellschaft „im Innersten" zusammenhält.

Über die Ausstattung dieses Gesellschaftsjahres kann und soll man sich breit auseinandersetzen, aber das Gesellschaftsjahr noch grundsätzlich in Frage zu stellen, diese Zeit ist vorbei, wollen wir (wieder) eine Gesellschaft werden, die „in sich rund" und nicht in Hunderte oder Tausende Gesellschaftsblasen zersplittert ist; das wäre der Anfang vom Ende einer Gesellschaft, davon bin ich zutiefst überzeugt.

4.5 MITEINANDER UND FÜREINANDER

Dass der Begriff des Gesellschaftsjahrs überhaupt so in der Mitte unserer heutigen Gesellschaft diskutiert wird, zeigt eigentlich, wie weit wir schon vom Miteinander/Füreinander entfernt sind. Im Prinzip dürften wir gar nicht mehr „diskutieren", sondern schon längst damit „leben" und unsere gesellschaftlichen „Früchte" genießen.

So wie die Leistung und der Fleiß des Einzelnen richtig und wichtig für die ganze Gesellschaft sind, so sollte es auch Regeln geben, wie sich das Individuum in der Gesellschaft einordnen muss, wie sich der Einzelne in eine Gruppe einbringt; ganz normale Verhaltensregeln also. Eine Gesellschaft braucht Strukturen und Regeln für das Zusammenleben, sonst bricht sie auseinander.

Nur zur Einordnung, auf der ganzen Welt gibt es derzeit ca. 7,951 Milliarden (2022) Menschen, davon in der EU ca. 452,9 Millionen (2024); wir sind also „ziemlich viele". Da müssen wir uns schon aufgrund dieser großen Zahl Regeln auferlegen, soll ein „Hauen und Stechen" unter uns vermieden werden. Die Zeit, in der unsere Altvorderen nur in einsamen kleinen Gruppen durch die Lande gezogen sind, ist längst vorbei. Heute müssen wir uns „mit kleineren (Land)Brötchen" zufrieden geben und die Wohndichte wird immer weiter zunehmen, ein Ende ist derzeit nicht abzusehen. Die Grundstücks- und Immobilienpreise machen es ja überdeutlich, wohin der „Grund- & Boden-Vektor" zeigt - steil nach oben.

Wir brauchen also Regeln für unser Zusammenleben. Wann beginnt aber das Lernen des „Füreinanders und des Miteinanders"?

Eigentlich sollte die Kern-Familie, also Mutter, Vater sowie die Kinder der Ort sein, in dem Kinder das Miteinander/Füreinander lernen und üben sollten. Aber dieses Modell gibt es schon seit geraumer Zeit nicht mehr exklusiv.

Die „klassische Familie" ist ein Auslaufmodell geworden und es gibt mittlerweile so unterschiedliche Lebensentwürfe, dass ein „klassisches Üben" gar nicht mehr möglich scheint. Es gibt Alleinerziehende (meist Mütter), Patchwork-Beziehungen oder „Diverse Lebensformen", alle mit unterschiedlichen Denk- und Gesellschaftsvorstellungen, sodass allgemein gültige Regeln kaum oder gar nicht mehr sinnvoll vermittelt werden können; oftmals sind diese „Lebensgruppen" physisch und psychisch nicht in der Lage dazu.

Das alles wird noch überlagert durch einen großen Anteil von Menschen, die „aus aller Herren Länder" nach Deutschland und Europa eingewandert sind, mit all den Facetten unterschiedlicher Religionen und kultureller Lebens- und Gesellschaftsentwürfe.

Diese Unterschiedlichkeit widerspiegelt sich auch in der heutigen Gesellschaft. Gerade deswegen müssen wir wieder Verhaltensregeln definieren, um uns und die Gesellschaft insgesamt vor uns Homines Pragmatici zu schützen und das Zusammenleben wieder lebenswert zu gestalten.

Da die „klassische Familie", wie oben erwähnt, mittlerweile eine Minderheit in unserer Gesellschaft geworden ist, müssen wir andere Institutionen für das Üben des Miteinander/Füreinander finden; da kommen wir nicht „drum herum".

Naheliegende Einrichtungen wären die Kindergärten/-tagesstätten, die Schulen, diverse Sporteinrichtungen etc. Aber „Hand aufs Herz" liebe Leser, diese Institutionen sind in der jetzigen Form gar nicht in der Lage dazu. Tagtäglich hört und liest man Berichte in den Medien über die unzulängliche Ausstattung derselben - von den notwendigen Kräften ganz abgesehen.

Da MÜSSEN WIR als Gesellschaft mehr tun; da müssen wir finanzielle Mittel aufbringen, wollen wir in der frühkindlichen Erziehung „etwas bewegen". Allerdings stehen wir uns auch da wieder „im Weg".

Wie titelt die FAS, vom 04. August 2024 ihren Hauptartikel: „Deutschland steht sich selbst im Weg". Sie beschreibt, wie schwer sich Deutschland sich tut - genauer die 16 Länder - bei der Integration von Fachpersonal (ausgebildete Fachkräfte aus Namibia für den Einsatz in Kitas) aus dem Ausland. (Landes)Bürokratie, mangelnde Abstimmung und Blockade über die Landesgrenzen hinweg bestimmen leider den Alltag im „16-Länder"-Föderalismus; es ist ein abschreckendes Parade-Beispiel zum Kapitel 16-Länder-Bürokratie in Deutschland.

Ich denke, wir müssen (wieder) „ein paar Schritte zurück machen" und wieder lernen, dass „das Füreinander" schon früh in der Kindheit geübt werden muss, mit Angeboten an Kinder und Jugendliche wie die Pfadfindergruppen, oder Jugendgruppen wie die Alpenvereine, Fußball- und Sportvereine, aber auch durchaus kirchliche Angebote wie die Jungschar etc. Ich selbst war in der (katholischen) Jungschar als Kind dabei und habe da sehr viel Schönes erleben dürfen, oder auch im Alpenverein die Schönheit der (Berg)Natur im wahrsten Sinne des Wortes „begreifen" können - die „Gletscher vermessen" inklusive.

Des Weiteren müssen wir dringend das vorne erwähnte verpflichtende Gesellschaftsjahr einführen, weil es ergänzend unterstützt „sozial denken" zu lernen. So ein Einsatz berührt viele Bereiche - und davon viele soziale - in der Gesellschaft, wie zum Beispiel die Kranken- und Altenpflege, Kinder- und Jugendbetreuung, aber auch staatliche Einrichtungen rund um das Arbeitsleben (Ämter, Behörden etc); sie geben Einblicke in soziale Notwendigkeiten und prägen sicherlich die Einstellung des Einzelnen hinsichtlich sozialer Pflichten.

Im Rahmen solcher Tätigkeiten lernen junge Menschen dann ganz praktisch Rücksichtnahme und Verständnis aufzubringen für die, die „nicht so fit fürs Leben sind". Und ich bin der Überzeugung, dass sie sehr schnell lernen, wer wirkliche Hilfe braucht und wer „Hilfe simuliert" - ein wichtiger Aspekt für das spätere Leben, oder die berufliche Laufbahn.

Wir sind aber, wie wir in vorderen Kapiteln festgestellt haben, keine Homines Utopienses, sondern Homines Pragmatici, die nicht so gut in die „utopischen Gedanken" der Ideologen passen. Deshalb müssen wir „pragmatische Lösungen" für uns finden. Unsere Janusköpfigkeit zwingt unsere Gesellschaft nach Regeln zu suchen, die einerseits die Leistung des Einzelnen belohnt, aber andererseits Unterstützung für diejenigen reserviert, die es auch benötigen. Leider decken wir aber „die ganze Bandbreite des menschlichen Panoptikums ab", was heißt, dass viele von uns Bedürftigkeit vortäuschen, also lieber „in der sozialen Hängematte liegen", als dass sie ehrlich ihre Nöte vorweisen.

Ja, unsere „Vorstellung" vom sozialen Staat hat sich sehr weit verschoben hin zu einem alles versorgenden „Nanny"-Staat, mit seinem „Rund-um-Paket" an sozialer Unterstützung - inklusive der dazu passenden Bürokratie. Jeder Bürger soll nur noch die Hand heben und er bekommt eine „garantierte Unterstützung" zum Nulltarif. Wer letztlich diese Leistungen bezahlen soll, darum kümmert sich dann keiner. Das ist meines Erachtens auch ein Grund für das Ende des (europäischen) Nationalstaats.

Wie also können wir „die Spreu vom Weizen trennen" wie der Volksmund sagt, das heißt, wie können wir die die wirklich Bedürftigen von den „Mitnaschern" abgrenzen?

Liebe Homines Pragmatici, ich denke, da gebt ihr mir Recht, die „Grenzen sind fließend" und es ist nicht immer leicht, diese Grenzen im Individuum zu entdecken - also den ehrlichen Bedürftigen vom „Simulanten" zu unterscheiden.

Noch schwieriger wird es Gesetze dafür zu schreiben, um eine zufriedenstellende Lösung für alle zu finden, weil wir hier sehr stark in den „ethisch/moralischen Kodex" der Gesellschaft eingreifen, der ja, das wissen wir mittlerweile, ziemlich „rundgeschliffen" wurde, also praktisch kaum noch vorhanden ist.

Weil das nun aber „nicht so einfach" ist, gibt es politisch gesehen, nach meinem Verständnis, zwei grundsätzlich unterschiedliche Denkströmungen; die eine, meist die sozialistisch/linke, die die Bedürftigkeit sehr weit auslegt, also einen

„Anspruch auf Unterstützung" sehr schnell erlaubt, während die andere, meist die leistungsfordernde/mittige Seite der Gesellschaft dem „Anspruch" engere Grenzen setzt.

Nach meinem Verständnis hat sich heutzutage der „Anspruchsgedanke" sehr weit „nach links" verschoben, was sich in verschiedenen politischen Entscheidungen widerspiegelt. Ich nenne hier zum Beispiel die „Vertrauenszeit" im Arbeitsleben, oder der „Anspruch auf Heimarbeit (Homeoffice)" für mindestens zwei Tage die Woche etc. Aber auch „der Anspruch" der jungen Links/Grünen nach 20 Std-Wochenarbeitszeit „bei vollem Lohnausgleich" zeigt in diese Richtung, weil „Arbeit krank macht" (Linksgrüne Stolla).

Ich denke, auch da müssen wir wieder umdenken lernen; ich glaube, wir müssen wieder zurück zum dem, was mir meine Mutter immer wieder „gepredigt" hatte:

„Nur, wer sich selbst hilft, dem hilft Gott".

Ich weiß, jetzt werden wieder viele Staats-„Nanny"-Gläubige von ihren Sofas aufspringen und „schlimmster Kapitalismus", oder „unsoziales Denken" rufen, aber letztlich wird das nur „ein Sturm im Wasserglas" sein, weil der Kern darin besteht, dass wir Homines Pragmatici (wieder) lernen müssen, dass wir zuallererst für uns selbst Sorge zu tragen müssen.

Zum „Füreinander" gehört nämlich nach meinem Dafürhalten, dass jeder Einzelne zuerst einmal für sich selbst verantwortlich sein muss und dafür ergänzend „der Staat" den entsprechenden Rahmen anbietet. Aber mehr auch nicht. Ich denke, dass „der Staat" für uns als Teilnehmer die beste „Versorgung" anbietet, wenn er den Einzelnen in die persönliche Pflicht nimmt.

Im Kapitel 4.7 gehe ich detailliert auf diese Thematik ein. Wir brauchen ein Sozialsystem, dass zuvörderst den Einzelnen in die Pflicht nimmt und das Individuum verpflichtet für die Kranken- oder die Rentenversorgung selbst Verantwortung zu übernehmen; aber auch Regeln aufstellt gegen einen möglichen

Verdienstausfall oder andere Unwägbarkeiten, die den Einzelnen treffen kann.

Ich bin der Überzeugung, dass diejenige Gesellschaft, die klare und nachvollziehbare Regeln aufstellt, die „jedem Hilfe/Unterstützung zur Selbsthilfe gibt", die sozialste Gesellschaft ist und sich gleichzeitig vor unübersehbaren Sozialkosten schützt, weil sie sich damit die teuren, Bürokratie fördernden, Verteilungskosten spart. Sie ist für mich gleichzeitig die Gesellschaft, die „das Füreinander" bestens lebt, weil es den Homo Pragmaticus fordert seine persönliche Leistung einzubringen, statt ihn zu animieren, sich „in der sozialen Hängematte" zu räkeln und sich dort „häuslich einzurichten".

Für mein Verständnis muss hier der „Sozialhebel" angesetzt werden:

1. Mehr Anreiz zur Selbsthilfe des Einzelnen
2. Das ersparte Geld einsetzen für den Ausbau von Kinder-, Jugend sowie Bildungseinrichtungen zusammen mit der durchgehenden Einführung eines Gesellschaftsjahres.
3. Unterstützung zum Umbau des Zwei-Klassen-„Feudal"-Rentensystems in ein generationengerechtes Rentensystem für alle
4. Umbau der Zweiklassenmedizin in ein gemeinsames und einheitliches System für alle.

4.6 MIGRATION, INTEGRATION

Im Kapitel 4.5 habe ich bereits das Thema Migration und Integration angeschnitten und aufgezeigt, wie diese Thematik unsere „alte" Lebenswelt tagtäglich beeinflusst, von der Kinderkrippe angefangen bis weit nach hinein in die Bildungswelten sowie unserer Gesellschaft insgesamt.

Ich glaube, jeder wird mir Recht geben, dass Migration mit der einher gehenden Integration richtig und wichtig für unsere alternde Gesellschaft ist. Gerade in der jetzigen Zeit gehen viele „Babyboomer" in die verdiente Rente, aber es kommen zu wenig Bürger nach, die die Rentenlücke schließen können. Wir brauchen also (viel) mehr (Hoch)Leister, um unsere Wirtschaft aufrechterhalten zu können.

Deshalb plädiere ich für eine geregelte Facheinwanderung, also die Vorauswahl vor Ort in den Ländern, aus denen Migranten zu uns nach Europa und Deutschland kommen wollen.

Gerade die vorgenannten Institutionen wie Kindergärten, Vorschulklassen, sowie Alten- und Krankenpflege benötigen eine hohe Zahl an Fachkräften, aber auch IT-Spezialisten und Ingenieure sind gefragt in unserer stark industriell geprägten Wirtschaft.

Was wir weniger brauchen und was jetzt schon unsere Gesellschaft an den Rand des Zerreißens bringt, ist ein ungezügelter Ansturm an Menschen, ohne irgendwelche Dokumente und Ausweise. Einfach nur das Wort „Asyl" zu rufen und schon darf derjenige über die Grenze nach Europa und Deutschland, das kann nicht unser europäisches und deutsches Ziel sein.

Unser Ex-Bundespräsident, Herr Joachim Gauck hat das 2023 bei Lanz sehr treffend formuliert:

„Dieses Europa KANN NICHT die Probleme einer unerlösten und unbefriedeten Welt ALLEINE LÖSEN"!

Ich bin ihm sehr dankbar dafür, weil er das Migrationsproblem im Kern richtig beschreibt. Auf der ganzen Erde leben derzeit ca. 8 Mrd. Menschen, davon in der EU ca. 450 Mio. (also gerade mal ca. 5-6%). Wie wollen wir wenige Europäer also „die unerlöste und unbefriedete Welt" da draußen alleine lösen?

Dieses „Jedermannsrecht" von Asylsuchenden kann und darf so nicht verstanden werden.

Das ist schier unmöglich und zeigt die „schräge Denke" so mancher links/grüner Homines Utopienses (auch „Gutmenschen" genannt), die ein „schrankenloses Migrieren" in ihr politisches Programm aufnehmen. Diese „Vordenker" versündigen sich an unserer Gesellschaft und nehmen es billigend in Kauf, dass unser sozialer Zusammenhalt auseinander fällt. Diese vermeintlichen „Gutmenschen" sind für mein Verständnis die wahren „Rattenfänger", die unsere Zivilisation sehenden Auges in den Abgrund führen wollen.

Leider wird die aktuelle Migrationsdebatte auch noch überlagert von einer Welle fundamentalistischer Verführungsideologien, die so manchen instabilen Migranten geradezu ermuntert „im Namen Allahs Ungläubige zu ermorden" mit der „Verheißung" dann „in den islamischen Himmel zu den Huris" zu gelangen. Irgendwie erinnert mich das geschichtlich an diverse Phasen im Mittelalter, in der auch „im Namen Gottes" schlimmste Verbrechen durchgeführt wurden.

Ich dachte mir, dass wir das überwunden hätten, aber es zeigt wieder, dass der Homo Pragmaticus nach wie vor im Kern die gleiche macht- und habgierige Spezies ist, wie sie schon vor 10.000 Jahren existierte, nach der Devise: „Wer zuerst zuschlägt, überlebt".

Ich bin mir bewusst, dass diese Gedanken „mentale Keulenschläge" sind für so manche „Pazifisten", aber gerade die letzten 10-15 Jahre in diesem Jahrtausend haben es gezeigt, dass wir Homines Pragmatici noch „meilenweit" von einer „Friedensgesellschaft" entfernt sind, die über die Kontinente hinweg in Frieden und Freundschaft miteinander auskommen möchte.

Bis dahin müssen wir unser Leben weiterhin mit entsprechenden Regeln und Instrumenten schützen, sei es durch Grenzzäune, durch Zurückweisungen an unseren Grenzen, aber auch durch Grenzpatrouillen per Schiff und Fahrzeugen.

Eine friedliche Gesellschaft hat das Recht in Frieden leben zu dürfen, das heißt nach meinem Dafürhalten, dass sie das Recht hat zu bestimmen, wer zu uns kommen soll und darf; oder anders formuliert, wer mit uns und unter uns leben möchte, der MUSS SICH AN UNSERE GESELLSCHAFTSREGELN halten. Unsere Gesellschaft bestimmt, wie diese Regeln auszusehen haben - und der Migrant möge sich bitte an diese Regeln halten.

Diskutiere ich dieses politische Dilemma mit Freunden und Bekannten aus der „links/grünen Ecke", dann stoße ich oft auf völliges Unverständnis mit der Begründung, dass ich wohl zwischen „wertigem" und „unwertigem" Leben unterscheide, mir unterstellend, dass ich (nationalsozialistische) „rassistische Vorstellungen" von Menschen hätte, weil ich eben der Meinung bin, dass wir durchaus das Recht haben zu uns passende Menschen und Gruppen für uns zu gewinnen, während wir Menschen zurückweisen dürfen, die möglicherweise unsere Demokratie gefährden oder zu einem „Gottesstaat" umbilden wollen, ganz zu schweigen von Jenen, die unsere Gesellschaft kaputt machen wollen, oder an „unser Leib und Leben gehen".

Dazu zählt zum Beispiel, dass in unserer offenen Gesellschaft Messerstechereien verpönt sind. Solche, die es trotzdem meinen brutalst möglich „anwenden" zu müssen, die sollen bitte ganz schnell aus Deutschland entfernt werden - ohne Wenn und Aber - auch ohne „Menschenrechtsabkommen" irgendwelcher Art. (Migrantische) Mörder haben unter uns „nichts zu suchen". Wir brauchen keinen „Import von Mördern", wir haben schon zu viele eigene davon.

Dazu gehört auch, dass die letzte Regierung den Erwerb der Staatsbürgerschaft nochmals gesenkt hat.

Zusammenwirken mit und in der EU

Es wird auch viel diskutiert, „warum und wieso", das eine oder andere „nicht möglich" sei, auch dass gerade „mit der EU" so „viele juristische Hürden" zu überwinden wären.

Lieber Leser, mein Verständnis dafür geht „schön langsam gegen null", wenn ich das so sagen darf. Innerhalb der EU „macht eigentlich jedes Land, was es will, aber nicht, was es soll"; gefühlt stellt jedes Land „seine eigenen Regeln auf", ich denke nur an das Ungarn Orbans, das macht, „was es will", aber auch an Dänemark, dass zum Beispiel völlig eigene Migrationsgesetze hat. Auch Schweden hat seine eigenen Regeln über den Aufenthalt von Migranten.

4.7 DAS SOZIALSYSTEM

„All animals are equal, but some animals are more equal than the others"
("Alle Tiere sind gleich, aber einige Tiere sind mehr gleich als die anderen")
(George Orwell, Animal Farm, 1945)

Im Kapitel 4.5 Miteinander und Füreinander bin ich sehr detailliert auf unser gesellschaftliches Zusammenleben eingegangen, das in Ergänzung zum Kapitel 4.2 Fleiß (des Einzelnen) zu verstehen ist.

Eine (funktionierende) Gesellschaft braucht beides; fehlt das Miteinander, dann zerbricht sie aus Egoismus und Habgier, fehlt der Fleiß, dann geht sie innerlich kaputt - und wird von anderen Gesellschaften oder Nationen früher oder später übernommen („gefressen"), davon bin ich zutiefst überzeugt.

Die Norm, eine Balance zwischen beidem zu finden, beschreibt die Ethik. Sie gibt die Regeln vor, wie der Einzelne „von der Gesellschaft getragen" wird, wenn er aus verschiedenen Gründen seine Leistung nicht erbringen kann, seien sie physischer oder psychischer Natur. Das Bindeglied dazu ist ein gut ausbalanciertes Sozialsystem; die Qualität des Sozialsystems IST der Gradmesser einer Gesellschaft. Ich denke, bis hierher wird mir jeder ohne große Einschränkungen folgen können.

Im Mittelpunkt der Betrachtung steht aber immer der janusköpfige Homo Pragmaticus mit all seinem „Weh, Ach und Krach", das heißt mit seiner persönlichen Einstellung zu Eigenverantwortung und Fleiß versus seiner „Trägheit" und seinem „Genießen auf Kosten der anderen". Dieses „Problem" können wir nicht lösen und werden es auch nicht lösen, solange es den Homo Pragmaticus, also uns selbst, gibt.

Die Verantwortung des Einzelnen gegenüber der Gesellschaft

Was wir aber können, ist, dass wir uns (wieder) darauf besinnen, dass wir als EINZELNE Verantwortung tragen gegenüber der Gesellschaft, indem wir zuvörderst (wieder) lernen, dass wir Verantwortung für uns selbst übernehmen müssen und damit unsere Gesellschaft entlasten, sodass sich die Allgemeinheit auf die wirklich dringenden Sozial-Fälle beschränken kann.

Meines Erachtens hat also „der Staat" nur die Verpflichtung sich auf die wirklich Hilfesuchenden zu konzentrieren. Es kann daher im Umkehrschluss nicht sein, dass „der Staat von sich aus agiert", also quasi in einer Art „vorauseilendem Gehorsam" für den Einzelnen „alles" regelt. Es kann nicht sein, dass der Einzelne gegenüber der Gesellschaft nur noch „fordert", und die Allgemeinheit ihm „zu Diensten" steht. Diese Überdehnung des Sozialstaatsdenkens führt nach meinem Verständnis unweigerlich in ein gesellschaftliches Chaos und auch zum „Untergang" eines jeden Sozialstaatssystems; der Zerfall des Sowjetkommunismus hat`s gezeigt.

Natürlich ist es nicht leicht die Grenze zu definieren, was noch eigenverantwortlich ist und was „unterstützungswürdig" sein kann. Sie ist keine „haarscharfe" Abgrenzung, sondern ein breiter Bereich mit „unendlichen Grauschattierungen", der oftmals sowohl zur einen Seite, aber auch zur anderen Seite gezählt werden kann.

In früheren Zeiten war es „die Kirche", die ethisch/moralische Regeln aufstellte, die wiederum „vom Vater im Himmel" (in Bibelform) stammten; insofern waren die Regeln „sakrosankt", also nicht zu hinterfragen, weil sie ja „Gott gewollt" waren - „die Kirche" war „nur der Verkünder" - und damit „fein raus".

Im Grunde waren die „Gottes"-Regeln - ich denke hier nur an die „10 Gebote" - meines Erachtens gute und praktische Sozial-Formeln, an die sich jeder richten konnte, weil sie den Einzelnen direkt ansprachen; das Individuum wurde in die „moralische Pflicht genommen" - nicht „der Staat", auch nicht „die Gesellschaft". Mit dem „Du sollst nicht...." war ganz eindeutig jeder Einzelne angesprochen und der konnte sich nicht rausreden.

Die „Gottes"-Regeln waren also Verhaltensregeln, die den Einzelnen in die Verantwortung nimmt - und nicht „den Staat". Dieser Vorrang der Einzelverantwortung gegenüber einer Verantwortung der Gesellschaft für den Einzelnen findet sich nach meinem Wissen noch in der heutigen Katholischen Soziallehre wieder. Sie fordert zuerst den Einzelnen - und dann erst „den Staat".

Heutzutage hat „die Kirche" aber ihre „Verkünder"-Stellung mehr oder minder vollständig eingebüßt, sodass sie „als moralische Instanz" praktisch komplett ausfällt. Dafür versuchen jetzt andere Moral-„Instanzen" diese Lücke auszufüllen - und sie in Form von alternativen „Sozialregeln" zu artikulieren.

Ich denke hier im Besonderen an die sozialistischen, aber auch die kommunistischen Ideologien, die zwar den Menschen in den Mittelpunkt rücken, und „den Herrgott im Himmel" ablehnen, aber damit gleichzeitig „das (schutzsuchende) Kind mit dem (Ideologie)Bade ausschütten"; hier wird das Individuum durch „die Masse"/„das Kollektiv" ersetzt. Die Lebensqualität des Individuums tritt zurück zugunsten „der Gesellschaft"; der Einzelne hat seine Persönlichkeit (Grundgesetz „Wert") verloren, „das Kollektiv" bestimmt „den (Lebens)Wert", weil ja „alle Menschen (durch lange Umerziehung) gleich sind" und letztlich zum Homo Utopiensis mutieren. Dieser Homo Utopiensis entspricht in etwa dem heutigen links/grünen „intrinsischen Gutmenschen", aber dazu komme ich weiter unten zu sprechen.

Das ganze 20. Jahrhundert mit vielen gesellschaftlichen Umbrüchen hat aber gezeigt, dass sich der Homo Pragamticus nicht zum Homo Utopiensis „umformen" lässt, sondern sich dann lieber, je nach intellektueller Ausstattung, mehr oder minder intensiv „aus der Gesellschaft verabschiedet" - und sich auf seine kleine Insel, seine „Datscha" zurückzieht und nur so viel tut, dass er das, was er zum Leben braucht, möglichst leistungslos erhält - er nutzte „den Staat" soweit er konnte aus, der (private/schwarze) Tauschhandel blühte, während „der Staat" insgesamt immer mehr unter der gesamtwirtschaftlichen Last erstickte. Im Grunde waren alle „Sozialisten" gleich arm; der

Einzelne tauchte „im Kollektiv" unter und „rettete seine (persönliche) Haut" soweit er konnte, während der gesamte sozialis-
tisch/kommunistische (Utopie)Staat „den Bach runter ging".

Die Wiedervereinigung der beiden deutschen Länder von 1990
bis heute zeigt ja das Dilemma aus den „Nachwehen" von 45
Jahren (i.e. zwei Generationen) Kommunismus. Während zum
Beispiel in der marktwirtschaftlich orientierten Bundesrepublik
über zwei Generationen hinweg sehr viel individuelles Vermögen erwirtschaftet wurde, konnte sich der sozialistisch ver-
formte „Homo Utopiensis" kaum „über Wasser halten" und
stand 1990 praktisch „vor dem Nichts" - der (Sowjet)Kommu-
nismus hat ihm nichts hinterlassen, außer Schulden und eine
marode Wirtschaft und Infrastruktur. Auch den Neid und die
Missgunst konnte er nicht dem vermeintlichen Homo Utopiensis „austreiben", der verkappte kommunistische Homo Utopiensis ist der gleiche missgünstige und neidische Homo Pragmaticus geblieben, wie er immer war. Das ist auch Teil der
menschlichen „Wahrheit" und widerspiegelt sich im unterschiedlichen Wahlverhalten zwischen Ostdeutschland und
Westdeutschland.

Nach meiner Meinung zeigte dieses brutalst möglich umge-
setzte, sozialistisch/kommunistische Experiment, dass der
Kommunismus mit all seinen Schattierungen und Abwandlun-
gen das völlig falsche Sozialstaatskonzept ist, weil es schlicht
nicht zu uns Homines Pragmatici passt - weil es unserem Wesen völlig widerspricht.

Aber der Sozialismus/Kommunismus ist wie ein „Zombie", ein
Untoter, der immer wieder irgendwo auftaucht. Jetzt bei uns in
Form des „links/grünen Gutmenschen", bei dem es in Deutschland „ums Ganze geht" - und dabei schon wieder an einem so-
zialistisch/kommunistischen Sozialsystem „bastelt". Jetzt in
Form eines alles überfrachtenden „Nanny"-Staats, der „alles"
den Bürgern „von den Lippen abliest" und schon von vorne herein weiß, was „dem Bürger gut tut". Es ist diese, für selbstverantwortlich denkende Menschen, unerträglich überhebliche
Bevormundung, die „weiß, was der Einzelne braucht", die die

(politischen) Verhaltensregeln vorgibt, und „Abweichler" als „Faschisten/Rassisten" abkanzelt, sollten sie eine eigene Meinung haben.

Der links/grüne „Nanny"-Staat fragt nicht den Homo Pragmaticus, was er braucht - er definiert „ex cathedra" und teilt zu; so geschehen mit der Kindergrundsicherung. Der Homo Pragmaticus soll sich nicht mehr beim Sozialamt melden - „der (Nanny)Staat" weiß es besser und verteilt die sozialen „Gaben". Es ist „Kommunismus durch die Hintertür", es ist der wieder auferstanden Homo Utopiensis als links/grüner „intrinsischer Gutmensch".

Ich denke, wir brauchen (wieder) eine Rückbesinnung, was „der (Sozial)Staat" leisten soll und muss; wir brauchen aber in weiten Bereichen KEIN NEUE „Reform" unseres Sozialsystems, sondern die Fokussierung auf bereits bewährte Maßnahmen.

Zu dieser Fokussierung gehört meines Erachtens, dass „der Staat" NICHT zu einem alles alimentierenden „Nanny"-Staat verkommen darf, weil er scheitern wird, weil er an uns Homines Pragmatici zerschellen und nur zu neuen Ungerechtigkeiten führen, die zu Unzufriedenheit und Krieg führen werden.

Die Vergangenheit hat gezeigt, wohin das führt. Mir fällt dazu nur ein alter österreichischer Faschingskalauer ein: „Was ist der Unterschied von Marx und Murks? Marx, das ist die Theorie und Murks, das ist die Praxis!" Wir sind Homines Pragmatici und keine Homines Utopienses, weshalb „alles Utopische" an uns scheitern wird - auch ein (links/grüner) „Nanny"-Staat.

Deshalb ist auch der (links/grüne) „Bürgergeld"-Begriff so fatal falsch, weil er etwas suggeriert, was „der (Nanny)Staat" nicht leisten kann, und auch nicht darf - den Anspruch auf ein leistungsloses Grundeinkommen, das jedem „Bürger" leistungslos zusteht! Das wäre „der Traum" der Linken/Grünen/Kommunisten (Stolla, Appuhn, Türmer), aber gleichzeitig der Albtraum der gesamten Gesellschaft. Wir müssen uns immer wieder in Erinnerung rufen, wohin der ehemalige Sowjetkommunismus zusammen mit seiner „COMECON"-Entourage (RGW = Rat für gegenseitige Wirtschaftshilfe) geführt hat - in den TOTALAUS-FALL des gesamten Systems. Der Kommunismus IST an seiner Idee gescheitert, er ist gescheitert an uns Homines Pragmatici!

Wir müssen uns immer vor Augen führen, dass wir keine intrinsischen Gutmenschen sind, sondern macht- und geltungsbewusste Individuen (Siehe dazu auch Kap. 3.3, das leistungslose Grundeinkommen), die zuvörderst an sich selbst denken - und das auf möglichst einfachen, i.e. leistungslosen Weg.

„Der Staat" als Verantwortlicher gegenüber dem Einzelnen

So wie der Einzelne gegenüber „dem Staat", also dem Gemeinwesen, Verantwortung trägt, so trägt umgekehrt auch das Gemeinwesen („der Staat") gegenüber dem Individuum Verantwortung; es gibt also so etwas wie eine gegenseitige Abhängigkeit zwischen „Staatsbürger" und „Staat". Ein Staatswesen funktioniert daher „optimal", wenn eine Balance zwischen Staat und Staatsbürger herrscht.

Probleme ergeben sich immer dann, wenn diese Balance zugunsten der einen oder der anderen Seite verloren geht. Aber wie kann ein „Staat" seine Balance verlieren?

Lieber Europäer, ihre Frage ist berechtigt, „der Staat" selbst natürlich nicht, aber seine Verwaltung, also die Individuen, die als „Staatsdiener" die Verantwortung für den „Staat" übertragen bekommen haben. Es sind also wiederum wir Homines Pragmatici, die als „Diener des Staats" Aufgaben für uns durchführen.

Wir sprechen in diesem Fall von der Staatsmacht, ausgeführt durch uns Homines Pragmatici, die über uns „verfügen". Es ist die Macht der Staatsverwaltung über uns Mitbürger. Im Kapitel 3.4 Hoheitliche Aufgaben bin ich detailliert auf die „Macht durch die Verwaltung" eingegangen. Wird die (Staats)Verwaltung zu mächtig, dann bekommt sie ein „Eigenleben" und beginnt sich

Macht und „Pfründe" anzuhäufen. Ja, leider sind wir so „gestrickt", was wir einmal haben geben wir nicht mehr gerne her. Das gilt für Einkommen, Vermögen, aber auch für „Pfründe aller Art".

In den Kapiteln 3.2 sowie 4.7 sind's die Vorteile in den Systemen der sozialen Absicherung, wie Renten/Pensionen, Krankenversicherungen, Gehaltsfortzahlungen etc. Hier hat sich mittlerweile eine veritable Diskrepanz zwischen sozialen Ansprüchen in den Verwaltungsapparaten und den „normalen" Staatsbürgern entwickelt, sodass man durchaus von einer „Zwei-Klassengesellschaft" sprechen kann. Die eine „Klasse" hat soziale „Pfründe" wie Pensionsansprüche und „Privatversicherungen", die weit über die üblichen Rentenansprüche hinausgehen, während sich die andere „Klasse" mit niedrigen/geringen Renten und „Kassenversicherungen" begnügen muss.

Diesbezüglich hat das „Zwei-Klassen-System" zu einer echten Spaltung in der Gesellschaft geführt, sodass man mit Fug und Recht von einem Staatsversagen sprechen kann. „Der Staat" hat versagt, sich um eine ausgleichende Behandlung seiner Bürger zu sorgen.

Wie schreibt das Magazin Capital vom 17.05.2024, unter anderem:

„Allen, die sich Sorgen um ihre Rente machen, müsste man raten: Werdet doch Beamte, auch wenn es nur für ein paar Jahre ist. Denn im rechnerischen Mittel beträgt die Beamtenpension 3240 Euro hierzulande. Wer im mittleren und einfachen Dienst war, erhält rund 2300 Euro Ruhestandsgeld, der höhere Dienst sogar 4973 Euro im Schnitt, sagt das Statistische Bundesamt. Das klingt nicht nur enorm viel – das ist es auch."
(Quelle: Capital, 17.05.2024, „Altersbezüge Alle reden über Rente – was ist mit den extrem hohen Beamtenpensionen?")

So wie „der Staat" über die Jahrzehnte hinweg es versäumt hat das Erbrecht/Vermögensrecht „ins Lot zu bringen" (siehe Kapitel 3.1.2 Das Erbrecht), so hat auch „der Staat" im Sozialstaatswesen sein Totalversagen dokumentiert (siehe Kapitel 3.2.1

Die Sozialbürokratie in DE). Der (deutsche) Staat ist dabei selbst für die Spaltung in der Gesellschaft beizutragen, da er nicht (mehr) in der Lage zu sein scheint dieser Spaltung entgegenzuwirken.

Europäer,

wir MÜSSEN UMSTEUERN! Wir müssen unser Staatswesen wieder „ins Lot bringen", wollen wir unsere Gesellschaft auch in der Zukunft absichern.

Ein neues Sozialsicherungsmodell

Deshalb müssen wir unser Denken und Handeln von allen feudalen und/oder „Staats"-gläubigen Systemen entledigen; wir müssen im 21. Jahrhundert angekommen, unsere Köpfe freimachen von allen gesellschaftspolitischen Verengungen hinsichtlich einer alles vergötternden „Staats-Tümelei", wohl mit dem Hintergrund, dass „der Staat alles richten soll", damit wir uns gemütlich und leistungslos „in die soziale Hängematte" verkriechen können.

Was wir meines Erachtens brauchen, ist eine Umstrukturierung unseres gesamten Sozialsystems in die Richtung zu mehr Eigenverantwortung, also so viel wie möglich soziale Anspruchsleistungen durch persönliche Sozialbeiträge abzusichern; wir müssen raus aus der Denke von Feudal-Systemen hin zu einer Denke der Eigenverantwortung - und zwar für jede Generation von Neuem. Jede Generation muss für sich selbst sorgen können und darf sich nicht auf Sozial-/Vermögenswerte „der Altvorderen" stützen/berufen dürfen.

Ich denke, das ist das beste Angebot an die Gesellschaft, also an uns alle und damit auch das Beste für ein gedeihliches Miteinander und Füreinander. Wer für sich schon mal rechtzeitig (also in jungen Jahren) um eine entsprechende Vorsorge gekümmert hat, fällt späterhin der Allgemeinheit nicht zur Last. Das ist für mich ein (großer) Teil des sozialen „Pudels Kern".

4.7.1 RENTEN/PENSIONEN

Das Schweizer Sozialsystem

Da ich selbst fast 20 Jahre in der Schweiz tätig war, kenne ich das System gut genug, um darüber sprechen zu können. Ich bin überzeugt davon, dass dieses Sozialsystem ein richtiger Weg ist, in jedem Fall besser, als das „altväterliche" deutsche aus der Ära Adenauers und Bismarcks.

Mir ist es auch schleierhaft, warum es in Deutschland nicht oder kaum diskutiert wird. Ich habe eine Vermutung, aber die möchte ich hier jetzt nicht äußern, der geneigte Leser wird den Grund „zwischen den Zeilen" finden, wenn ich jetzt im Detail darüber schreibe.

Das Schweizer Sozialmodell unterscheidet sich grundsätzlich vom deutschen und zwar dahingehend, dass das System FÜR ALLE SCHWEIZER GLEICH ist, egal, ob es sich um Angestellte, Beamte oder Selbstständige handelt. Das Sozialsystem ist UNTERSCHIEDSLOS! Es ist EGALITÄR und basiert zuallererst auf eigenverantwortlichem Handeln.

Der Unterschied liegt lediglich darin, wie hoch das Individuum von anderen Quellen bezuschusst wird, das heißt wieviel zum Beispiel ein Arbeitgeber zum einzelnen Angestellten beisteuert. Da liegt meines Erachtens „das Reizvolle" des Sozialsystems. Ein Unternehmen (oder der Staat bei Staatsangestellten) ist (weitgehend) frei in der Höhe der Unterstützung. Diese „Freiheit" ist Teil des Angebots an die Mitarbeiter, also auch Teil der „Attraktivität" des jeweiligen Unternehmens. Der Schweizer Staat stellt lediglich die passenden Mindest-Rahmenbedingungen.

Zu den Mindest-Rahmenbedingungen gehört auch, dass das Sozialmodell „obligatorisch" ist, das heißt, JEDER MUSS an diesem Sozialmodell teilnehmen - OHNE AUSNAHME. Das hat den großen Vorteil für den Staat, dass letztlich niemand

„vom Staat" abhängig ist; „der Staat" braucht dementsprechend nur geringe (Sozial)Reserven vorhalten.

Das Renten-/Pensionssystem

Auch hier ist es ähnlich wie beim Gesundheitssystem; es ist für jeden Berufstätigen „obligatorisch" und besteht im Wesentlichen aus einem 3-Säulen-System.

Säule 1

Säule 1 wird AHV (Alten- und Hinterbliebenenversorgung) genannt und ist das „Standard"-Rentensystem; sie entspricht im Wesentlichen einer Grundrente, in die JEDER einzahlen muss, egal ob Angestellter, Beamter oder Selbstständiger. Dadurch, dass jeder einzahlen muss, ist die Grundrente relativ „üppig" ausgestattet, bezogen aber auf das Schweizer Lebensniveau „gerade so" ausreichend.

Die „1. Säule" greift derzeit bis zu einem Einkommen von ca. 80.000 CHF; die entsprechende Prämie beträgt mindestens 50/50 vom Arbeitnehmer und Arbeitgeber; je nach Arbeitgeber werden die Zuzahlungen oft höher als 50% übernommen, sodass der Arbeitnehmer bei vielen Firmen geringere Beiträge hat. Die Einkommenshöhe wird meist jährlich neu angepasst, über die Zeit wird damit praktisch ein Inflationsausgleich vorweggenommen.

Säule 2

Die Säule 2 ist wie die Säule 1 „obligatorisch" zu entrichten und greift ab der maximalen Einkommenshöhe gemäß AHV bis zu einer Einkommenshöhe, die ungefähr dem 3-fachen der AHV-Einkommensgrenze entspricht, also ca. 250.000 CHF jährlich.

Das ist wirklich eine „hübsche" Einkommenshöhe; die dazu passende Prämie muss wieder 50/50 AN/AG bezahlt werden, wobei wieder gilt, dass auch hier der Arbeitgeber mehr als 50% übernehmen kann.

Die Säule 2 wird nicht mehr „summarisch", also auf ein Gesamtrentenpaket eingezahlt, sondern jeder Arbeitgeber ist verpflichtet ein für jeden Mitarbeiter individuelles Rentenpaket abzuschließen; jedes Rentenpaket ist also individuell auf jeden einzelnen Mitarbeiter abgestimmt. Der für mein Dafürhalten große Vorteil liegt darin, dass „der Staat" sich nicht an dieser Rente „vergreifen" kann, weil sie privatrechtlich geschützt ist.

Zweitens kann dieses (individuelle) Rentenpaket sehr leicht von einem Besitzer von einer Firma zur nächsten „mitgenommen" werden - das angesparte Rentenvermögen wird gesichert in die nächste Rentenversicherung mitgenommen und dort ganz einfach weiter aufgestockt.

So nebenbei, mir ist völlig schleierhaft, warum dieses Rentensystem nicht in Deutschland auch nur ansatzweise diskutiert, geschweige denn übernommen wird. Meine Vermutung liegt wirklich darin, dass entscheidende politische Kräfte einfach nicht diskutieren wollen, sie würden ja einige „Pfründe" mitunter verlieren; das wiederum liegt an den „zersplitterten" Altersversorgungssystemen, die Einzelne zu Lasten anderer begünstigen.

Säule 3

Die dritte Säule, eine ergänzende Kapital-Lebensversicherung, ist nicht obligatorisch, kann aber individuell von jedem Einzelnen als zusätzliche Alterssicherung abgeschlossen werden; sie wird auch steuerlich unterstützt und ist ähnlich strukturiert wie eine übliche Kapitallebensversicherung wie in Deutschland oder anderen Ländern auch.

Zum Schweizer Rentensystem kann alles in Allem gesagt werden, dass es für meine Begriffe wohl eines der modernsten Alterssicherungs- und Sozialsysteme ist, das wir derzeit haben, weil es einerseits generationsunabhängig („feudal"-frei) ist und andererseits ALLE Bürger - auch ausländische, wenn sie in der Schweiz beruflich tätig sind - im gleichen System zusammenführt; es ist „egalitär" im besten Sinne des Wortes.

Weniger (Staat) ist manchmal mehr (Gewinn)

Das ganze Schweizer Sozialsystem ist im Wesentlichen so aufgebaut, dass der Einzelne möglichst viel Eigenverantwortung
trägt für sein Tun und Handeln, auch im Bereich der sozialen
Absicherung. Das hat einen großen Vorteil, weil dieses System
natürlich „den Staat" erheblich von sozialen Aufgaben und Kosten entlastet. Der Schweizer Staat braucht viel weniger Personal vorhalten für eine Umverteilung im Sozialsystem; er setzt
die Rahmenbedingungen, zum Beispiel eine „obligatorische"
Versicherung und jeder Bürger muss sich daran halten. Der alles überwölbende (und teure) sozialistische „Nanny"-Staat
bleibt „außen vor" - ein riesiger Vorteil für alle.

Auch für den Bürger selbst hat dieses System große Vorteile.
Da die individuell angesparten Prämien bis auf die AHV ausschließlich dem Einzelnen zugerechnet werden, kann „der
Staat" nicht einfach an den Prämien politisch „herumschrau-
ben". Die Versicherungssummen (Rente, Gesundheit etc.) bleiben „Eigentum" des Einzelnen und sind für „den Staat" nicht
antastbar.

Ein weiterer großer Vorteil ist, wie schon vorher erwähnt, dass
dieses Sozialsystem „feudalfrei" ist - also unabhängig von ge-
nerationsbeeinflussenden Faktoren. Der (versicherte) Schweizer Bürger braucht also nicht „sorgenvoll" in die Zukunft zu blicken, ob nun mehr oder weniger Kinder geboren werden; er hat
sich ja „sein Versicherungskapital" selbst angespart, mit teils
erheblicher Unterstützung durch Unternehmen und dem Staat.

4.7.2 GESUNDHEITSSYSTEM

Das Schweizer Gesundheitssystem funktioniert ähnlich wie das deutsche Privatversicherungssystem, JEDER muss eine Kranken-, eine Invaliden- und Unfallversicherung abschließen, damit er im Versicherungsfall ein Institut hat, das für die Zahlungen aufkommt. Dafür gibt wird eine breite Palette von (Privat)Versicherungen angeboten, aus denen sich der Versicherungsnehmer eine aussuchen kann.

Die Qualität der Leistungen bestimmt der Versicherungsnehmer und entsprechend hoch/niedrig ist seine zu zahlende Prämie. In jedem Fall muss der Staat nicht eingreifen, da ja die Versicherung „obligatorisch" ist.

Warum soll das nicht auch in Deutschland und anderen Ländern funktionieren? In ganz Deutschland soll es statt 95 (Zwangs)Kassen und 42 Privatkassen nur noch, sagen wir, zehn (10) private Krankenversicherungen geben, die gleichermaßen für ALLE Bürger da sind. Die Bürger dürfen die Versicherung selbst wählen, womit ein gewisser Wettbewerb gesichert ist. Aber alle 10 Versicherungen MÜSSEN eine vom Staat festgelegte einheitliche „Grundversorgung" anbieten - ohne Ausnahme; „der Staat" sorgt nur für den Rahmen, MEHR NICHT!

Jeder Bürger, der in Deutschland wohnt und/oder Steuern zahlt, MUSS - ohne Ausnahme - in einer dieser Kassen versichert sein, OHNE AUSNAHME, egal, ob er nun im Ausland wohnt oder dort auch arbeitet, jeder Bürger MUSS in einer deutschen Kranken-Versicherung gemeldet sein und seinen Beitrag leisten; auch Bürger, die „nur" von Vermögen leben. Mit jeder Steuererhebung sowie mit jeder Wohnsitzbescheinigung MUSS auch eine entsprechende Versicherung vorgelegt werden - ausnahmslos. Das gilt natürlich auch für alle Flüchtlinge und Asylsuchende gleichermaßen. Menschen, die keine Wohnsitzbescheinigung vorlegen, müssen das Land verlassen.

Ich stelle mir ein solidarisches Zwei-Stufen-System vor.

JEDER zahlt grundsätzlich in eine Krankengrundversorgung ein - JEDER, ohne Ausnahme! Damit soll gewährleistet werden, dass die finanzielle Grundversorgung im Krankheitsfall sehr breit gestreut ist und eine adäquate Versorgung für alle gewährleistet wird. Die Prämie richtet sich nach der Höhe des Einkommens und „darf" durchaus nach oben „unbeschränkt" erhoben werden, ALLE Einkommen sollen als Basis herangezogen werden; sehr hohe Einkommen zahlen einen entsprechend hohen Krankenkassenbeitrag ein. Da aber wirklich ALLE erfasst werden, wird sich der Grundbetrag sicherlich niedrig halten.

Kinder sollen auch schon separat erfasst werden, können aber durch einen Beitrag aus der Öffentlichkeit unterstützt werden, um sicherzustellen, dass kein finanzieller Druck auf werdende Eltern entsteht. Geflüchtete und Asylbewerber dürfen nur für die Kinder, die nachweislich in Deutschland wohnen (Wohnsitzbescheinigung), einen Unterstützungsantrag stellen; Kinder im Ausland werden nicht erfasst und unterstützt.

Die zweite Stufe betrifft dann den freiwilligen „privaten" Teil, also einen ZUSATZ-Beitrag zur gesetzlichen Grundversorgung, um diverse Sonderleistungen, die über die Grundversorgung hinausgehen, abzudecken.

4.8 STIFTER UND FÖRDERER

„Fragt nicht, was euer Land für euch tun kann – fragt, was ihr für euer Land tun könnt"
(J. F. Kennedy, US-Präsident, Antrittsrede 1961)

Eine offene und stabile Demokratie lebt davon, wie sich der Einzelne in die Gesellschaft einbringt und wie er sich für andere engagiert. Das betrifft einerseits die Mitwirkung an sozialen Einrichtungen wie zum Beispiel bei öffentlichen Tafeln, um Schwächeren Unterstützung zu gewähren, oder natürlich im Rahmen eines Gesellschaftsjahres.

Das, was für Einzelne im Sozialbereich möglich ist, das gilt natürlich auch für andere Bereiche, zum Beispiel in der Wirtschaft. Gutes tun ist schon eine alte Eigenschaft des Menschen und viele wohlhabende Förderer haben Teile ihrer Vermögen, oder gar ihr ganzes, sozialen Zwecken zur Verfügung gestellt.

Neben sozialen Zwecken gibt es aber auch durchaus wirtschaftliche Gründe eine ganze Firma oder ein Großunternehmen als eigenständigen Betrieb in Form einer „Stiftung" weiter zu führen. Die Gründe sind mannigfaltig, aber meist „stiften" Eigentümer ihre Unternehmen, um es als Ganzes zu erhalten und um sie vor Erbstreitigkeiten zu schützen. Weitere Gründe sind, dass Eigentümer nicht die richtigen Nachfolger in ihrer Familie haben, die Unternehmen erfolgreich führen können. Beispiele gibt es genug; ich denke an die Bosch-Stiftung, oder auch die Krupp-Stiftung etc.

Das Stiften von Unternehmen, oder von Vermögen ist ein möglicher Schritt aus der „Feudal"-Falle, weil die (erbliche) Nachfolge außer Kraft gesetzt wird. Deswegen finde ich Stiften und Fördern als einen wichtigen Schritt aus der Loslösung von feudalen Strukturen und ich finde, das muss meines Erachtens (sehr) viel mehr in den Mittelpunkt rücken.

Gestiftetes Vermögen wird dadurch dem Erbrechts-Vorrang entzogen und verhindert, dass individuelles Vermögen über die Generationen angehäuft wird. Das sich selbst vergrößernde „Taubenhaus" wird damit unterbrochen

5.0 STAAT UND WIRTSCHAFT

„Es muss weiterhin Anreize geben, durch Arbeit etwas zu erreichen. Aber gleichzeitig müssen Wertschöpfung und Vermögen in einer Gesellschaft sozial verträglich verteilt sein. Wenn ein zu großer Prozentsatz an ganz wenige Reiche geht, dann verlieren wir die gesunde soziale Mittelschicht, unsere Stärke in Deutschland und Europa."
(Bernd Leukert, Deutsche Bank, Mai 2020)

„Mäßiger Besitz möglichst vieler ist eine wesentliche Sicherung des demokratischen Staates"
(Konrad Adenauer 1948)

Dass „der Staat" als umfassendes Gemeinwesen für alle „Staatsbürger" in etwa gleichermaßen „funktionieren" soll und muss, werden viele Leser jetzt als allgemeine „Binse" abtun. Diese „Voraussetzung" ist aber nicht so „von Gott gegeben" in jedem Gemeinwesen; dafür gibt es genügend Beispiele - auch schon in Europa. Warum sprechen viele Bürger, dass sie „in diesem oder jenem Staat nicht wohnen wollten", oder anders herum „in diesem oder anderem Land gerne zu Hause" wären. Dieses „Wohlbefinden" setzt sich aus vielen Faktoren zusammen, die gewichtet zusammen einen „Lebenswert" ergeben. Jährlich werden dazu entsprechende statistische Erhebungen durchgeführt und „Rankings" erstellt. Manche Länder steigen dann nach oben in der Rangfolge, andere wiederum verlieren an Stellenwert. Das geht meist reihum, aber einige Länder sind konstant am oberen Ende der Skala zu finden, andere wiederum (fast) immer am unteren Ende.

Es machen also einige Länder öfters etwas richtiger, als andere, aber über die Länder hinweg gilt, dass je höher das individuelle Einkommen/Vermögen ist, umso „wohler" fühlen sie sich; das Bruttoinlandsprodukt (BIP) pro Einwohner ist also ein wichtiger Gradmesser für „das Allgemeinwohl".

Ein weiterer wichtiger Faktor für das Wohlbefinden ist eine möglichst ausgeglichene Verteilung der Vermögensverhältnisse. Hier kann ich nicht oft genug Walter Scheidel erwähnen, aber auch Konrad Adenauer hat bereits in diese Richtung gedacht.

Der Staat als unser Gemeinwesen hat also (politisch) dafür Sorge zu tragen, dass ein möglichst ausgewogenes Verhältnis zwischen „Vermögenden" und „nicht so Wohlhabenden", also zwischen „arm und reich", herrscht.

Bis hierher wird mir wohl jeder „Recht geben", wie man so schön sagt, aber als Nächstes kommt die Frage: „Wie erreichen wir diese ungefähre Gleichverteilung?"

Der Staat darf Steuern erheben, also von den Staatsbürgern Abgaben abverlangen und diese Einnahmen nach seiner Entscheidung verteilen. Mit dieser „Lenkung" kann er also für ein mögliches Gleichgewicht sorgen

In Diktaturen ist das relativ einfach - Der Diktator „bestimmt", wer „reich" ist, von dem etwas „genommen" werden kann und gibt es „den Armen"; oder noch schlimmer, er „nimmt" nur für sich und seine Entourage, auf Kosten des Rests der Bevölkerung. Der Diktator „schert sich einen feuchten Kehricht" um Gesetze und Regeln und entscheidet, was er will. Ich möchte jetzt aber nicht weiter in die Details einsteigen, warum auch ein Kommunismus mit all seinen Spielarten gescheitert ist, weil das nun bereits "bis zum Erbrechen" „hinauf und hinunter gebetet" wurde.

In Demokratien ist es schwieriger diese Gleichverteilung zu erreichen, weil „das Volk" mitbestimmen darf, was mit den Staatseinnahmen und dem Staatsvermögen passiert. „Der Staat", in Vertretung durch eine gewählte Regierung, soll diesen Ausgleich herbeiführen.

Allerdings werden mit den Steuereinnahmen nicht nur „Ausgleiche" durchgeführt, „der Staat" hat auch eine Fülle von (wichtigen) Aufgaben zu erfüllen, wie zum Beispiel die Sicherheit im Land zu gewährleisten (Verteidigung und Polizeiwesen), das Staatswesen als solches aufrecht zu erhalten (Regierung und Verwaltung), für Recht und Bildung zu sorgen (Justiz und Bildungswesen), Infrastruktur und Energieversorgung (Straßen, Bahnen und Energiesysteme) und vieles mehr; natürlich auch für ein funktionierendes Sozialsystem. All das ist nur mit einem wirtschaftlich starken Staat zu erreichen.

5.1 WIRTSCHAFT - DIE TRAGENDE SÄULE

Nur ein wirtschaftlich starker Staat kann die nötigen Steuereinnahmen gewährleisten, die für ein gut funktionierendes Zusammenleben sorgen. Im Vordergrund steht also eine „robuste Wirtschaft", die die „tragende Säule" des Gemeinwesens ist.

Was ist aber nun „die Wirtschaft"? Naja, im Wesentlichen, die Summe allen „Tuns und Handelns" einer Gesellschaft in Form von „Verarbeiten von Gütern und Erstellen von Dienstleistungen" durch uns Homines Pragmatici. Die Summe dieser Werte wird in Zahlen als Bruttonationalprodukt (BNP) oder als Bruttoinlandsprodukt (BIP) ausgedrückt. Sie dienen als Vergleichsgrößen zwischen Ländern und Gesellschaften.

Wie erwirtschaften nun die Gesellschaften ihr Bruttoinlandsprodukt? Vereinfacht gesprochen werden, wie seit Jahrtausenden schon, Güter „erzeugt", das heißt aus Roh- oder Halbfertigprodukten werden „veräußerbare" Endprodukte hergestellt, die dann mittels Handelssystemen an die jeweiligen Kunden verkauft werden können. Über den Übergang vom Tausch- zum Geldhandel will ich jetzt aber nicht eingehen; das würde wirklich zu weit gehen. Das System des „Wirtschaftens" ist „uralt" und es gibt viele wunderbare und sehenswerte Dokumentationen über die geschichtliche Entwicklung des Handels und der Herstellung von Gütern, in Zusammenhang mit der Fortentwicklung unseres Homo Sapiens.

Im Grunde genommen hat sich dieses „Wirtschafts"-Prinzip über die Jahrtausende hinweg nicht verändert, verändert haben sich aber die Verwendung der Rohstoffe sowie deren Verarbeitung gemäß der Fortentwicklung des Wissens, das wir einzig und allein unserem überaus komplexen Gehirn zu verdanken haben. Der Homo Sapiens ist gewissermaßen über sich hinausgewachsen, was seinen Forschungs- und Wissensdrang anbelangt.

Wirtschaft ist also verkürzt dargestellt die „Handhabung" von „irdischen Gütern" in Verbindung mit unserem „Tun und Handeln" als Homines Pragmatici; es ist vereinfacht das „Verwenden" von Gütern unserer Erde in Zusammenhang mit unserem Fleiß.

Wie sagte meine Mutter immer: „Von nichts, kommt halt auch nichts"; oder anders herum, wenn wir „nichts tun", dann wird auch „nichts werden".

Es sind also die zwei „Treiber" (unser persönlicher) **Fleiß & Bildung** und möglichst viele **Bodenschätze** - in Verbindung mit **Energieressourcen**, die die Qualität einer Wirtschaft ausmachen.

Bodenschätze

Gerade unsere heutige hoch technisierte Gesellschaft benötigt viele Ressourcen an Bodenschätzen der verschiedensten Art. Wer „Besitzer" von Bodenschätzen ist, also Zugang zu diesen hat, verfügt schon mal über sehr viel Macht und damit meist auch politischen Einfluss. Das Beispiel unserer IT-Vernetzung zeigt die Verletzlichkeit unserer Gesellschaft, wenn wir keinen Zugang zu den wichtigen seltenen Erden haben und damit in Zusammenhang abhängig sind von politisch zweifelhaften Mächten oder Ländern. Wer zum Beispiel Lithium „im Boden hat", wird „stinkreich" und kann als Macht oder Land einen enormen politischen Einfluss geltend machen.

Die Unabhängigkeit von Bodenschätzen ist von unermesslicher Bedeutung für die Wirtschaft einer Gesellschaft und ich werde im Kapitel 7, Europa und Sicherheit noch im Detail darauf zu sprechen kommen.

Energieressourcen

Ähnliches wie bei den Bodenschätzen gilt auch für die Energieressourcen; auch die Energiereserven sind (sehr) ungleich über die Erdoberfläche verteilt, weshalb auch da eine möglichst hohe Unabhängigkeit gewährleistet werden soll. Auch da komme ich im Kapitel 7 zu sprechen.

Ergänzend muss aber gesagt werden, dass gerade in den letzten Jahren die Energieerzeugung einem enormen politischen Druck ausgesetzt worden ist, was dazu geführt hat, dass speziell die Stromkosten in Deutschland extrem gestiegen sind. Das hat dazu geführt, dass sowohl die privaten Haushalte, als auch die Wirtschaft einen beträchtlichen Kostenanstieg verkraften müssen. Und das wiederum lastet schwer auf der Wettbewerbsfähigkeit der deutschen Wirtschaft und belastet die privaten Haushalte über Gebühr, sodass weniger Geld für andere stimulierende Ausgaben zur Verfügung steht.

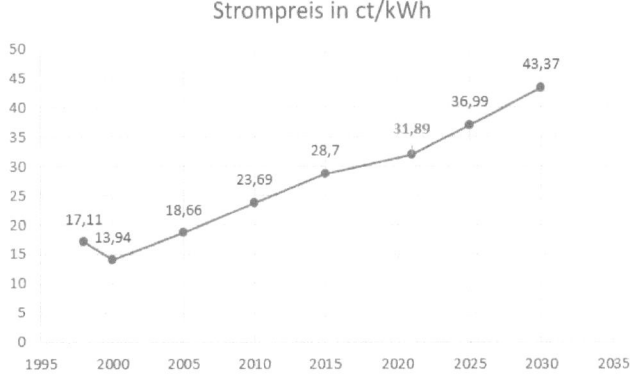

Strompreis in ct/kWh

(Quelle: Wechselstrompilot, BDEW und eigene Berechnungen)

Fleiß und Bildung

Was aber „in den Händen" einer jeweiligen Gesellschaft liegt, ist der Fleiß einer Gesellschaft sowie der der einzelnen Bürger. Dem (persönlichen) Fleiß, gemäß Kapitel 4.2 Fleiß sowie Kapitel 4.3 Bildung, kommt also eine eminente Bedeutung zu - oder im Gegenteil, der Leistungslosigkeit eben eine eminente negative Bedeutung. Gerade im Hinblick auf eine prosperierende Wirtschaft, die ja die tragende Säule in unserem Gesellschaftssystem ist, kommt diese eminent negative Bewertung von 40 Jahren „68er-Sponti"-Denke eine besonders (tragische) Rolle zu.

40 Jahre „Arbeit macht krank"-Denke (Grüne Stolla) sowie eine ausufernde Kuschel-Bildungspolitik haben Deutschland von Jahr zu Jahr gemäß internationaler Vergleiche „absteigen" lassen.

Das Deutschland des Jahres 2025 ist nicht mehr das führende Land in Fleiß und Bildung/Wissenschaft. Es ist abgesunken in die Mittelmäßigkeit mit weitem Abstand zu den führenden Bildungs- und Wissens-Nationen.

187

Ein weiterer Nachteil, speziell im Bildungsbereich, ist der Bund/16-Länder-Föderalismus, der durch die „Verpolitisierung" der Bildung wesentlich zum Abstieg beigetragen hat; es kann nicht oft genug erwähnt werden, dass die vielen unterschiedlichen politischen Denkströmungen in den Ländern der Bildung entscheidend geschadet haben. Diesbezüglich haben ALLE Parteien und Institutionen versagt.

Das Jahrzehnte lange „Herumdoktern" an unzähligen Bildungsexperimenten wie zum Beispiel „das G8-Abitur", dann wieder „G13-Abitur", das „Hin und Her" der zu unterrichtenden Fächer in den einzelnen Ländern, die vielen unterschiedlichen Lehrpläne, getriggert von politischen Denkrichtungen, mal „Mathematik Pflicht im Abitur", dann wieder nicht, dann die weite verbreitete „Kuschelpädagogik", das leistungsarme Abfordern von Lernstoffen, all das hat dazu geführt, dass Deutschland unter anderem jetzt wirtschaftlich in eine Stagnations-„Straße" eingebogen ist, aus der sie (leider) so schnell nicht herausfinden wird.

Aber gerade Deutschland, als ressourcenarmes Land, ist so „bitter" angewiesen auf Bildung und Wissenschaft, eigentlich die einzige Ressource, auf die Deutschland zurückgreifen kann.

Dieses Versagen geht zurück auf 40 Jahre „68er-Sponti"-Politik! Lieber Leser vergessen Sie dabei nicht Oskars „Vermächtnis":

„Helmut Schmidt spricht weiter von Pflichtgefühl, Berechenbarkeit, Machbarkeit, Standhaftigkeit. [...] Das sind Sekundärtugenden. Ganz präzis gesagt: Damit kann man auch ein KZ betreiben"
(Oskar Lafontaine, Juli 1982)

Deutschland wird noch lange an diesem „Vermächtnis" zu leiden haben, wenn es sich überhaupt noch einmal davon erholen wird.

Wir brauchen (wieder) einen leistungsorientierten Aufbruch; wir müssen wieder „mehr arbeiten", nicht die 35 Stundenwoche soll das Ziel sein, sondern (wieder) die 40 Stundenwoche, aber

dafür mit „mehr Netto von Brutto" in der Brieftasche. Der Fleißige soll belohnt werden; in diese Richtung müssen wir unsere
Politik ausrichten. Das Steuersystem muss den Fleißigen be-
lohnen für seinen Fleiß und Einsatz, weil der Fleiß des Einzelnen in der Summe unserer ganzen Gesellschaft zu Gute
kommt. Der „Leistungsarme" soll dementsprechend mit einem
Minderlohn auskommen müssen und „motiviert" werden mehr
zu tun.

„Arbeit macht krank" MUSS zum „tadeligen Unwort" erklärt,
links/grünes „Hängematten"-Denken verpönt werden.

Nur die Fleißigen und Bildungsstarken werden unserer Wirtschaft wieder Impulse geben, sodass wir alle wieder etwas davon haben werden.

5.2 STEUERN - DER AUSGLEICH

„Gebt dem Kaiser, was des Kaisers ist, und Gott, was Gottes ist"
(Bibel: Jesus, Matthäus 22,21)

Wir haben zwar keinen Kaiser mehr sowie auch kein Kaiserreich; und unser „himmlischer Gottvater" ist uns in unserer laizistischen Welt auch „abhandengekommen", aber Steuern haben wir immer noch und so hoch wie noch nie. Was machen wir da falsch, fragt man sich?

Es geht uns allen wie mit dem Benediktiner Spruch, „Ora et labora" auch; das Beten haben wir weitgehend aufgegeben, aber „Arbeiten" werden wir weiter müssen, um unseren Lebensunterhalt zu verdienen - und Steuern zahlen.

Steuern sind „ursächliche" Beiträge, um unsere Gemeinschaft aufrechterhalten zu können, weil es ja Aufgaben gibt, die nur wir alle, als Staat, erledigen können. Die Frage darf aber gestellt werden, wie hoch die Steuern sein müssen - und für was sie ausgegeben werden. Ich habe das Steuertableau von Deutschland für das Jahr 2023 vom Kapitel 3.2.2, Die 16-Länder-Bürokratie in DE hier nochmals dargestellt, um daran die Gedanken weiter zu führen.

Laut Tableau hat der deutsche Staat ca. 916 Mrd. € an Steuern über die drei Ebenen, der Bund, die 16 Länder und die Kommunen eingenommen, wovon der größte Brocken auf die 16 Länder umverteilt wurde. Die Haupt-Steuern sind:

- Die Umsatzsteuer
- Die Lohnsteuer
- Die Gewerbesteuer
- Die Energiesteuer
- Summe weiterer Steuern

Diese Steuern werden jedes Jahr nach einem komplizierten System in Ergänzung zum Länderfinanzausgleich zwischen dem Bund, den 16 Ländern und den Kommunen „umverteilt". Das Verteilungs-Prozedere ist äußerst komplex gestaltet und nur für ein paar auserwählte Steuerexperten verständlich. Diese „Finanzmagier" errechnen die jeweiligen „Zuteilungen" in einer Weise, die für die Normalbürger wohl nicht zuzumuten ist, weil sie nirgends in klärender Weise dargestellt werden.

Deutschland, Steuereinnahmen 2023				
Quelle: Destatis, 05.06.2024				
	Mrd. Euro	Mrd. Euro		Mrd. Euro
Steuereinnahmen 2023		915,8	Steuereinnahmen 2023	915,8
			Umverteilung auf Bund, Länder, Gemeinden, EU	
Gemeinschaftssteuern		690,7		
Umsatzsteuer	291,4		Bund	356,0
Lohnsteuer	236,2		Länder	382,6
Summe andere	163,1		Gemeinden	143,5
			EU, Brüssel	35,4
Bundessteuern		101,8		
Energiesteuer	36,7		Rundung	-1,7
Summe andere	65,1			
Gemeindesteuern		92,3		
Gewerbesteuer	75,1			
Summe andere	17,2			
Landessteuer		25,2		
Grunderwerbssteuer	12,2			
Summe andere	13			
Andere Steuern		5,8		

(Quelle: Destatis, Juni 2024, Steuereinnahmen - Steuereinnahmen 2023 summieren sich auf rund 916 Milliarden Euro)

Dabei gibt es in anderen Ländern in Europa, zum Beispiel in der Schweiz, ein völlig transparentes Steuersystem, das dem Steuerzahler erklärt, wohin seine Steuern fließen. Es gibt

- Die Bundessteuer
- Die Kantonalsteuer
- Die Gemeindesteuer
- Die Mehrwertsteuer
- Die Lohnsteuer

Ergänzend gibt es in den USA unterschiedliche Hebesätze bei der Umsatzsteuer für den (Bundes)Staat und für das jeweilige Land (State).

Warum wird in Deutschland so komplex und intransparent an der Steuererhebung „herumgedoktert"? Meine Vermutung läuft immer aus Dasselbe hinaus - es sind die völlig überbordenden Kosten für den deutschen Bund/16-Länder-Föderalismus, der

191

offen dargelegt sofort jeden Bundesbürger „zu Tode erschrecken" würde.

Das deutsche Steuersystem wäre sofort transparenter, wenn zum Beispiel der Umsatzsteuersatz für den Bund und für das jeweilige Bundesland extra ausgewiesen würde. Dann könnte jeder, der einen Kauf, einen Umsatz macht sofort erkennen, was das Produkt in NRW oder in Hessen ausmacht. Jeder Bürger könnte auch sofort durchblicken, in welchem Land seine Lohnsteuer wie hoch ausfällt.

Deutschland, Steuereinnahmen 2023,						
Beispiel Umverteilung der Einzelsteuern						
Quelle:	Destatis	Verteilungsschlüssel				
Umarbeitung:	A. Dietl	Bund		356,0	Mrd. €	0,482
Datum:	23.09.2024	Länder		382,6	Mrd. €	0,518
		Summe		738,6		
		gesamt:			**Verteilung (Mrd. €)**	
		(Mrd. €)			**Bund**	**16 Länder**
Umsatzsteuer:		291,4			**140,45**	**150,95**
Lohnsteuer:		236,2			**113,85**	**122,35**

(Quelle: Destatis, Juni 2024, Steuereinnahmen 2023, Beispiel Umverteilung von Arnulf Dietl)

Mit dem vorliegendem Tableau versuche ich darzustellen, was ich meine. Nehmen wir zum Beispiel die Umsatzsteuer, die ja in ganz Deutschland erhoben wird, dann erkennt man, dass basierend auf dem staatlichen Umverteilungsschlüssel ca. 48% Bundesabgaben sind und ca. 52% davon den 16 Ländern zufließen. Bei einer Umsatzsteuer von 19% wären das ca. 9,1% der Umsatzsteuer für den Bund und ca. 9,9% bei den 16 Ländern. Über ganz Deutschland hinweg würden also 9,1% Umsatzsteuer für den Bund erhoben (und ausgewiesen), während jedes der 16 Länder die 9,9% Umsatzsteuer ihren Ausgaben gemäß in einer gewissen Bandbreite (sagen wir +/- 2%) selbst bestimmen darf.

Ähnlich könnte auch die Lohnsteuer erhoben werden; nach einem festgesetzten Satz darf der Bund dann die Lohnsteuer regeln; dito auch die 16 Länder.

Diese Vorgehensweise wäre ja nicht unüblich, schließlich dürfen die Länder zum Beispiel die Grunderwerbssteuer nach ihrem Gutdünken festlegen oder die Städte und Gemeinden die Gewerbesteuer.

Ich weiß, da begebe ich mich auf (sehr) „dünnes Steuereis", weil da sicherlich „der Aufschrei" kommt, das wäre „ungerecht", weil dann „die Länder gegeneinander ausgespielt" werden.

Die Selbstverantwortung der Länder

Aber das soll ja gerade das Ziel sein. Jedes Bundesland - und auch der Bund - soll und muss in gewisser Weise seine „Existenzberechtigung" nachweisen. Bund UND die 16 Länder müssen in gewisser Weise „selbstverantwortlich" tätig sein und dafür Sorge tragen, dass sie mit dem eingenommenen Steuergeld „haushalten" können. Die aktuelle Situation, dass mittels des Länderfinanzausgleichs über viele Jahrzehnte länderübergreifend „einfach so" viele Milliarden von einem Land ins nächste „wandern", ohne dass der Nachweis der Notwendigkeit besteht, das soll und darf zukünftig nicht mehr sein. Länder, die sich über Jahrzehnte „in die föderalistische Hängematte" gelegt haben, müssen ihre Existenzberechtigung nachweisen - oder „sterben", also ihre Eigenständigkeit aufgeben. Diese leistungsarme, föderalistische Feudalstruktur muss im 21. Jahrhundert ihr Ende finden.

Ich bin überzeugt, dass ein klares und transparentes Steuersystem sehr schnell die systemische Fehlkonstruktion des aktuellen Bund/16-Länder-Föderalimsus aufdecken wird.

Aber es geht ja nicht „um den systemisch falschen Bund/16-Länder-Föderalismus" allein, sondern darum, dass jede Ebene, ob Bund, Länder oder Gemeinden ihren Erfordernissen gemäß die Steuerhebesätze festlegen können (oder besser MÜSSEN), um nicht in diesen völlig verzerrenden „Länderfinanzausgleich" hinein zu rutschen.

Die aktuelle Steuerstruktur ist schlicht und ergreifend überholt und muss komplett „auf neue Füße gestellt" werden.

Auch im Hinblick auf zukünftige Vereinigte Staaten von Europa müssen bereits im Vorfeld klare Steuerregeln erarbeitet werden. Die oben genannten Umlagemöglichkeiten sind ja nur ein Teil davon.

5.3 VERMÖGEN - EINE (UN)GLEICHHEIT?

„Mäßiger Besitz möglichst vieler ist eine wesentliche Sicherung eines demokratischen Staates"
(Quelle: Zitat von Konrad Adenauer im Konrad-Adenauer-Museum, Rhöndorf)

„In Deutschland ist das Vermögen ungleich verteilt. Pro Jahr werden 200 bis 300 Milliarden Euro vererbt"
(Deutschlandfunk, Erbschaft-Feudales Relikt und gehütetes Privileg, Juni 2015)

„Jährlich werden in der Bundesrepublik circa 400 Milliarden Euro vererbt"
(Stefan Gosepath, TAZ, 18.08.2023, „Parallelgesellschaft der Reichen")

„3,1 Billionen Euro werden im Zehnjahreszeitraum von 2015 bis 2024 in Deutschland vererbt. Das geht aus der Studie „Erben in Deutschland 2015 – 24: Volumen, Verteilung und Verwendung" hervor, die von Dr. Reiner Braun, empirica ag, im Auftrag des Deutschen Instituts für Altersvorsorge (DIA) verfasst und Anfang September in Berlin vorgestellt wurde."
(Erben in Deutschland 2015 – 24: Volumen, Verteilung, und Verwendung, Deutsches Institut für Altersvorsorge, 09.09.2015)

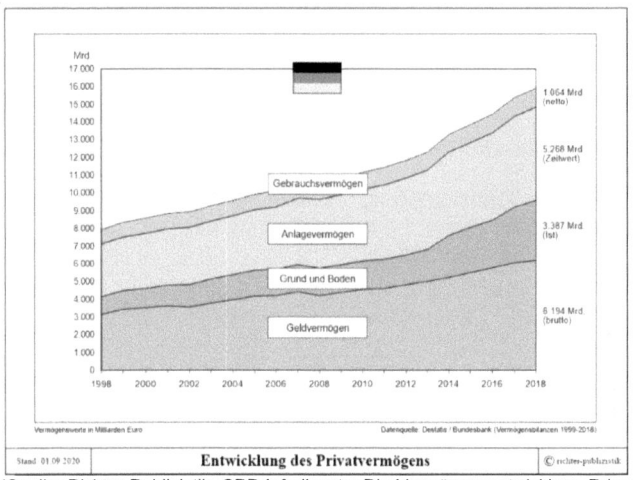

(Quelle: Richter-Publizistik, CRP-Infodienste; Die Vermögensentwicklung Privater in Deutschland, Datenquelle: Destatis/Bundesbank).

Das Diagramm zeigt die Vermögensentwicklung allein in Deutschland über den Zeitraum von 20 Jahren (1998-2028) hinweg; die Summe aller privaten Vermögen hat sich während dieser Zeitspanne praktisch verdoppelt.

Ja wenn das so einfach wäre mit „mäßigem Besitz möglichst vieler", dann würden nicht die Stimmen so mancher „Rufer" heutzutage immer lauter werden. Dabei spreche ich nicht von den leistungslos Denkenden, meist links/grünen Gruppen, die kategorisch „immer" nach der „Umverteilung" rufen, weil (die eigene) „Arbeit krank macht" (Grüne Stolla), sondern es vermehren sich vielerorts auch die Stimmen Besonnener, die mit einer sozialistisch/kommunistischen „Enteignungs"-Phantasie kaum was am Hut haben.

Es fällt besonders ins Auge, dass sich ab ca. 2012 die Grund- und Bodenvermögen von den anderen Vermögen „entkoppelten" und eine „Eigendynamik" entwickelten. Sie zeigen, dass Grund und Boden in den letzten 10-12 Jahren enorm an Bedeutung gewannen; viele „Vermögende" flohen in „Realitäten". Das hatte sicherlich damit zu tun, dass viele ihre (Bar)Vermögen nach 2008, dem Lehman-Crash, versuchten durch „Landkauf" zu retten.

Viele würden jetzt argumentieren; das wäre ja nicht weg - nur in anderen Taschen. Stimmt für sich gesprochen, aber viele dieser heutigen „Landverkäufer" hatten das Land nicht erworben, sondern es wurde über (meist mehrere) Generationen vererbt, also auf leistungslose Weise „versilbert".

Zur Vermögensverteilung schreibt das BMWi&KI folgendes: „Obere zehn Prozent der Bevölkerung besitzen rund 60 Prozent des Gesamtvermögens".

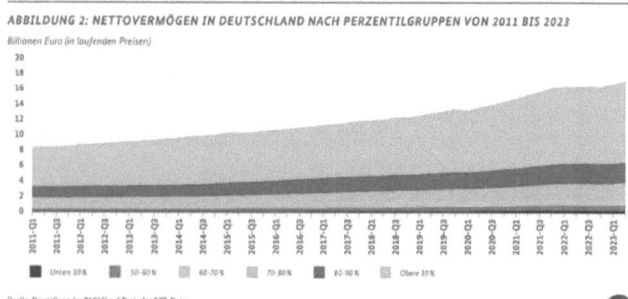

ABBILDUNG 2: NETTOVERMÖGEN IN DEUTSCHLAND NACH PERZENTILGRUPPEN VON 2011 BIS 2023

(Quelle: BMWi&KI 2024, Vermögensungleichheit in Deutschland und Europa, Neue Daten der EZB)

196

Auch den Besonnenen entgeht dabei nicht, dass „das Vermögen" immer ungleicher verteilt ist. Das liegt natürlich nicht „am Vermögen" per se, sondern an unseren urmenschlichen Lebens- und Denkgewohnheiten. Der Homo Pragmaticus ist halt in seiner Grundhaltung ein äußerst „einnehmendes Wesen" - was er einmal hat, das gibt er ungern wieder her. Der Typ „Mutter Teresa" ist in seiner Gattung ein ausgesprochen seltenes Exemplar, das man „mit der Lupe suchen" kann.

Das ist auch leicht dem oberen Diagramm zu entnehmen. Wie hätte meine Mutter diese Entwicklung kommentiert: „Wo Tauben sind, fliegen Tauben zu!"

Über die Gründe bin ich schon in den vorderen Kapiteln eingegangen, weshalb ich sie nicht wieder „ausbreiten" möchte. Auf jeden Fall hat´s mit Macht und Geltung unserer Homines Pragmatici zu tun. Daran wird sich nichts ändern, bis wir uns selber ändern; aber da müssten sich unsere Gene umwandeln zum „altruistisch denkenden Homo-Sozialus".

„Was tun, sprach Zeus?" (eine alte Redewendung)

Das folgende Tableau zeigt das Verhältnis Erbschaftssteueraufkommen zu Nettogeldvermögen und dazu die prozentuale Relation.

Wie man dem Tableau entnehmen kann, liegt die Erbschaftssteuer im Promille-Bereich (also im 0,1%-Bereich!) des Erbvermögens. Stimmt! Das ist wahrlich „nicht viel" und wird im Kern der Situation nicht gerecht.

Unsere links/grün/kommunistischen „Enteignungs"-Apostel haben natürlich sofort „eine (andere) Lösung" parat. Unser „Umwandlungsmagier", der Jung-Soze, Herr Türmer möchte die 226 Milliardäre in Deutschland in „226 Millionäre umwandeln". Dabei will er wohl seinen links/kommunistischen „Hokus-Pokus" anwenden - was also schon Stalin und Lenin vor ihm „zauberten" - (kalt) enteignen; die kommunistische Version von „Schnorelli" oder „van den Anderen" also.

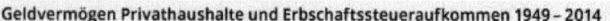

Geldvermögen Privathaushalte und Erbschaftssteueraufkommen 1949 – 2014

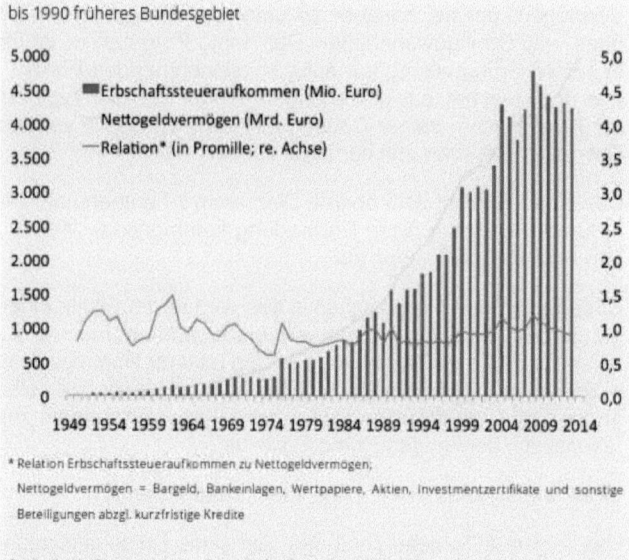

bis 1990 früheres Bundesgebiet

■ Erbschaftssteueraufkommen (Mio. Euro)
Nettogeldvermögen (Mrd. Euro)
— Relation* (in Promille; re. Achse)

1949 1954 1959 1964 1969 1974 1979 1984 1989 1994 1999 2004 2009 2014

* Relation Erbschaftssteueraufkommen zu Nettogeldvermögen;
Nettogeldvermögen = Bargeld, Bankeinlagen, Wertpapiere, Aktien, Investmentzertifikate und sonstige
Beteiligungen abzgl. kurzfristige Kredite

Quelle: Bundesfinanzministerium, Deutsche Bundesbank, eigene Berechnungen – empirica

(Quelle: Erben in Deutschland 2015-2024, Volumen, Verteilung und Verwendung)

Das wird wohl im wahren Sinn des Wortes „Gott sei Dank" nicht so schnell passieren, solange Deutschland eine Demokratie ist und mit vernünftigen Gesetzen und Regeln ausgestattet. Aber die links/grün/kommunistische Denke läuft in diese Richtung. Doch das können wir vorerst ausklammern, meine ich.

Trotzdem ist das Problem nicht gelöst und der hohe Gini-Faktor für Deutschland wird sicherlich unter den gegebenen Umständen nicht sinken. Der deutsche Gini-Faktor liegt gemäß Diagramm über die letzten 10-12 Jahre hinweg zwischen 0,76-0,79, also relativ hoch. Das wird ja auch durch die Diagramme zur Vermögensverteilung deutlich.

Solange wir also „nichts daran drehen", wird sich diese Entwicklung weiter verschärfen. Der Scheidelsche „Sägezahn" wird sich solange zuspitzen „bis es wieder kracht". Mit dem

Faktor um knapp unter 0,8 sind wir schon weit gekommen. Die gerade aktuellen politischen Umbrüche in den 5 Ostländern zeigen die Richtung, wohin wir uns entwickeln, wenn wir nicht umdenken zu beginnen. Wollen wir das?

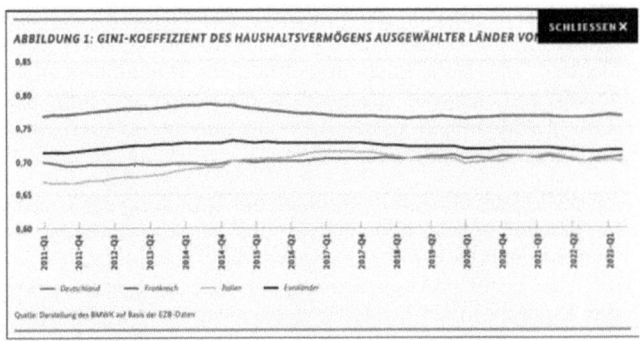

(Quelle: BMWi&KI 2024, Vermögensungleichheit in Deutschland und Europa, Neue Daten der EZB)

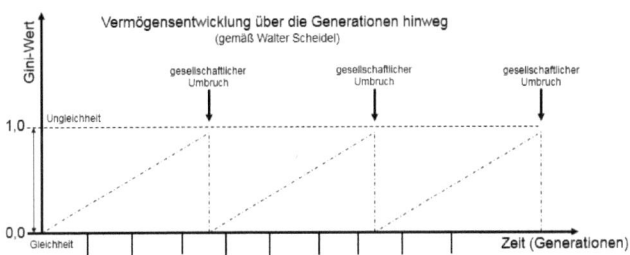

(Skizze: Arnulf Dietl, Entwicklung des Ungleichgewichts bei der Vermögensverteilung)

Wir müssen also „was tun"!

Wir müssen, um Adenauers Spruch, dass „mäßiger Besitz möglichst vieler" (wieder) an Realität gewinnt, an unseren Gesetzen etwas ändern, wir müssen unsere Gesellschaftsregeln etwas justieren.

Ein Teil der „Justierung" betrifft sicherlich unser Erbrecht; im Kapitel 3.1.2 Erbrecht bin ich schon sehr intensiv darauf eingegangen. Ich bin überzeugt, dass „der mäßige Besitz möglichst vieler" eigentlich schon, wahrscheinlich ungewollt, von Adenauer selbst „vertan" wurde, weil er in das Grundgesetz das Erben als grundgesetzlich verbrieftes Recht festschreiben ließ.

Mit dem Festhalten an diesem alten feudalen Recht hat er leider selbst sozusagen „die Axt am Gleichheitsbaum angelegt", einmal Erben, immer Erben - zu Lasten der anderen „Habenichtse", die nicht nach dem Krieg im „Latifundien-Aufzug hochfahren" konnten. Diejenigen, die schon vor dem Krieg (Land)Besitz hatten, fuhren hoch, die anderen blieben „außen vor" im „Immobilien-Keller" sitzen.

Ich denke, wir müssen im Rahmen der Gründung der Vereinigten Staaten von Europa soundso über eine gemeinsame Verfassung nachdenken. Da dürfen halt dann solche „feudale Ausrutscher" nicht mehr passieren. Wir müssen gemäß Goethe das Erbrecht in ein Er(wer)bsrecht umschreiben; jeder Nachfolger bekommt eine Art „erstes Zugriffrecht" - aber nicht mehr.

Grund und Boden als „Gemeingut"

Eine weitere Möglichkeit besteht darin, dass Grund und Boden grundsätzlich Allgemeingut bleibt und nur „verliehen" werden kann.

Aufbrausende Gemüter möchte ich gleich beruhigen mit dem Hinweis, dass diese Form des „Leihens" oder „Pachtens" gang und gäbe ist. So ist es durchaus üblich, dass Grundstücke „nur noch" über einen bestimmten Zeitraum verpachtet werden - auch bei Baugrundstücken, also nicht nur bei Agrarflächen.

Bei den Kirchen gibt es viele praktische Pachtmodelle sowohl in Deutschland, aber auch in Österreich über Zeiträume von bis zu 99 Jahren; ich denke, meine Gedanken sind also durchaus nicht „aus der Luft gegriffen".

Grund und Boden geht also sukzessive in allgemeine Hände über (zum Beispiel in Staatsfonds, Stiftungsmodelle, Wagniskapitalfonds etc.), die dann Grund und Boden verwalten und wieder verleihen/verpachten. Man muss die bestehenden Eigentümer dabei gar nicht „enteignen", sondern sie dürfen nur nichts mehr „vererben", also nach dem Tod über ihr Vermögen „verfügen".

Der Übergang vom privaten Eigentum an Grund und Boden in „Staatseigentum" kann natürlich stetig über viele Jahrzehnte verfolgen - für meinen Begriff also eine ganze Generation durchlaufen ist, bis „auch der letzte" seinen Boden an die Allgemeinheit zurückgibt.

Da ich aber ein Realist bin, werden diese Gedanken solange nicht „passieren", solange es die jetzige Nationalstaatsstruktur in Europa geben wird. Erst wenn wir weiter Richtung Vereinigte Staaten von Europa „fahren", dann können diese Überlegungen bei der notwendigen Verfassungserstellung einfließen. Wir haben also noch ein wenig „Zeit" diese Überlegung ins Auge zu fassen und intensiv in der Gesellschaft zu diskutieren. Ich hoffe nur nicht, dass „die Zeit" dann zu spät ist, weil uns unser Europa zwischenzeitlich „um die Ohren geflogen" ist.

Staatsfonds in der einen oder anderen Form gibt's ja in großer Zahl; ich erwähne nur kurz den norwegischen Staatsfond, indem alle Erlöse aus dem Gas- und Ölgeschäft hineinfließen – zum Nutze der gesamten norwegischen Gesellschaft; auch viele arabische Länder haben „ihre Ölmilliarden" in Staatsfonds „geparkt".

Bodenschätze dürfen auch heute schon nur mir staatlicher Genehmigung ausgebeutet werden; ist das Grundstück selbst auch noch in Staatshänden bleiben die Erlöse bei der Gesellschaft.

Laufende Lizenzen/Pachten fließen also in staatliche Fonds zurück, über die dann die Gesellschaft verfügen kann. Gleichzeitig wird damit ein (leistungsloser) Erwerb aus dem privaten Sektor abgezogen, was damit von vorne herein zu einer Verflachung des Vermögensaufbaus im Privatsektor führt. Leistungsloses Vermögen landet „beim Staatsfond" (also bei uns allen), wo es hin gehört und nicht in privaten Taschen.

Da es also schon viele Formen von Staatsfonds gibt, bin ich mir sicher, dass es genügend Beispiele gibt, die zeigen, wie man die Verwaltung so führt und kontrolliert, dass „kein Schindluder" mit dem Fondvermögen getrieben wird. Da bin ich sehr zuversichtlich.

Grund und Boden für die Infrastruktur

Die grundsätzliche staatliche Verfügungsgewalt über Grund und Boden hat ja einen weiteren Vorteil, speziell auf dem ganzen Gebiet der Infrastrukturbereitstellung. Eventuelle Eigentümer müssen nicht mehr in langwierigen Verhandlungen zum Verkauf „animiert" werden, sie können kaum oder keine blockierenden „Einwände" bringen. Ich bin mir sicher viele unserer vielen und notwendigen Infrastrukturprojekte würden um vieles schneller umgesetzt werden.

Gerade in der heutigen Zeit, in der viele Straßen, Bahntrassen und Strom- und Wasserstoffleitungen gebaut werden müssen, ein unschätzbarer Vorteil. Planungs-„Zeit" darf wieder bares „Geld" sein.

Um es nochmals zu sagen, ich bin wahrlich kein Kommunist oder Links/Grüner, aber wir müssen umsteuern, um unser aller Zukunft willen. Da bedarf es halt auch „unpopuläre Maßnahmen" zu setzen. Der Populismus ist mittlerweile soundso schon dabei uns alle zu zerstören. Wir müssen mit aller Kraft umsteuern.

Eine marktwirtschaftlich orientierte Gesellschaft

Ich bin ein großer Befürworter von selbstständigem Tun und Handeln und daher ausgesprochen aufgeschlossen hinsichtlich privatwirtschaftlichen Unternehmertums. Unsere Gesellschaft lebt von den vielen Menschen, die „anpacken", die etwas „unternehmen", die sich etwas zutrauen.

Ich bin also ein großer Vertreter von marktwirtschaftlich orientierten Gesellschaften, weil diese uns Homines Pragmatici voranbringen. Planwirtschaftliche und/oder feudale Strukturen hemmen den kreativen Geist in uns, weil sie uns „denkfaul" und träge „in der jeweiligen Hängematte" dahindämmern lassen, vielleicht auch noch mit einem staatlich garantierten Hanfpfeifchen im Mund.

Nein, an unserer Jahrzehnte lang bewährten marktwirtschaftlich geprägten Gesellschaft möchte ich keines Falls rütteln.

Nach meinem Verständnis können alle wirtschaftlichen Vorgänge und Abläufe weiter so laufen wie bisher - halt ohne Eigentum von Grund und Boden. Eine Marktwirtschaft braucht keinen Grund und Boden „ihr Eigen", um erfolgreich zu sein.

Auch das ist „nichts Neues" in der Wirtschaft. Wie viele Gebäude und Grundstücke werden seit Jahrhunderten gemietet oder gepachtet; die ganze Wirtschaftsgeschichte ist voll davon. Es spielt also wirklich keine Rolle, wer der Verpächter ist - ob eine Privatgesellschaft oder „der Staatsfond" ist einerlei.

Ein erfolgreicher Erfinder zum Beispiel braucht kein „Stücksche Erd", für die Umsetzung seiner Ideen. Was er aber mitunter braucht, das zeigen die vielen großen Erfinder wir ein Bill Gates, oder ein Elon Musk, oder Mark Zuckerberg, das sind finanzielle Unterstützer, also Wagniskapitalgeber, die den Mut aufbringen für eine gute Idee ein entsprechendes Kapital zur Verfügung zu stellen.

Und hier „schließt sich der Kreis" zum „Staatsfond"; das viele eingesammelte Geld aus den Pachten und Mieten könnte zum Beispiel unter anderen als (staatlicher) „Wagniskapitalfonds" der Wirtschaft wieder zur Verfügung gestellt werden.

Als Fazit kann daher festgehalten werden, dass keine Marktwirtschaft, kein Unternehmer, kein Erfinder irgendwelchen Grund und Boden braucht, um erfolgreich tätig zu sein.

Man kann daher wirklich „ruhigen Gewissens" den altväterlichen Grund-und-Boden-Feudalismus „über Bord werfen". Er dient nur einzelnen machthungrigen Homines Pragmatici unter uns, um noch mehr Macht und Einfluss zu generieren.

Ich denke, schon um unserer Spezies Willen müssen wir diesbezüglich umsteuern. Wir brauchen klare Richtlinien, was unseren Boden anbelangt; unser Globus wird „die nächste Zeit" größenmäßig so bleiben wie er ist - also auch die verfügbare Erdoberfläche. Wir dürfen daher diese Ressource nicht (mehr) dem freien Spiel der groben Kapital-Kräfte zur Verfügung stellen, sondern müssen beginnen diese Ressource sorgsam zu hegen und zu pflegen.

5.4 MÖGLICHE STEUERVEREINFACHUNGEN

„Willst du den Sumpf trocken legen, darfst du nicht die Frösche fragen"
(bekannter Grundsatz unter Management-Beratern)

Wir haben bis jetzt über die ganzen Kapitel hinweg gesprochen, wie „der Mensch", also wir, so ist und was uns antreibt, aber auch was uns hemmt Dinge zu tun, die notwendig wären.

Eine Sache („Cosa") verfolgt uns aber durch alle Kapitel mal ausgeprägter, mal weniger ausgeprägt und das ist „unser Liebstes" - unser Geld. Ich möchte jetzt gar nicht wieder auf die vielen Metaphern von Mensch und Geld zurückkommen, sondern versuchen „eine Summe" möglicher Ersparnisse zu finden, die „den Staat", „das Gemeinwesen", „die Gesellschaft" entlasten könnten, also im Prinzip wiederum uns allen wieder zu Gute käme.

Deutschland, neue Steuerstruktur		
Beispielrechnung Steuervereinfachung		
Quelle: Destatis		
Umarbeitung: A. Dietl		
Datum: 25.09.2024		
Steueraufkommen 2023 (aktuell)	Mrd. €	Mrd. €
Bund	356,0	
Länder	382,6	
Gemeinden	143,5	
EU-Abgabe	35,4	
Zwischensumme	917,5	
Rundung	-1,7	
Steuereinnahmen gesamt	**915,8**	**915,8**
mögliche Steuerersparnisse:		
3.2.1 Die deutsche Sozialbürokratie	36	
3.2.2 Die 16-Länderbürokratie	20	
Renten- & Beamtensystem, geschätzt	10	
3.5 Verländerung Arbeitszeit (ca. 5% v. ca. 236 Mrd. €)	12	
3.6 Kontrolle Schattenwirtschaft (ca. 5% von 480 Mrd. €	24	
Summe mögliche Steuerersparnisse	**102**	**102**

(Quelle: Destatis, Steuereinnahmen 2023, Ergänzung Arnulf Dietl

Es geht um die „pekunäre Summe" (als sehr grobe Abschätzung), die frei wird, wenn wir sukzessive unsere „heiligen Kühe schlachten" und diese dann der Allgemeinheit zur Verfügung steht.

80 Jahre nach Kriegsende und 35 Jahre nach der deutschen Wiedervereinigung darf man mal ein Résumé ziehen und sich fragen, ob noch alles so in Ordnung, oder doch die eine oder andere Veränderung notwendig ist. Spätestens dann, wenn landauf und landab nach „Bürokratieabbau", „Einsparungen", „schwächelnder Wirtschaft" gerufen wird, dann „wird es Zeit", dass „handfeste Dinge" mal angesprochen werden müssen.

„Schnelle Lösungen"

In Kapitel 5.2, Steuern - ein Ausgleich habe ich begonnen, ausgehend vom aktuellen Steuerbedarf in Deutschland, ein paar weiter gehende Betrachtungen über unser Steuersystem einzuleiten.

Das betrifft im Wesentlichen eine andere Struktur im Bund/16-Länder/Gemeinden-Finanzausgleich hin zu einer bedarfsgerechten Steuerhoheit der einzelnen öffentlichen Körperschaften. Der Vorteil soll ja sein, dass die einzelnen Körperschaften selbst die Steuerhebesätze festlegen, um eigenverantwortlich ihren Finanzbedarf zu decken. Es soll die Körperschaften aber auch dazu ermutigen ihre Einnahmen und Ausgaben so im Griff zu haben, dass kaum ein wie immer gearteter „Finanzausgleich" zwischen dem Bund und den Ländern stattfinden muss.

Weitere Einsparungen

Lieber Leser, Sie kennen ja meine Meinung! Ich bin ein großer Verfechter der Zusammenlegung von Länderhoheiten - 16 Länder sind wirklich zu viel, das haben die letzten 35 Jahre gezeigt. Und ihre politischen Kosten sind unverantwortlich hoch. Da MUSS WAS geschehen.

Im Kapitel 3.2.2, Die 16-Länder-Bürokratie bin ich im Detail darauf eingegangen; im oberen Tableau ist ein Einsparansatz eingepreist.

Ähnlich wie mit der 16-Länder-Bürokratie sieht´s auch mit der Sozialbürokratie in Deutschland aus; da könnte das Einsparpotential noch höher sein. Ein „gordisches" System, das über 5 Bundesministerien, die 16 Länder und die 10.800 Städte und Gemeinden verwoben ist, das MUSS „Alexandrinisch" gelöst werden. Dieser Verwaltungs-Wirrwarr darf so nicht mehr bestehen bleiben. So ein System ist „der Tod" einer jeden Gesellschaft.

Für das Renten- und Pensionssystem habe ich eine praktikable Lösung anzubieten, die bereits seit Jahrzehnten in europäischen Ländern etabliert ist und auf Eigenaufbau plus staatlicher Unterstützung basiert; siehe Kapitel 4.7, Das Sozialsystem. Das bringt wahrscheinlich momentan in Summe nicht so viel Entlastung für den Staatshaushalt, aber die Kosten- und Leistungsverteilung ist generationsgerecht abgesichert - die Alterssicherungskosten werden nicht künftigen Generationen aufgebürdet, was schon ein großer Vorteil ist. Außerdem ist das System „egalitär", weil es die Renten- sowie die Pensionsansprüche gleichmäßiger verteilt sowie Selbstständige ebenso mit in die Pflicht nimmt.

Eine grundsätzliche Verlängerung der Arbeitszeit von derzeit 35-38 auf 40 oder gar 42 Stunden pro Woche sollte wieder in den Fokus genommen werden. Erstens würde das zusätzliche Lohnsteuereinnahmen kreieren - und es wäre des Weiteren ein (sehr) guter Argumentationspunkt, um eine Erbreform in Verbindung mit einer Vermögensreform in Gang zu setzen. Das wäre natürlich der egalitärste Ausstieg aus den feudalen Relikten unserer Zeit hin zu einer generationengerechten Gesellschaft.

Erbreform und Fleiß sind zwei sich ergänzende sozialwirtschaftliche Verknüpfungen - wer fleißig ist, braucht in der Regel kein großes Erbe, weil er sein Leben selbst finanziert. Wer faul ist, braucht auch keins, weil er ein Erbe gar nicht erst verdient.

Ich muss nicht nochmals betonen, dass ich ein erklärter Gegner leistungsloser „Pfründe" bin.

Ich habe hier keinen Kostenansatz für Einnahmen aus einer Erbrechtsreform gemacht, aber lieber Leser, Sie sind sicherlich ebenso überzeugt wie ich, dass da ein erhebliches „Sümmchen" schlummern dürfte. Die aktuellen 0,1% Erbschaftssteuer sind „ein Scherz", wie man das in Österreich zu bezeichnen pflegt.

Der Übergang von privatem Grund und Boden in öffentlich/rechtliches Eigentum mit anschließenden Pacht-/Mietvergaben liefert mit Sicherheit eine hohe jährliche Milliardensumme an zusätzlichen Einnahmen für uns alle. Diese Gelder dürfen aber nicht nur dem Staatshaushalt „anheimfallen", sondern müssen in Sonderfonds zweckgebunden verwendet werden, zum Beispiel für Bildungsausgaben, Renten-/Pensionssubventionen, Infrastruktur etc.). Ich werde später versuchen eine grobe Abschätzung zu finden.

Bei der Schattenwirtschaft bin ich mir selbst am unsichersten, weil ich kein Gefühl über diese Größenordnung habe. Ich denke, wir brauchen hier viel mehr Polizei- und Kriminalkontrolle in Verbindung mit einer eigenen Justiz-„Task Force", die wirkmächtig der Schattenwirtschaft „auf den Zahn fühlt". Jedes gute Fahnder/Schnellrichter-System kann hier wahrscheinlich „mit Gold aufgewogen" werden.

6.0 WAS TREIBT UNS MENSCHEN AN?

„Führungsfähigkeit braucht Macht und Einfluss, um überhaupt führen zu können. Es ist ein schmaler Grat zwischen der (positiven) Macht zur Führung und der (negativen) Macht der egoistischen Macht(fülle), um persönliche Vorteile zu erwirken."
(Quelle: Rodolfo Di Telo 2021, Mehr Europa wagen - Der Weg, Kap. 4.0, Macht und Egoismus)

Rodolfo Di Telo hat sich in seinem zweiten Band der Buchreihe „Mehr Europa wagen" sehr intensiv mit den menschlichen „Treibern" beschäftigt (s. o. Mehr Europa wagen - Der Weg, Europaparteien, Europamedien)

Ich möchte daher nicht die ganze Breite der menschlichen Psyche „runterbeten", um mit Ihnen unsere menschlichen „Treiber" zu diskutieren; diese sind seit Sigmund Freud in der „gesamten epischen Breite" analysiert und tiefenpsychologisch „durchforstet". Es gibt zwar immer wieder Neues zu berichten, aber das spielt hier sicherlich keine große Rolle. Ein paar davon sind aber wichtig davon, weil sie unser Zusammenleben prägen und uns in gewisser Weise steuern und gewollt (oder ungewollt) lenken.

Auf der Liste unserer „Triebkräfte" ganz oben stehen Macht und Geltung in Verbindung mit Vermögen und Besitz. Wir sind ungemein „einnehmende Wesen", die ungern davon loslassen, was sie einmal „haben".

Des Weiteren wollen viele von uns immer wieder etwas Neues lernen und entdecken. Allerdings ist dieser Forscherdrang wiederum sehr oft an Macht und Geltung gegenüber anderen Menschen sowie Lebewesen geknüpft und so sind viele unserer Forschungsgebiete gepaart mit finanzieller und oder militärischer Macht.

Wie heißt es bereits bei Heraklith (ca. 520-460 vor Chr.): „Der Krieg ist der Vater von allem und der König von allem." Und an dem hat sich bis heute leider nichts geändert, auch wenn manche von den „Friedensaposteln" das so nicht wahrhaben wollen und dabei so mancher Universität verbieten „Dual-Use"-Forschungen zu betreiben; so geschehen an der Universität Bremen, für die „Dual-Use"-Forschung „ein Risiko" darstellt.

Was treiben wir für einen Aufwand, um immer präzisere militärische Geräte zu entwickeln, damit wir Menschen uns noch besser und noch schneller „ums Eck bringen" können. Der aktuelle Putinsche Vernichtungskrieg gegen die Ukraine zeigt die gesamte Bandbreite an Brutalität und Grausamkeit des menschlichen Wesens an uns Menschen. Putin dreht immer stärker an der „Atom"-Spirale und „zündelt mit dem Nuklear-Feuer", weil er wohl fürchtet, dass er mit seiner „normalen" Kriegsführung (Vernichtung von Menschen und Landstrichen mittels konventioneller Waffen) nicht zu seinem Sieg über die Ukraine kommt. Er möchte damit viele pazifistische Kräfte im Westen Europas einschüchtern, um zu verhindern, dass „der Westen" noch mehr Waffen an die Ukraine sendet, die letztlich auch gegen Russland und Moskau gewendet werden können.

Auch der gefühlt nie enden wollende Nahostkrieg geht in die gleiche Richtung. Anfänglich 2023 der nicht nachvollziehbare Überfall auf eine friedlich feiernde Bevölkerung, dieses entmenschlichte Morden an unschuldigen Menschen, das grauenvolle Entführen von Zivilisten, und dann Zug um Zug wird der aktuelle Krieg brutaler und zieht immer weitere Kreise - nach dem „Säubern" im Gazastreifen mit vielen zivilen Toten, gerade eben „Scharmützel" und „Säuberungen" im Libanon zur „Begleitmusik" von Raketen- und Drohnenangriffen auf beiden Seiten. Und gerade eben ein Raketenangriff direkt aus dem Iran auf Israel. Die USA wollen/müssen wohl nolens volens Israel unterstützen und ziehen immer mehr Streitkräfte im Nahostraum zusammen - und so dreht sich Eskalationsspirale weiter und weiter; und keiner weiß, wann das endet.

Homines Pragmatici! Wie soll das alles enden? Wollen wir uns wirklich alle „auslöschen"? Der Mensch ist die einzige Spezies, die in der Lage ist, sich selbst ein Ende zu bereiten. Kein anderes Wesen vermag das zu tun - nur wir mit unserem Geist und Verstand können das, nur um ein bisschen mehr Macht und Einfluss zu erlangen.

Macht das alles Sinn? Natürlich macht das keinen Sinn, aber wir sind nun mal so „geschnitzt", weshalb wir nach einem Ausweg suchen müssen.

Zumindest, was uns Europäer anbelangt, verweise ich auf das Kapitel 7.2, Sicherheit und Verteidigung.

Was die weiteren Treiber in uns betrifft, da beschäftige ich mich in den folgenden Kapiteln.

6.1 MACHT UND VERMÖGEN

„Macht und Vermögen
Ich glaube, es existiert kaum ein Bereich, der in einer so großen Bandbreite den Zusammenhang von zwei Begriffen beschreibt. Menschen, die über (sehr) viel Vermögen verfügen, haben meist finanzielle Möglichkeiten, die Menschen mit geringerem Vermögen in der Regel nicht haben, um sich Macht (und Einfluss) zu kaufen. Wo Macht ist, da ist auch meist das Geld, um Einfluss zu nehmen, und wo viel Macht ist, da ist (noch viel mehr) Geld da, für Gewogenheit (zum Beispiel für Stimmenkauf).
Wir Menschen sind so, an diesem Zusammenhang werden wir alle gar nicht rütteln können, da würden wir zutiefst in unsere menschliche Seele eingreifen und ich bezweifle, dass das jemals passieren kann. Wären wir anders, dann wäre die (sehr) bekannte Mutter Theresa nicht so ein Ausnahmemensch und eine Leitfigur für unser Handeln."
(Quelle: Rodolfo Di Telo 2021, Mehr Europa wagen - Der Weg, Kap. 4.0, Macht und Vermögen)

Der Homo Pragmaticus, also wir, hat - bis auf ein paar ganz wenige Ausnahmen - einen tiefen Bezug zu Macht und Geltung. Egal ob es die Fabel „Farm der Tiere" von George Orwell beschreibt, oder die Studie „Über die Entstehung der Arten" von Charles Darwin, alle Bücher und Beschreibungen gehen in dieselbe Richtung - wir Menschen haben ein ausgesprochen „intimes Verhältnis" zu Macht, Einfluss und Geltung, in Verbindung mit Geld und Vermögen. Wir sind wahrlich „einnehmende Wesen"; was wir einmal „unser Eigen" nennen, das verteidigen wir „mit Zähnen und Klauen"; damit müssen wir leben, ob wir wollen oder nicht. Das gehört zu unserem Wesenskern.

Also müssen wir, nach meinem Verständnis, Wege suchen, um diese Eigenschaft - sagen wir - zu „kanalisieren".

Es ist ja nicht so, dass „Besitz" nur etwas ausschließlich Schlechtes ist; „Besitz" kann ja auch ein lebensnotwendiges Gut sein, wie zum Beispiel ein Haus oder eine Wohnung gegen die Witterungsverhältnisse, oder das Auto als Fortbewegungsmittel, oder auch die banale Bevorratung von Lebensmitteln in Keller oder in Schränken und Kühlschränken, um täglich etwas zum Essen zur Verfügung zu haben.

Lieber Leser, wahrscheinlich werden Sie das als „Binse" abtun - und da haben Sie Recht, wir Menschen „besitzen" seit Jahrtausenden Güter zur Bevorratung, seit wir sesshaft geworden sind. Das Bevorraten/Lagern von Gütern ist Teil unseres Überlebens. Wir müssen „Besitz" aufbauen, weil die Güter (i.e. Lebensmittel) nicht überall und das ganze Jahr über gleichmäßig zur Verfügung stehen, um unser Dasein gewährleisten zu können.

Das machen übrigens auch viele andere Wesen so, wie zum Beispiel die bekannten Eichhörnen, die Wintervorräte an verschiedenen Stellen „einlagern", um Futter für die kalte Jahreszeit zu haben. „Besitz" in Form von Bevorratung ist also nichts Außergewöhnliches, sondern etwas Notwendiges für unser Überleben. Diesbezüglich unterscheiden wir uns also nicht so sehr von vielen Tieren.

Um diesen (redlichen) „Besitz" zu schützen, haben wir Menschen „Gesetze" entwickelt, die regeln sollen, wie wir untereinander damit umgehen. Schon bei den Babyloniern gab es Gesetze im Umgang mit Land und Gut. Der Codex Hammurabi steht stellvertretend für den Umgang mit ihnen in der Antike. Wer mehr darüber wissen möchte, der macht einen Wochenendausflug nach Paris und besucht den Louvre. Dort steht die Stele Hammurabis.

Leider gibt es aber einige unter uns, die „wollen mehr", als sie brauchen - oftmals viel mehr, nur „um des Habens Willen". Und das ist nicht nur heute so, sondern das zieht sich „wie ein roter Faden" durch unsere ganze Menschheitsgeschichte bis in unsere Zeit. Ich erwähne nur Putins blutigen Landräuberkrieg gegen die Ukraine, oder Xis andauernde „Besitz"-Ansprüche gegenüber der freien Insel Taiwan.

Unsere ganze Geschichte ist eine endlose Aufzählung von Kriegen und Raubzügen, nur um „mehr" (Macht und Besitz) zu bekommen. Dass dabei ganze Völker und Kulturen vernichtet wurden, ist manchmal nur eine Randnotiz in den Geschichtsbüchern.

Ich denke nur an den römischen Senator Cato dem Älteren, der mit seinem Spruch: „Ceterum censeo Carthaginem esse delendam!" („Im Übrigen bin ich der Meinung, dass Karthago zerstört werden müsse"), für eine beispiellos brutal geführte Vernichtung von Karthago sorgte. Manche Historiker meinen auch, dass das wohl der erste, geschichtlich bekannte, Genozid der Welt war. In einem Artikel in der Welt, vom 04.02.2018 mit dem Titel: "Punische Kriege - Mit eiskaltem Machtkalkül vernichtete Rom Karthago", wird beschrieben mit welcher unvorstellbar grausamen Brutalität die römischen Heere unter dem Heerführer Scipio Aemilianus diesen Genozid vollzogen - von ca. 500.000 Karthagern sollen gerade mal 50.000 (also ca. 10%) als Sklaven überlebt haben. Karthago wurde „dem Erdboden gleichgemacht" und „von der Landkarte getilgt".

Ich möchte jetzt aber nicht „eine Geschichtsstunde über Vernichtungskriege" anstreben, sondern hinführen zu der Frage, wie wir unseren Drang zu Macht und Besitz „umleiten" können, hin zu einem „positiven Besitz" Einzelner in Bezug auf unsere Gesellschaft. Wir müssen einen gesellschaftlichen Konsens finden, zwischen einem positiv besetzten „mäßigen Besitz möglichst Vieler" (Konrad Adenauer) und einem negativen „unmäßigen Besitz von Wenigen".

Ich finde, dass fleißige Menschen durchaus „Besitz aufbauen" dürfen. Jeder Mensch mit guten Ideen und Erfindungen soll sich in gewisser Weise „bereichern" können - solange es nicht zu Lasten der Allgemeinheit geht. Ich finde, es ist „das gute Recht" derjenigen, die mit einem hohen persönlichen Fleiß der Gesellschaft dienen, dass sie sich „Wohlstand" aufbauen können, ohne dass dieser Wohlstand von anderen geneidet wird.

Warum soll sich jemand nicht „fünf Häuser, 10 Autos, Yachten und Privatflugzeuge" leisten dürfen, wenn er dafür hart gearbeitet hat, oder durch eine intelligente Erfindung „zu Geld gekommen" ist.

Ich meine, dieser Ansporn muss gegeben sein in einer freien Gesellschaft. Fleißige sollen ihren zustehenden „Obolus" zugesprochen bekommen, ohne dass Neid und Missgunst die Runde machen.

Mir fallen hier viele Erfinder und Leistungsträger ein, die es im Laufe des Lebens zu beachtlichen Reichtum gebracht haben.

Ich denke hier in Deutschland zum Beispiel an das Biontech-Forscherpaar Shahin und Türeci, denen mit ihrer mRNA-Technologie eine bahnbrechende Erfindung im Bereich der Medizin gelang; oder der „Schrauben-Würth", oder der „Fischer-Dübel" und noch viele andere; auch der „Vater Grupp" gehört für mein Verständnis in diese Kategorie der Unternehmer.

Diese „Entrepreneure" im wirklich positiven Sinne haben Deutschland über viele Jahre und Jahrzehnte eine prosperierende Wirtschaft beschert. Sie haben große und bedeutende Unternehmen aufgebaut und damit vielen zehntausend oder gar hunderttausenden Arbeitern und Angestellten einen dauerhaften Arbeitsplatz gesichert und sie haben gleichzeitig Milliarden von Steuern an die Gesellschaft (Staat, Gemeinden etc.) bezahlt. Ich bin überzeugt, dass keiner von den genannten eine 40 Stunden-Woche hat, oder für gar nur 20 Stunden pro Woche tätig ist und war, weil „Arbeit krank macht" (Linksgrüne Stolla). Ich bin dagegen überzeugt, dass sie alle 60-70 Std./Woche arbeiten und dass „das Wochenende" oftmals nur eine kurze Verschnaufpause für sie war und ist.

Die Frage nach „ungerechtem Reichtum" stellt sich für mich nicht bei diesen Erfindern und Unternehmern, weil sie sich „zu Lebzeiten" ihr Vermögen erarbeitet haben. Sie sollen „die Früchte ihrer Leistung" mit Fug und Recht genießen dürfen. Sie sollen, von mir aus, 10-mal im Jahr mit ihrem Jet zu ihrer Finca nach Mallorca fliegen und dort den teuersten Champagner trinken, Kaviar-Häppchen inklusive. Sie sollen jedes Jahr auf die Malediven fliegen und sich „die Sonne auf den Bauch scheinen" lassen; sie sollen mit ihren Yachten fröhlich und unbeschwert „durchs Mittelmeer schippern". Das alles haben sie sich selbst erarbeitet in Form von Fleiß und/oder außergewöhnlichem Erfindergeist.

Aber ihre Kinder, oder gar ihre Enkelkinder sollen dieses Vermögen gemäß Goethe nicht mehr nur „erben", sondern neu „erwerben" müssen. Der „Treiber" der Erbengeneration soll nicht das „leistungslose Erbe" sein, sondern der erneute „Erwerb" des „alten Vermögens". Die Erbengeneration soll sich von neuem wieder „anstrengen müssen" - und sich nicht „in ein gemachtes Nest setzen" dürfen.

Die vergangenen 80 Jahre seit dem letzten brutalen Krieg in Europa haben gezeigt, wie sich „Vermögen kumuliert", wenn nicht „neue Gesellschaftsmechanismen" dieser Kumulation Grenzen setzen. Hierzu verweise ich auf das Kapitel 3.1, Feudale Relikte.

Das Erbrecht, gemäß Kapitel 3.1.2 zählt zweifellos dazu und muss meines Erachtens komplett neu gedacht werden, sonst folgt die „Scheidelsche Gesetzmäßigkeit" und ich denke, das will kein „normal veranlagter" Bürger wirklich - außer ein paar habgierige und machtbesessene „Geier", die „den Hals nicht vollkriegen" können.

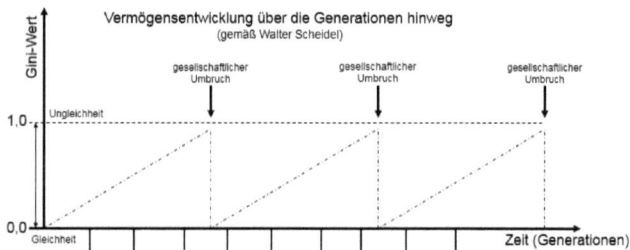

(Skizze: Arnulf Dietl, Entwicklung des Ungleichgewichts bei der Vermögensverteilung, aus Kapitel, 3.1.2)

Wir müssen das grundgesetzlich geschützte Erbrecht „auf neue Füße stellen", und zwar so, dass „der Eigentümer" nicht mehr über seinen Tod hinaus „einfach so" über sein Vermögen „verfügen" soll. Es macht auch keinen Sinn, weil man mit dem Tod die Welt der Lebenden verlässt und nichts mehr „Irdisches" im Reich der Toten benötigt. Die Zeit der Pharaonen ist längst vorbei, die glaubten, dass man im Jenseits noch all die Gaben aus dem Diesseits fürs Weiterleben braucht.

Zum Ausgleich kann sich ja jeder „Besitzer" ein mehr oder weniger pompöses Mausoleum bauen, damit sich die Nachwelt an ihn erinnert. Diesbezüglich hat mich der Friedhof „Recoleta" in Buenos Aires sehr beeindruckt. Jeder Argentinier, der wohl etwas auf sich hält, hat dort einen, in Stein gehauenen, Platz gefunden; auch die berühmte Evita Peron („Don´t cry for me Argentina") liegt dort begraben.

Wie bereits in vorherigen Kapiteln erwähnt, sollen erwirtschaftete Vermögen und Betriebe in einen Art Fonds eingebracht werden, um das aufgebaute Unternehmen als solches - von erbrechtlichen Ansprüchen befreit - weiter existieren zu lassen. Bewähren sich die Nachkommen, dann dürfen sie sich - aus eigenem erwirtschaftetem Vermögen - wieder Anteile zukaufen, also neu erwerben. Und verfügen sie über kein „Leistungs-Gen", ja dann haben sie ein mögliches Erbe soundso nicht verdient, meine Meinung. Nur „zum Verjubeln" ist ein Vermögen „nicht nützlich" würde Goethe wohl dazu meinen.

Der „Treiber" soll also der (Wieder)-Erwerb alten Vermögens sein; die Nachkommen sollen durch eigenen Fleiß wieder „in den Besitz" vorhandener Vermögen kommen dürfen. Jede neue Generation soll auf diese Weise vom „Vermögenskuchen" durch eigenen Antrieb sowie durch Fleiß und Eigenleistung zu neuem Besitz kommen. Ich bin der Überzeugung, dass das auch im Sinne Goethes wäre und würde er heute noch leben, würde er sicherlich ein Gedicht in der Versform eines elegischen Distichons schreiben, eine „Ode an den Fleiß" sozusagen.

Das soll gleichermaßen gelten für ALLE Vermögensarten, das heißt für mich, Vermögen aus Immobilien (Grund und Boden, Gebäude, Gewerbeimmobilien etc.), aber auch für Kapitalvermögen (Bargeld, Aktien, Anleihen etc.) sowie für bewegliche Güter (Fahrzeuge, Einrichtungen, kulturelle Güter etc.).

Solche „Jedermanns Rechte" gibt es in verschiedenen Ländern wie zum Beispiel in Norwegen oder in den Indianer Reservaten in den USA.

Wie die präzise juristische Formulierung dazu auszusehen hat, da sollen entsprechende Experten ihr „Gehirnschmalz" einsetzen. Auf jeden Fall muss das Feudal-Recht zu Vererben aus dem Grundgesetz in der aktuellen Form raus; das darf so nicht weiter bestehen.

Die erwirtschafteten Gewinne aus den Fonds sollen letztlich dann der Allgemeinheit zur Verfügung stehen; die Fonds sollten allerdings so strukturiert sein, dass nicht „die Politik" einfach so sich dieser Gewinne bemächtigt und nach (politischer) Gutsherrenart „politische Gaben aller Art" mehr oder weniger sinnentleert verteilt.

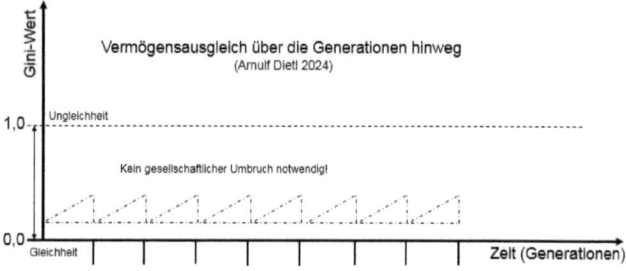

(Skizze: Arnulf Dietl, Vermögensausgleich über die Generationen hinweg, aus Kapitel 3.1.2)

Diese Gelder sollten dann zum Beispiel für sinnvolle Bereiche wie Bildung, Forschung/Wissenschaft zur Förderung und Weiterbildung der Kinder und Jugend zweckgebunden bleiben. Da gibt es so viel zu tun, es fehlt ja leider an Allem heutzutage. Ja, die Bildung unserer Kinder und Jugendlichen liegt mir sehr am Herzen. Wir tun hier viel zu wenig, dabei haben wir als Rohstoff armes Land im Wesentlichen nur die Ressource Bildung für unsere zukünftige Absicherung zur Verfügung.

Aber auch die Bereiche Gesundheit mit all der teuren Forschung und Entwicklung bedarf einer kontinuierlichen Unterstützung; wir, Homines Pragmatici, wollen immer älter werden - selbstverständlich bei voller Gesundheit und Lebensfreude. Aber das ist nicht „für Gottes Lohn" zu haben, das verschlingt viel, viel Geld, die „der Staat" schon lange nicht mehr zur Verfügung hat. Hier muss von privater Seite „zugeschossen" werden.

Und ja, es fehlen immer wieder große Investitionen für zukünftige Erfindungen und Entwicklungen - das Wagniskapital. Auch dafür könnten die abgeschöpften Gewinne und Verkaufserlöse aus den Fonds verwendet werden.

Das klingt doch wahrlich stimulierend, Vermögen, die aus vorherigem Fleiß und Erfindergeist entstanden sind, würden wieder zukünftigen „Geistesblitzen" zur Verfügung gestellt werden. So würde sich der Kreis schließen; Gelder von Fleißigen und Erfindern fließt wieder zukünftigem Fleiß und Erfindergeist zu. Das klingt schon fast „überirdisch"!

6.2 EIN LEISTUNGSGERECHTES EINKOMMEN

Lieber Leser, was hören wir landauf landab, dass sich „Leistung wieder lohnen" müsse. Es vergeht praktisch keine Talk-Show, in der nicht darüber diskutiert wird, dass wieder „Mehr Netto vom Brutto" in der Brieftasche landen müsse.

Aber es ist im Kern immer wieder die gleiche Thematik, wie bei „der Bildung" auch, dass ALLE POLITIKER darüber sinnieren, aber wenn es „Knopf auf Spitz kommt", dann immer wieder kneifen.

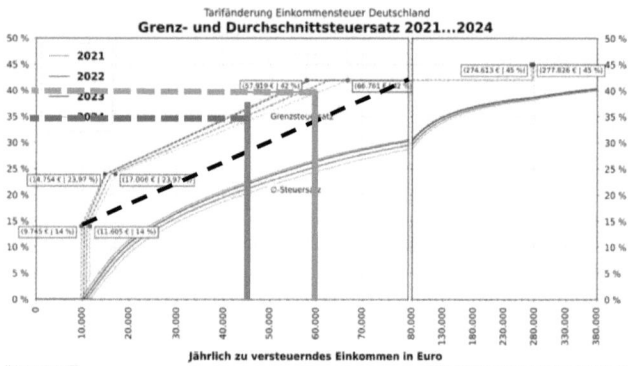

(Quelle: Wikipedia, Datei: ESt D Vergleich Grenz und Durchschnittssteuersatz 2021 2024.svg)

Die oben gezeigte Tabelle zeigt das ganze Drama der Einkommenssteuerentwicklung in Deutschland; schon bei einem Einkommen von ca. 67.000 € „greift" der höchste Steuersatz von 42%!

Das ist komplett indiskutabel und zeigt das ganze Ausmaß einer nach links gerückten Entwicklung, die die Leistungsarmut belohnt und die die Leistungsbereitschaft hemmt und bremst.

Es ist die über 40-jährige Entwicklung einer Denke, die „Pflichterfüllung, Standhaftigkeit, Berechenbarkeit" als zu vernachlässigende „Sekundärtugend" herabwürdigt und sie in die Nähe

220

„von Betreiben eines KZs" rückt. Was das eine mit dem anderen zu tun hat, bleibt mir bis heute schleierhaft und bleibt nur einem Herrn Oskar, jetzt im Saarland lebend, vorbehalten.

Seit Jahren wird zum Beispiel an der Einkommenssteuer „herumgedoktert", aber es passiert nichts, oder nur wenig. Dabei wäre es an der Zeit endlich einen leistungsorientierten Einkommensteuersatz für „die Mittelschicht" zu kreieren, einen Steuersatz, der „den Mittelstandsbauch" abflacht (siehe strichlierte Linie) und der der leistungstragenden Mittelschicht mehr Netto vom Brutto zukommen lässt.

Laut finanz.de (ein Produkt der DH Media Publishing GmbH) liegt das Median-Einkommen 2024 in Deutschland bei 43.750 € brutto pro Jahr (rote Linie); der Grenzsteuersatz liegt da bereits bei unglaublichen 35%! Das heißt, dass jeder zusätzliche Euro mit 35 Cent Steuern belegt wird.

Noch gravierender ist die zweite, die grüne Linie, die in etwa das Jahreseinkommen eines Facharbeiters (Mechatroniker, Techniker, Elektroniker etc.) darstellt; das Einkommen bewegt sich da schon um den üblichen Spitzensteuersatz von ca. 42%, was wiederum heißt, dass jeder zusätzliche Euro mit 42 Cent besteuert wird.

Diese Form der Besteuerung ist absolut leistungsfeindlich und bewirkt, dass die fleißigen und leistungsstarken Bürger für ihre Anstrengungen „bestraft", statt belohnt werden. Dieses Steuersystem ist völlig demotivierend und bewirkt nur, dass die Leistungswilligen unter uns „gerade nur das Minimum" tun, weil sich Anstrengung nicht mehr lohnt.

Statt, dass das Besteuerungssystem zu mehr Leistung, also durchaus zu Überstunden, motiviert - was letztlich auch ein höheres Steueraufkommen mit sich bringt, werden die Spitzensteuersätze schon bei extrem niedrigen Einkommen angesetzt, dass jeder Anreiz zu mehr Leistung „im Keim erstickt" wird.

Gleichzeitig „werben" die links/grün motivierten „Jünger" für eine 20 Stunden-Woche, weil „Arbeit krank macht", oder wollen die „Sozialismus-Magier" spielen und „die 226 Milliardäre in 226 Millionäre verzaubern", das „klassisch stalinistische Umwandlungsprogramm" also anwenden.

Dafür wird kräftig für das leistungslose Grundeinkommen getrommelt - das „Abschmarotzen in der sozialen Hängematte", das Hanfpfeifchen schmauchend und dabei eine kesse Lippe führend über das „kapitalistische Ausbeutersystem".

Lieber Leser, das MÜSSEN wir korrigieren! Das darf so nicht weiter gehen. Wir müssen wieder zurück „zum Pfad des Fleißes und der Leistung"!

Die deutsche Wirtschaft „schwächelt" und das schon seit längerer Zeit; trotzdem wird weiter nach „weniger Arbeit" gerufen, weil „Arbeit krank macht" (mittlerweile nur Linke Stolla). Dafür wird kräftig für eine staatlich subventionierte Wirtschaft „getrommelt"; die aktuellen, links der Mitte orientierten Parteien SPD und Grüne überbieten sich im Wettbewerb, wer „mehr staatliche Hilfen" gewährt.

Lieber Leser,

das ist für mich die völlig falsche ökonomische Richtung!

Statt einerseits uns fleißige Bürger mit viel zu hohen Steuern „im Mittelstandsbauch" zu belasten, aber dann wieder mit Milliarden Wirtschaftsförderung „die alten Industrien" zu subventionieren, wäre es angebracht die Fleißigen unter uns - da bin ich überzeugt, es gibt immer noch genug davon - „direkt" mittels niedrigerer Einkommensteuern zu unterstützen, also für wirklich

„mehr Netto vom Brutto"

zu sorgen. Das schafft mehr Kaufkraft in der Breite und der Mitte der Gesellschaft, und sorgt für einen Konsumanschub, der wiederum der Wirtschaft und dem Staat zu Gute kommt.

6.3 IDEEN, VISIONEN, ZIELE

„Eine Idee muss Wirklichkeit werden können, oder sie ist eine eitle Seifenblase."
(Moses Baruch Auerbacher (1812 - 1882) liberaler Kulturpolitiker und Schriftsteller)

Jaja, die Visionen!

Seit Schmidts Spruch: „Wer Visionen hat, sollte zum Arzt gehen", ist der Begriff „Vision" zum „Abtörner" in der (linken) Gesellschaft geworden. Eine „visionäre Politik" musste seitdem einer „Realpolitik" weichen; und dieser haben sich dann alle linken Realpolitiker gebeugt. Und ja, seitdem kommt auch nichts mehr „Visionäres" aus der „linken Ecke". Es herrscht eine lähmende Stille im „linken Lager", es „liegt Mehltau" über dem „linken Land".

Seit der Wiedervereinigung 1990 herrschte dann eine komplette „visionäre" Funkstille. Kommunisten, Sozialisten und Grüne überboten sich in der „Aussöhnung mit Russland"; dann noch 16 Jahre unsere „Rautenkanzlerin" im beginnenden 21. Jahrhundert mit vorwiegend sozialistischen Koalitionen - die „Realpolitik" war perfekt! Ideen für eine Zukunft - „ausgedacht"!

Das ist eigentlich schade, waren doch einst gerade „die Sozialisten" die treibenden Visionäre und politischen Kräfte für Veränderungen. Ich denke hier zum Beispiel an Willy Brandt mit seinem Satz: „Mehr Demokratie wagen". Was hatte er damit in Bewegung gesetzt! Er hatte eine wahre „politische Lawine losgetreten"! Hunderttausende Jugendliche und Studenten gingen auf die Straße, um für „mehr Demokratie" zu demonstrieren.

Oder noch früher, 1925 sozialistischer Parteitag in Heidelberg, das Eintreten für „die Bildung der Vereinigten Staaten von Europa, um zur Interessenssolidarität der Völker aller Kontinente zu gelangen". Was für ein machtvoller Anspruch an die Zukunft! Was für eine grandiose Idee!

Und heute? Die „Nachfolge-Raute" Scholz rief 2022 die „Zeitenwende" aus - Mehr nolens, als volens! Aber war sie eine „Idee", eine „Vision" im eigentlichen Sinn? Sicherlich nicht, es war wieder nur „Realpolitik" im brutalst möglichen Sinn, weil er gar nicht anders konnte, weil er von Putin dazu gezwungen wurde. Und nicht einmal dafür folgten und folgen ihm große Teile seiner „Sozialisten"; diese wollen im linken „Bullerbü" des „ewig währenden Pazifismus" verharren, wenn nötig bis zum „Untergang" (der Unterwerfung unter Putins Hegemonialimperialismus).

Dafür hat die „linke Politik" in Deutschland ihre faustdicke Quittung erhalten. Egal ob linke, grüne oder sozialistische Parteien, alle wurden dafür „abgestraft". Zu Recht!

Da es aber aktuell keine wirkliche „Zukunftspartei" gibt, die CDU/CSU oder FDP sind`s auch nicht, wenden sich die Menschen (leider) populistischen Parteien zu, die „eine Zukunft versprechen", die sich aber schon beim ersten Satz als Lügengebilde herausstellt.

Egal, ob es sich um Migration, Sicherheit/Verteidigung, Klima/Energie, Verkehr/Infrastruktur, Rohstoffe/Logistik etc. handelt, keine nationale Partei wird noch eine Antwort finden, oder finden können, weil alle diese Probleme/Fragestellungen nur noch auf supranationaler, europäischer Ebene gemeinsam gelöst werden können. Parteien, wie zum Beispiel die AfD oder auch das BSW gaukeln uns „Lösungen" vor, die nur in ein Ende münden, nämlich in die Knechtschaft Putins.

Liebe Europäer!

Die „Zukunft" der „linken Seite" zeigt mir, wohin es führt, wenn es keine Visionäre, keine Ideengeber mehr gibt, die uns Homines Pragmatici eine Richtung aufzeigen, die uns Orientierung geben. Wir brauchen so etwas wie einen „Kapitän", der „unser Schiff", indem wir alle sitzen, eine Richtung vorgibt, der uns verständlich macht, warum wir „nach Norden" und nicht „nach Süden" fahren. Wir brauchen keine „Angsthasen", die vor Scheu am Zwist, alle Sicherheitsvorkehrungen vernachlässigen und uns alle damit noch viel abhängiger machen.

Wir brauchen wieder „echte" Europäer, die uns allen einen „roten Faden" in die Zukunft in die Hand geben.

7.0 EUROPA UND SICHERHEIT

„Wann immer ich auf Europa zu sprechen komme, beginne ich zu schwärmen. Unser Europa ist ein so wunderschöner Kontinent, dass es sich (immer von Neuem) lohnt für seine Unversehrtheit zu kämpfen. Unser Kontinent ist so vielfältig; in kurzen Abständen gibt es immer wieder neue und unterschiedliche Regionen, Landschaften und Gegenden zu entdecken. Unsere Kulturen sind so verschieden und deshalb so bereichernd. Ich möchte nur stellvertretend für alles Europäische die Künste, die Musik, die Modeausprägungen, die Architekturen, die Sprachen, die kulinarische Vielfalt, die Geschichte aufzählen, ohne jedoch ins Detail zu gehen; dafür würde dieses Buch natürlich nie und nimmer reichen.“
(Rodolfo Di Telo 2022: Mehr Europa wagen - Teil 3, Die Umsetzung, Ideen für eine Verfassung der Vereinigten Staaten von Europa, Zusammenfassung)

Rodolfo Di Telo treibt mir immer wieder Tränen in die Augen, wenn ich von seiner Liebe zu Europa lese; er hat ja wirklich Recht und ich kann das bestätigen, ich durfte im Laufe meines Lebens fast alle Kontinente und viele Länder beruflich wie privat bereisen sowie in die unterschiedlichsten Kulturen „eintauchen". Ja, Rodolfo hat Recht, es gibt auf keinem Kontinent so viel Vielfalt auf so engem Raum mit kurzen Wegen, wie in Europa!

Europäer!

Wir haben die Pflicht für unsere Kinder und Enkelkinder diesen wunderschönen Kontinent zu hüten, zu pflegen und zu erhalten! Wir dürfen uns NICHT AUSEINANDERDIVIDIEREN LASSEN! Wir MÜSSEN diese verdammte „STAATERITIS" (Rodolfo) ÜBERWINDEN und zueinander finden!

Wir müssen unsere Unfrieden stiftenden „Spaltpilze" in die Schranken weisen und sie zum Schweigen bringen, schon um unserer eigenen Sicherheit und um unseres Friedens willen. Nur zusammen sind wir stark!

7.1 VEREINIGTE STAATEN VON EUROPA

„Zur Verwirklichung eines vereinten Europas wirkt die Bundesrepublik Deutschland bei der Entwicklung der Europäischen Union mit, die demokratischen, rechtsstaatlichen, sozialen und föderativen Grundsätzen und dem Grundsatz der Subsidiarität verpflichtet ist und einen diesem Grundgesetz im wesentlichen vergleichbaren Grundrechtsschutz gewährleistet. Der Bund kann hierzu durch Gesetz mit Zustimmung des Bundesrates Hoheitsrechte übertragen.“
(Bundesrepublik Deutschland, Grundgesetz, Art 23 (1))

„Gerade das 20. Jahrhundert war ein besonders katastrophales für uns, wir waren am Rand der Selbstzerstörung angelangt. Zwei Weltkriege innerhalb einer relativ kurzen Periode, dann die unselige Trennung zwischen Westeuropa und dem kommunistischem Osteuropa, ließen uns auseinanderdriften. Wir sind momentan ein zerstrittener Haufen unzähliger Nationen und „Natiönchen“ mit vielen verschiedenen Sprachen und Eigenheiten, die nicht mehr in der Lage sind selbstständig zu bestehen. Wir sind von außereuropäischen Mächten abhängig geworden, oder haben uns in eine selbstgewählte Unselbstständigkeit begeben.

Aber jetzt im 21. Jahrhundert sollten wir Europäer aus dieser Geschichte lernen und nur noch gemeinsam in die Zukunft gehen. Wir müssen uns aus den selbst auferlegten Fesseln befreien und wieder eigenständig Laufen lernen. Warum? Weil die außereuropäischen Mächte nicht (mehr) unser Hotel Mama (die USA) sein, oder - viel schlimmer - uns schlicht einkassieren oder ausschalten wollen (Russland, China).“
(Rodolfo Di Telo 2022: Mehr Europa wagen - Teil 3, Die Umsetzung, Ideen für eine Verfassung der Vereinigten Staaten von Europa, Zusammenfassung)

Europäer!

Auf euch ist Verlass. Die gerade hinter uns liegende Europa-Wahl (Juni 2024) hat mich zuversichtlich gestimmt, weil ein zartes „Europa-Pflänzchen“, die supranationale Partei VOLT, die praktisch „aus dem Nichts“ entstanden ist, doch immerhin fast 3% der Stimmen in Deutschland erhalten hat und jetzt mit drei Mandaten aus Deutschland sowie zusätzlich zwei Mandaten aus Holland in das EU-Parlament einziehen wird.

Was mir an VOLT grundsätzlich gefällt, ist der supranationale Parteiansatz und es zeigt, dass wir Europäer supranationale Parteien zunehmend als richtigen und zukunftsweisenden Weg erkennen.

Ganz klar! Supranationale Parteien sind der erste Schritt in die richtige Richtung zu einem vereinigten Europa, weil nur ein supranationaler Politikansatz uns Europäer aus den „Fängen der Nationaldenke“ befreit.

Das ist ja das grundsätzliche Manko aller National-Staatspar-teien, die letzten EU-Wahlen haben es ja wieder bestätigt, dass deren Mandatare in erster Linie nationalstaatlich argumentie-ren.

Ganz unglücklich hat da die deutsche SPD gehandelt, die da gleich den Kanzler Scholz auf allen Plakaten präsentiert hat, so als wären es Bundestagswahlen und nicht EU-Wahlen. Was mich dabei etwas diebisch gefreut hat, ist gewesen, dass wir Europäer die SPD aber ganz hart haben „auflaufen" lassen.

Wichtig zu erwähnen ist dabei, dass gerade die SPD nichts aus ihrer eigenen Parteigeschichte gelernt hat; die SPD hat näm-lich bereits im Jahr 1925 auf einem Parteitag sich selbst die Gründung der Vereinigten Staaten von Europa „ins Stamm-buch geschrieben" (Parteitag in Heidelberg). Jetzt sind wir „100 Jahre weiter"- und die SPD handelt heute nationalstaatlicher (EU-Plakate mit Scholz), als 1925 und ist zusätzlich auf einem liebedienerischem Trip gegenüber dem Brutal-Aggressor Russland-Putin (zur Erinnerung SPD Schröders Spruch: „Putin ist ein lupenreiner Demokrat").

„Wer 100 Jahre schläft, bleibt im Koma liegen" (Rodolfo Di Telo); da ist was Wahres dran. Die immer mehr verblassenden Stimmenanteile der SPD zeigen, was wir Europäer von der SPD halten. Es ist schade, dass eine große Traditionspartei von der Bildfläche verschwinden wird, aber die SPD hat wohl nicht die eigene Kraft zur inneren Erneuerung, weshalb sie ab-treten muss; hohle Parteien, ohne Ziel/Vision, braucht eine De-mokratie nicht!

Europäer, damit sind wir beim eigentlichen Thema angekom-men.

Wir Europäer werden nur in (demokratischer) Freiheit und Si-cherheit überleben, wenn wir zusammenstehen und unsere Kräfte bündeln. Ich weiß, dass gerade im 20. Jahrhundert viel Leid über Europa gekommen ist und dass viel davon gerade in Deutschland seinen Ursprung hatte; ob jetzt die Resultate des ersten Weltkriegs die Auslöser für den zweiten Weltkrieg wa-ren, will ich hier nicht weiter analysieren - da gibt es genügend historisches Material.

Wir sind jetzt aber „80 Jahre weiter" und, im 21. Jahrhundert angekommen, müssen gemeinsam in die Zukunft blicken, wollen wir nicht von den außereuropäischen Mächten „auseinanderdividiert" und „filetiert" werden. Wie bringt es ein bekannter lateinischer Spruch so prägnant auf den Punkt: „Divide et impera!" („Teile und Herrsche").

Neue Gefahren, wie zum Beispiel Putins Hegemonialansprüche, lassen uns im 21. Jahrhundert Herausforderungen überwinden, die wir nicht kommen sehen wollten, obwohl Putin schon über Jahre seine Absichten relativ klar äußerte; nur wir alle wollten sie nicht hören - wir wollten an „das Ende der Geschichte" (Fukuyama) glauben, weil wir die Wirklichkeit nicht realisieren wollten. Wir wollten in einem „bundesdeutschen Bullerbü" weiterträumen, wir wollten uns an den „Ponyhof" des naiv kindlichen Realitätsverlusts klammern, um uns die fröstelnd kalten Tatzen des „russischen Bären" weg zu denken.

Ergänzend dazu träufelten uns unsere „Gutmensch"-Politiker Sand in die Augen, weil die (brutale) Wirklichkeit nicht in ihre „Wirklichkeit" passte und sie lullten uns mit Verharmlosigkeitsgeschichten aus der Welt der „Gutmensch"-Träume ein, obwohl sie es besser gewusst haben. Unsere „Gutmensch"-Politiker - ganz vorne dabei unsere Rautenkanzlerin - erzählten uns ihre „Wirklichkeit", obwohl sie hätten klar sagen müssen, dass ihre „Wirklichkeit" nicht mit der Realität in Europa und der Welt überlappend war, weil es ja dann nicht mehr „ihr Deutschland" gewesen wäre. Die Rautenkanzlerin hätte dann „ihr (wirklichkeitsfremdes) Deutschland" vorzeitig verlassen müssen, aber uns allen eine Menge Ärger und Unfrieden erspart.

Menschen! Europäer!

Wir können und dürfen nicht mehr unseren (Nationalstaats)Politkern folgen! Sie sehen nur ihre egoistischen Vorteile als nationale Politiker, für die Europa nur „eine Pfründe" ist, für die Europa eine „Melkkuh" ist, der man sich schamlos bedienen kann, auf Kosten anderer europäischer Staaten.

Wir müssen die „Vereinigten Staaten von Europa" ins Werk setzen, um unser Überleben zu sichern, um unsere Freiheit und Demokratie zukünftig zu gewährleisten!

7.2 INNERE UND ÄUßERE SICHERHEIT

„Ja, der 24. Februar 2022 wird definitiv in die europäische (und wahrscheinlich auch in die globale) Geschichte eingehen; er wird jetzt schon als „epochale Zeitenwende" beschrieben; es ist das Ende einer Fata Morgana des „es kann nicht sein, was nicht sein darf" und der Beginn einer entsetzlichen neuen Ungewissheit.

Das Datum wird eingehen, als das ultimative Ende von politischer Naivität, dumpfer Blauäugigkeit bis zur Selbstverleugnung und bis hin zu bewusster oder unbewusster Verneinung offensichtlicher Realitäten.

Das Mantra mit der frohlockenden Überschrift von der allseits aufblühenden und wachsenden

„Friedensdividende"

wehte Jahrzehnte lang als ewig währendes Siegeszeichen pazifistischen Denkens und Handelns über unseren Köpfen (bitte dabei die Ölzweig tragende weiße Taube nicht zu vergessen!).

„Stell dir vor es ist Krieg, aber keiner geht hin", „Frieden schaffen mit immer weniger Waffen", „Schwerter zu Pflugscharen" waren jahrzehntelange Losungen mit denen landauf landab für Frieden geworben wurde - besonders im wiedervereinigten Deutschland!

Aber neben der Lüge von der „Friedensdividende" wurden gleichzeitig noch weitere Ammenmärchen offensichtlich, nämlich:

-> Das postsowjetische Russland ist ein „friedlicher Bär", die USA hingegen seien „das kapitalistische und imperialistische Böse"

-> Das Erstarken von extrem linkem/grünem/kommunistischem Gedankengut, nur „die Linken" sind „die Gutmenschen", „die anderen" sind die ewigen Kriegstreiber

-> Es gibt keinen Frieden in Europa ohne Russland

-> Brandts „Wandel durch Handel" hat die Sowjetunion zu Fall gebracht (statt die Zuerkennung von Schmidts NATO-Doppelbeschluss als wahre (militärpolitische) Kraft, die letztlich die Sowjetunion zu Fall brachte)

-> Putin ist „ein lupenreiner Demokrat" (Ex-Kanzler Schröder)

-> Die Verleugnung von allem, was nur in Ansätzen „militaristisch" ist, auch wenn es lediglich der eigenen deutschen Sicherheit und Verteidigung dient.

Dieses religiös verkitschte Geschichtsbild „wegen unserer Geschichte" („von Deutschland aus darf nie wieder Krieg geführt werden") wurde bis weit hinein in die bürgerliche Gesellschaft gehegt, gepflegt und verehrt wie eine Fleisch gewordene Marienstatue. Diese Metapher wurde vor uns Bürgern hergetragen wie eine religiöse Monstranz/Reliquie und von uns ungefragt verinnerlicht wie ein kirchliches Dogma, begleitet von Friedensmärschen, Sitzblockaden gegen Krieg und zivilem Ungehorsam.

Die Mehrheit von uns „war dabei", so auch ich! Über viele Jahre und Jahrzehnte zeigte ich Verständnis für das Mantra. Frieden sollte herrschen - und tat es auch! Eine Zeitlang „gings wirklich gut", aber allmählich schlichen sich Friktionen ein in das Friedensbild, der Friedensspiegel wurde trüb und trüber, auch die weiße Taube ergraute mit der Zeit, der Ölzweig begann zu verdorren.

Das war die Phase, in der sich die „Friedensdividende" allmählich in eine Friedenshypothek verwandelte. Aber unsere friedensbewegten Gutmenschen machten unerbittlich weiter, ihre schrillen Schalmeienklänge wurden immer lauter und dissonanter, die entstandene Friedenshypothek erklomm astronomische Höhen.

Irgendwann stieg ich mental aus, aus diesem (Betrugs)Karussell; es war um 2016, Trump kam an die Macht und sorgte für politische Unordnung; gleichzeitig sagten die Briten „Good Bye Europe" und Putin machte Zoff in der Ukraine ab 2014."
(Rodolfo Di Telo 2022: Mehr Europa wagen - Teil 3, Die Umsetzung, Ideen für eine Verfassung der Vereinigten Staaten von Europa, Prolog)

Europäer!

Rodolfo Di Telo hat das letzte Buch seiner Trilogie wohl zeitlich zufällig in der Blut getränkten „Morgenröte" von Putins brutalem Überfall auf die Ukraine abgeschlossen, weil er in seinem Prolog eingangs festhält:

„Im Angesicht von Putins brutalem Raubkrieg gegen die Ukraine, und damit gegen uns Europäer insgesamt, habe ich den Prolog kurzfristig umgeschrieben."

Und er beendete den Prolog mit den Worten:

„Nur unsere ÖlzweigMutti („Mama Merkel") machte munter weiter - und mein mentaler Abstand wurde größer und größer, _bis ich letztlich zu Schreiben angefangen habe. Es war meine Art Rache zu nehmen an diesem Lügengebilde_; dass mich allerdings die Wirklichkeit so brutal überholen wird, habe ich in meinen kühnsten (Alb)Träumen nicht erwartet."

Europäer!

Mit dem Überfall Putins auf die Ukraine wurden sämtliche politischen Fehler der naiven und blauäugigen „Friedensfürsten" der ersten beiden Jahrzehnte des 21. Jahrhunderts „brutalst möglich" demaskiert.

Die „Friedenstaube" verlor ihre schon erkennbar schräg sitzende Maske und legte die Fratze eines mörderischen Aasgeiers frei, der hungrig lauernd über den zerstörten Landschaften kreist, um den blutigen und zerfetzten Körpern die letzten Eingeweide zu entreißen.

Der süßliche Klang der allerorts zu hörenden „Friedensschalmeien" erfror zu einem eisigen Knarzen zerbrechender Eisschollen, die alles körperlich Warme in den klirrend kalten Tiefen des menschlich Bösen versinken ließen.

„Europa, du Schöne! Wieviel Zerstörung willst du noch über dich ergehen lassen?", „Europa! Hast du nichts gelernt?", möchte man verzweifelt rufen.

Europäer!

Für mich ist`s nicht eine schriftliche „Rache" (Rodolfo Di Telo), aber „Einsicht in die Notwendigkeit", dass wir ganz hart, und so schnell als möglich, umsteuern müssen.

Wir können nicht mehr warten bis unsere „Einfrier"-Politiker (Mützenich, Scholz, Stegner etc) sowie die „falschen Propheten" und Rattenfänger am linken und rechten Rand unter uns (Wagenknecht, Ali, Chrupalla, Höcke etc.) ihre Meinung ändern, sondern wir müssen umgehend die richtigen Konsequenzen aus 25 Jahren falscher Politik ziehen.

Wir müssen das Böse in Russland als DAS BÖSE bezeichnen, was es ist und nicht mehr die Augen davor verschließen. DAS BÖSE versteht nur Gewalt, Mord und Menschenverachtung; dem müssen wir entschieden gemeinsam entgegentreten.

Des Weiteren haben wir unsere Großzügigkeit und Hilfe gegenüber anderen Gruppen und Schutzsuchenden überstrapaziert. Wir haben den Artikel 1 des Grundgesetzes: „Die Würde des Menschen ist unantastbar. Sie zu achten und zu schützen ist Verpflichtung aller staatlichen Gewalt" für uns selbst als zu „worteng" begriffen und uns damit in eine selbst gestellte politische Zwangsjacke gesteckt. Auch hier müssen wir in flexibleren Kategorien denken. Es ist gut und richtig, dass wir anderen Menschen helfen und ihnen Schutz und Unterstützung gewähren, aber Hilfe und Gutmütigkeit darf nicht in Naivität und Blauäugigkeit ausarten.

Wir haben es also mit Feinden im Inneren und im Äußeren zu tun. Beide Feinde wollen nur das Eine, sie wollen uns einerseits von innen heraus schwächen und „mürbe machen" sowie andererseits uns von außen mittels imperialer „Ansprüche" aufteilen. Sie wollen uns unserer freiheitlich demokratischen Rechte berauben und uns wieder zu gefügigen „Untertanen" diktatorischer Politsysteme reduzieren.

Europäer!

Wenn ich eines möchte, dann DAS NICHT!

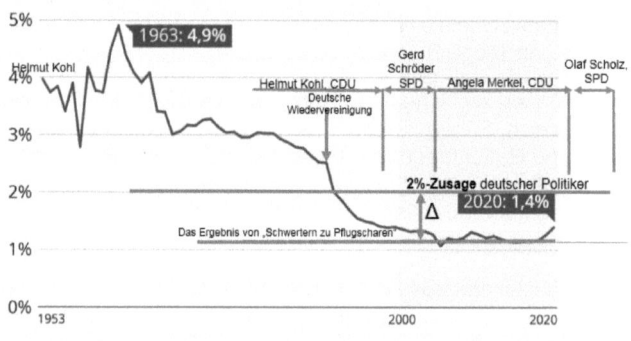

Anteil der Militärausgaben am Bruttoinlandsprodukt (BIP) von Deutschland

Quelle: SIPRI
(Quelle: SIPRI, „So haben sich Deutschlands Militärausgaben entwickelt")

Ich MÖCHTE NICHT in einem diktatorischen Unrechtsstaat leben müssen - und ich möchte auch nicht, dass meine wunderbaren Töchter mit ihren Partnern sowie meine Enkelkinder (wieder) unter der „absolutistische Knute" imperialistisch denkender Tyrannen „ihr Dasein fristen" müssen. Unsere vorherigen Generationen litten sehr darunter und konnten sich nur mit Mühe davon befreien - und das soll wieder passieren?

232

NEIN, dagegen MÜSSEN WIR uns entschieden wehren! Wir müssen daher (wieder) unsere Sicherheit und Wehrhaftigkeit, die wir Jahrzehnte lang sträflich vernachlässigt haben, aufbauen.

Wir müssen das wieder tun, was unser Putin-Gerd sowie unsere Rauten-Dame über Jahrzehnte, ob durch Naivität oder schlichte Fahrlässigkeit, hintan gestellt haben. WIR MÜSSEN (wieder) die dringend notwendigen Ausgaben für unsere Sicherheit „hochfahren". Der deutschen Sicherheit fehlen, nach Verteidigungsexperten, allein zwischen 300-500 Mrd. €, die im Wesentlichen von unserer „Friedensraute" zu verantworten sind. Leider hat sie uns in vielen Bereichen, zum Beispiel auch in der Energieversorgungssicherheit, große Lücken hinterlassen.

Wie heißt ein so bekannter wie schlichter lateinischer Spruch:

„Si vis pacem para bellum"
("Wenn Du Frieden willst, dann bereite Dich (permanent) auf Krieg vor")

Ja, von den Römern kann man viel lernen; vor Allem, was „Krieg und Frieden" anbelangt. Nicht umsonst war die „Pax Romana" (das weitgehend friedliche innerrömische Leben) eine so langlebige Periode in der Antike. Rom zerfiel nicht nur wegen der außerrömischen Angriffe, sondern schwächte sich selbst vor Allem wegen der innerrömischen Caesarenkämpfe sowie der ausufernden Dekadenz; während die Kolonien mit immer drastischeren Methoden ausgebeutet wurden, wurde das römische Volk mit „Brot und (grausamen) Spielen" ruhig gestellt. Das ging solange gut, bis „Rom" am Ende war, aber „Rom" überdauerte gut 1.000 Jahre; eine wahrlich lange Periode.

Was wir auch von den Römern lernen können, ist, dass nur eine einheitliche und wehrhafte Zentralgewalt die Basis ist für die Gewährleistung von Sicherheit und Verteidigung. Wir müssen daher unsere Sicherheitskräfte bündeln und zu einer einheitlichen Stärke zusammenführen.

Natürlich gibt es derzeit die NATO, die (weitgehend) schützend „die (verteidigungspolitische) Hand" über Europa hält, aber ich möchte nicht „meine Hand ins Feuer halten", dass wir „auf ewig" von den USA beschützt werden; bereits bei Trump waren die US-Absetzbewegungen deutlich zu spüren und auch Biden, der wohl der letzte „Europäer" in der US-Regierung ist, hat uns Europäer „ermuntert" mehr für unsere eigene Sicherheit zu tun. Und da hat er Recht, wir müssen mehr für unsere eigene Sicherheit tun.

Zur Gewährleistung unseres zukünftigen Friedens gehört aber auch, dass wir uns in Europa auch mehr und einheitlich über ein friedliches europäisches Miteinander Gedanken machen müssen; wir brauchen so etwas wie

eine „Pax Europaea".
(einen „europäischen Frieden")

Das wäre im Grunde genommen so, wie es einst die Römer mit ihrer „Pax Romana" leisteten, sicher nach innen, stark nach außen. Deshalb verstehe ich den Begriff „innere Sicherheit" nicht ausschließlich auf die weitgehend gesetzlich geschützte persönliche Unversehrtheit, sondern als Gesamtheit eines friedlichen Zusammenlebens wie

- Verlässliche und strukturierte Verwaltung
- Migration
- Polizeiwesen
- Verkehr- und Infrastruktur
- Energie-, Rohstoff-, Gesundheitsversorgung
- etc.

also das Umfassende, was eine funktionierende Innenpolitik ausmacht. Diese Themenkreise können wir zukünftig nicht mehr nationalstaatlich lösen; wir müssen sie gemeinsam, abgestimmt und einheitlich lösen, sonst haben wir „keine Chance", da bin ich überzeugt.

7.2.1 FRIEDEN IM INNEREN

Ich möchte das Themenfeld inneren Frieden sowie Sicherheit nicht allein auf das Polizeiwesen und Migration reduzieren, sondern durchaus auch auf weitere Themen wie Verwaltung, Verkehr, Infrastruktur, Rohstoffversorgung, Gesundheitswesen etc. Stellung beziehen, da sie letztlich auch zur inneren Stabilität Europas beitragen.

Die aktuelle Migrationsdebatte in Deutschland legt die nationalstaatlichen Lücken in Europa drastisch offen. Sie ist allerdings nur EIN THEMA von vielen, das meines Erachtens nur noch gesamt europäisch gelöst werden kann; die einzelnen Nationalstaaten sind da für meine Begriffe völlig überfordert.

Weil die einzelnen Nationalstaaten mit den vielen Strukturproblemen nicht mehr passende Lösungen haben, versuchen sie sich voneinander „abzuschotten", anstatt gemeinsame Lösungen zu finden. Die tagtäglichen Streitereien innerhalb der EU zeigen die Fehlkonstruktion der EU selbst; es gibt keine übergeordnete Instanz in der EU, die dafür Sorge trägt, dass gemeinschaftliche Entscheidungen in den einzelnen Nationalstaaten auch tatsächlich umgesetzt werden. Im Prinzip kann „jedes Land machen, was es will". Das ist das wirkliche Manko der EU. Die Machenschaften Orbans zum Beispiel offenbaren fast stündlich die systemische Fehlkonstruktion der EU.

Die zweite große Herausforderung ist die extrem unterschiedliche Größe der einzelnen Staaten; Deutschland mit ca. 83,3 Mio. Einwohnern hat ca. 140-fach mehr Einwohner, als Malta oder Luxemburg mit ca. 0,5-0,7 Mio. Einwohnern. Aber alle Nationalstaaten haben das gleiche Vetorecht bei wesentlichen Entscheidungen, besonders dann, wenn Einstimmigkeit gefordert ist. Kein Staat will „Hoheitsrechte" an eine supranationale Ebene abgeben.

Die ganze EU ist politisch auf den „guten Willen" aller Mitglieder aufgebaut. Aber nicht alle Mitgliedsstaaten sind immer nur „guten Willens", sondern lassen sich (fast immer) von nationalstaatlichen Interessen leiten. Das führt dann zu Blockaden mit langwierigen und ausufernden „Verhandlungen", die fast immer in unwürdigen „Deals" münden, in denen unterschiedliche Interessenslagen zu einem geschmacklosen Brei zusammengerührt werden.

Des Weiteren leisten sich manche EU-Mitgliedsländer „Ausnahmen" bei diversen Themenkreisen. So „darf" zum Beispiel das Mitgliedsland Dänemark nach europäischem Recht ganz legal eine viel „härtere Migrationspolitik fahren", als zum Beispiel Deutschland, weil es sich bei den Beitrittsgesprächen „diverse Ausnahmen" genehmigen ließ. Und so hat halt jedes Land seine eigenen „Gesetzmäßigkeiten" innerhalb der EU. Aber innerhalb der „EU der 27" entstehen dann viele „Ausnahmen", die dann die gesamte EU mal hier, mal dort bremsen oder blockieren.

Es ist also nicht nur die äußere Sicherheit/Verteidigung, die Europa zwingt, politisch einheitlich zu handeln, sondern es sind zusätzlich die vielen einzelnen Politikfelder, die uns alle zu mehr einheitlichem Handeln auffordern. Einheitliches Handeln fordert aber die Abgabe nationaler Souveränität zugunsten supranationaler Macht.

Wir Europäer müssen daher alle etwas „abgeben", um für uns alle wieder mehr zurück zu bekommen.

7.2.1.1 MIGRATION-EINE NOTWENDIGE MAßNAHME

Entsprechend diverser Statistikbehörden verliert die EU ca. 1 Mio. Erwerbstätige - jedes Jahr! Diese müssen ersetzt werden, sonst ist unsere gesamte europäische Wirtschaft „auf dem absteigenden Ast". Wir müssen also dafür Sorge tragen, dass wir den entsprechenden Bedarf durch Zuwanderung wieder ausgleichen. So weit, so richtig und notwendig.

Da unsere Erwerbstätigen in der weit überwiegenden Zahl aber hoch qualifizierte Fachkräfte sind, wird mir jeder sofort zustimmen, dass wir daher auch nur passende Fachkräfte mittels Migration ausgleichen können. Wir brauchen also eine transparente und klare Aufstellung, welche Menschen mit ihren Qualifikationen in Rente gehen, um sie mit passenden Einwanderern ersetzen zu können. Ich bin mir (sehr) sicher, dass es diese Aufstellung mit den notwendigen Details gibt und „der Bund" und alle Länder genau wissen, wo und welcher Bedarf vorherrscht. Ich bin mir aber nicht sicher, ob sie dies „öffentlich kundtun" wollen, da sie eine Migrationsdebatte zu vermeiden suchen.

Diese sehr stringente Anforderung „spießt sich" nämlich nach meinem Verständnis mit dem generellen Asylrecht, zum Beispiel dem deutschen. Wie schon des Öfteren erwähnt, ist vieles in Deutschland, so auch das Asylrecht, sehr stark geprägt „von der Geschichte", im engeren Sinne, also von der Zeit zwischen 1933 - 1945, in der der Nationalsozialismus in Europa wütete und in der Millionen Menschen ihr Leben lassen mussten. Aus diesem Grund wird das Asylrecht für jedermann in Deutschland sehr „worteng" verstanden und auch ausgelegt - jeder, der „Asyl" ruft, ist praktisch schon im Land und darf bleiben, weil praktisch kaum jemand rückgeführt wird.

Auch die EU-weit geltenden „Dublin"-Regeln, die Ende des 20. Jahrhunderts für Asylsuchende geschaffen wurden, sind „außer Kraft gesetzt", weil sich, wie so oft in der EU, kaum ein Land an diese Regeln hält. Da Deutschland keine EU-Außengrenze hat, dürften praktisch keine Asylsuchenden überhaupt in Deutschland ankommen. Die Praxis an den Grenzen ist aber so, dass fast jedes angrenzende Land Asylsuchende „liebend gerne" zur deutschen Grenze durchlässt, damit diese erst in Deutschland Asyl beantragen.

Aber im 21. Jahrhundert angekommen, haben die meisten anderen Länder in Europa ein „flexibleres" Verständnis, unter anderem, was das Asylrecht anbelangt. Hier muss Deutschland zum Beispiel mit den anderen Ländern in Europa Regelungen finden und wieder lernen, dass es anderen Europäern nicht sein „Werte geleitetes" Asylrecht „überstülpen" kann, sondern nur mit den anderen zusammen ein für alle passendes Asylrecht formuliert.

Wir europäische Homines Pragmatici sind nicht besser und nicht schlechter als andere auf der Welt und deshalb wäre es für mich „keine unrühmliche Schande" sich an anderen Ländern zu orientieren, wie zum Beispiel an Kanada, Australien, Neuseeland. All diese Länder haben klar umgrenzte Anforderungen an mögliche Einwanderer und verfolgen diese mit hoher Stringenz.

Aber auch in Europa gehen viele Länder stringentere Wege als Deutschland, wie zum Beispiel das schon erwähnte Dänemark. Auch Italien und gerade eben auch Polen verfolgen Einschränkungen in der Zuwanderung von Ausländern; ganz zu schweigen von England, das eine besonders „harte" Migrationspolitik betreibt. Es ist also eher Deutschland, das sich da eine „aus der Zeit gefallene" Migrationspolitik „leistet".

Wir müssen uns daher von der aktuellen Migrationspolitik „der offenen Grenzen für jedermann" lösen und umsteuern, hin zu einer, sagen wir, „definierten Zuwanderung" von Fachkräften, die wir dann entsprechend der jeweiligen Bedarfe in unsere Arbeitsprozesse eingliedern können.

Wie hat Herr Joachim Gauck, Ex-Bundespräsident die Situation bei Lanz im Juli 2023 sehr treffend beschrieben:

„Dieses Europa KANN NICHT die Probleme einer unerlösten und unbefriedeten Welt ALLEINE LÖSEN!"

Da hat er Recht! Rund um Europa gibt es mehrere Milliarden Menschen mit völlig unterschiedlichen Kulturen und Religionen; wenn nur ein Bruchteil von diesen Menschen zu uns nach

Europa möchte, dann wären das allein schon Hunderte von Millionen, sollten wir den aktuellen ungeregelten Zustrom an Einwanderern weiter so laufen lassen.

Das kann und darf nicht unser Ansinnen sein! Dieses Europa wäre dann nicht mehr das Europa, das wir kennen. Wir alle wären völlig überfordert auf allen Ebenen der Politik, angefangen auf der kommunalen Ebene, bis hoch zur bundespolitischen und europäischen Ebene.

Deutschland ächzt schon jetzt unter der Last der vielen Millionen an noch nicht integrierten Migranten. Es fehlt gleichermaßen an Kindergärten, Schulen, Studienplätzen sowie an Ausbildungs- und Schulungsstätten für sprachfremde Ankömmlinge, an den notwendigen Fachkräften wie Kindergärtnerinnen, Lehrern, Hochschulprofessoren; es fehlt an Wohnungen und Infrastruktur - und es fehlt an Aufnahmezentren für neu ankommende Flüchtlinge und Migranten.

Kurz, Europa und speziell Deutschland stehen vor einem Kollaps und es besteht die reelle Gefahr, dass unser Gesellschaftssystem „kippt". Das Erstarken der politischen linken und rechten Ränder in fast allen europäischen Ländern zeigt die mögliche Richtung, wohin unser Kontinent zu driften droht, sollten wir nicht umgehend der europäischen Bevölkerung politische Alternativen bieten.

Aber wie können wir diese „ungebremste Migration" so einhegen, dass Deutschland und Europa nicht im Chaos enden, das letztlich niemandem hilft - den Europäern nicht, aber auch nicht den redlichen Zuwanderern selbst.

Dazu gibt es eine Antwort und die habe ich in Kapitel 7.4, neue Parteienlandschaften zusammengefasst und im Detail formuliert.

Wir brauchen supranational aktive Europa-Parteien, die länderübergreifend das ganze Europa im Blickfeld haben und nicht nur egoistische nationale, oder gar nur regionale Ziele verfolgen.

Der wieder aufflammende religiöse Fundamentalismus

Das Migrationsproblem ist keine „uniforme Angelegenheit". So wie die Menschen unterschiedlich sind, so sind auch ihre Gründe für die Migration selbst ein bunter Strauß an Fragen und Problemen.

Meist geht es um Flucht aus katastrophalen Ländern, „um Leib und Leben" zu retten, also um das nackte Überleben und damit ursächlich in Zusammenhang, die wirtschaftliche und finanzielle Situation der Menschen, die Sorge, wie sie für sich und ihre Familien „morgen noch ihr Stück Brot erhalten" können.

Diese Fragen sind natürlich existenziell und wirklich jeder versteht diese Problematik. Da möchte ein jeder „raus".

Einstens war auch ich selbst „ein Migrant", ein „Wirtschaftsflüchtling" im engeren Sinne; ich „wanderte" von Österreich nach Deutschland „aus", weil es zur damaligen Zeit, in den 1970ern, ein deutliches Gehaltsgefälle zwischen Österreich und Deutschland gab. Als diplomierter Ingenieur war man natürlich in Deutschland sehr willkommen und ich hatte auf Anhieb eine ordentliche Stelle bei einer Firma in Wiesbaden. Ich kann also jeden Migranten sehr gut verstehen, wenn er sich „für ein besseres Leben auf die Socken macht".

Aber leider machen sich nicht immer nur Menschen „mit gutem Willen" auf den (Migrations)Weg, sondern durchaus auch Spezies, die aus kulturellen und/oder religiösen Gründen „vom Pfad der Tugend" abweichen und dann für „Zoff sorgen", sei es, dass sie mit Zwang versuchen, ihre ursprüngliche Gesellschaftsform bei uns „zu kultivieren", oder gar versuchen umsturzartig ihre ursprüngliche Kultur uns überzustülpen.

Ich denke hier zum Beispiel an die „Scharia-Polizei", die in Wuppertal Muslime „zum islamischen Pfad der Tugend zurückführen" wollten - sozusagen eine Art selbsternannte Parallel-Polizei mitten Deutschland. Aber auch die vielen „Demonstranten" in Hamburg und anderswo, die für einen „Kalifat-Staat", also einen islamischen Kirchenstaat eintreten.

Das wäre also die komplette Umkehrung unserer über die Jahrhunderte lange europäische Entwicklung aus feudalkirchlichen

Fängen des Altertums hin zu unserer heutigen demokratischen und liberal/laizistischen Gesellschaft.

Europäer!

Meines Erachtens sind damit die Grenzen der Zumutbarkeit für uns Europäer überschritten. Wir müssen umdenken, wollen wir nicht in einen „Abgrund der Finsternis" blicken, oder gar dort landen.

Deshalb plädiere ich für folgendes:

Ja, ich stehe zu Zuwanderung, aber zu unseren (europäischen) „Bedingungen".

Ja, wir brauchen Zuwanderung, aber gemäß unserer Gesellschaftsregeln und

Ja, wir wollen Migranten, aber entsprechend unserer Erfordernisse und fachlichen Qualitäten.

Ich denke deshalb, dass wir eine geregelte Facheinwanderung in Verbindung mit einer Art Drittstaatenlösung dringend benötigen. Und das europaweit!

7.2.1.2 SUPRANATIONALES POLIZEIWESEN

Wir Europäer haben ein krasses innereuropäisches Sicherheitsproblem, das sich durch „alle Schichten der kriminellen Aktivitäten" zieht. Egal, ob es sich um terroristische Anschläge, Drogengeschäfte, Menschenschmuggel, Prostitution, Waffenhandel, organisierte Kriminalität handelt, fast alle diese ungesetzlichen und menschenverachtenden Verbrechen werden von länderübergreifenden oder globalen Netzwerken gesteuert und organisiert.

Aber die Strenge unseres Polizeiwesens endet „bei jedem (nationalen) Schlagbaum".

Jeder Politiker, ob in einem Land, oder auf EU-Ebene, jeder Polizist in Stadt und Land weiß das, aber „es tut sich nichts".

Es gibt innerhalb der EU die „Europol", aber die darf Datensammeln, auswerten und „konzentriert" an die Länderpolizeien weitergeben, aber ein „Exekutiv"-Mandat hat Europol nicht. Und das ist wieder einmal ein echter nationalpolitischer Unfug.

Während alle kriminellen Netzwerke länderübergreifend tätig sind, darf die jeweilige Länderpolizei etwaige Täter nur „bis zum Schlagbaum" verfolgen - dann ist Schluss!

Unser wichtigstes „Exekutivinstrument" zur Verfolgung von internationalen Straftätern, die Polizei, darf nur „national handeln", nach dem Motto: „Und schwuppdiwupp ist der Täter (über die Grenze) fuat (fort)".

Wollen wir Europäer mehr innere Sicherheit in Europa, ja dann müssen wir uns zu einem europäischen „FBI" durchringen, da hilft „kein Wenn und Aber". Dieser Schritt einer länderübergreifenden Exekutive ist ein grundlegender Baustein dazu.

7.2.1.3 ENERGIEVERSORGUNG, KLIMASCHUTZ

Klimaschutz soundso, aber auch die Energieversorgung sind mittlerweile „europäische Themen", ob das nun unsere Nationalpolitiker hören wollen oder nicht.

Dass Wetterzustände und das Klima insgesamt „grenzenlos" sind, das ist heutzutage „eine Binse"; aber bereits beim Klimawandel und dessen Eindämmung, da scheiden sich die Geister. Parteien, wie zum Beispiel die AfD leugnen den Klimawandel vollständig; andere Parteien stehen dem Klimaschutz neutral positiv gegenüber und speziell die Grünen weisen dieser Thematik eine sehr hohe Bedeutung zu; da haben die Grünen sicherlich „einen Punkt". So weit, so unterschiedlich also.

Für mich ist „dieses Thema durch" - wir brauchen dringend Energiestrukturen, die „nachhaltig" sind und dem „Klimakiller" CO_2 „Garaus machen". Auch, was den regionalen/kontinentalen Umfang anbelangt, bin „ich mit mir im Reinen" - ganz Europa muss sich drum kümmern.

Aber da beginnt „das Chaos". Energiepolitik ist leider immer noch eine „Cosa Nationale" sozusagen, jedes Land geht da seine eigenen Wege. Frankreich zum Beispiel setzt auf die „nukleare Karte" und fördert KKWs, weil „KKWs kein CO_2 ausstoßen"; außerdem sei „KKW-Strom extrem billig" - wenn man den Rückbau sowie die Endlagerung „nicht monetarisiert".

Ganz anders wiederum Deutschland, das KKWs als das energetisch „Böse" schlechthin verteufelt - und dabei jede ideologisch geprägte Verrenkung nutzt, um dieses „Teufelszeug" aus dem Weg zu räumen. Die aktuelle Ampelregierung hat sich da einen besonderen Schildbürgerstreich geleistet, indem sie inmitten einer saftigen Energiekrise, hervorgerufen durch den Kriegsverbrecher im Kreml, neben der Gas- und Kohleversorgung auch noch die drei letzten KKWs abschaltete.

Statt die noch gut funktionierenden, aber bereits abgeschriebenen KKWs zu nutzen, um im Land billigen Strom zu erzeugen, die immerhin noch ca. 5% der gesamten Strommenge als Grundlast geliefert hätten, verstiegen sich speziell die Grünen in der Ampel in ihre ideologisch gefärbten „Polithöhlen" und forderten ultimativ deren Abschaltung. So viel politische Dummheit muss schon sein, dachten sich die Grüngefärbten - und bekamen richtigerweise dafür eine negative Quittung nach der anderen („eine politische Watschn sozusagen").

Für mich waren das so nebenbei meine persönlichen Gründe für den „Ausstieg aus der grünen Welt" der Ideologen und quasi religiös agierenden „Sektenbrüder" (und „Schwestern"), weil ich mit „Gendern", Cannabis-Legalisierung, „Feministischer" Außen- und Entwicklungshilfepolitik, „Bismarck-Bashing" und „der Asylpolitik der offenen Grenzen" grundsätzlich „fremdelte". Das ist nie „meine politische Welt" gewesen.

Für eine Partei, für die alles „ums Ganze geht", habe ich nur noch ein marginales Verständnis übrig, sorry. Für mich gilt, Parteien, die so agieren, haben in der Politik „nichts verloren", sie müssen abgewählt werden; sie sind für mich „zukunftslos", weil Religion und Utopie in der Politik „nichts zu suchen" haben. Vision und Strategie ja, Utopie nein.

Ja, ich bin für eine (gut funktionierende und) wirtschaftliche Klimapolitik. Ja, ich bin für eine Energiepolitik, die unser zukünftiges Klima positiv beeinflusst.

Aber ich bin vor allem für eine Klimapolitik „mit Maß und Mitte", die nicht unserer gesamten Wirtschaft „Garaus macht" und die uns alle finanziell so überfordert, dass sie sich kaum noch jemand leisten kann; ich bin für eine Klimapolitik, die unserem Wesen eines Hominis Pragmaticis entspricht, also eine Politik, die pragmatische Lösungen verfolgt.

Für mich heißt das, dass nur wir Europäer zusammen die Klimapolitik und im engeren Sinne die Energiepolitik zu einem guten Ende führen können. Nur wenn wir zusammen gemeinsame Ziele verfolgen, dann werden wir erfolgreich sein. Nationale, energetische „Insellösungen" haben in unserer Zeit keinen Platz mehr.

Nachdem Deutschland kein billiges Gas und kein billiges Erdöl mehr vom Kriegsverbrecher im Kreml beziehen kann, unsere Kohlekraftwerke bald alle abgeschaltet werden und jetzt auch noch die drei letzten KKWs abgeschaltet worden sind, aber gleichzeitig unsere Autos auf Strom umstellen sollen sowie unsere Häuser und Wohnungen „nur noch" mittels (strombetriebenen) Wärmepumpen heizen sollen, darf man schon fragen, woher denn all der Strom kommen soll, wenn gleichzeitig auch noch die Hochleistungsstromtrassen fehlen?

Lieber Leser,

diese „Orgie" an politischen Fehlentscheidungen müssen wir stoppen; wir müssen unsere, von Utopien fehlgeleiteten, Nationalpolitiker abwählen. Diese „religiös geprägten Fanatiker" müssen wir „vom (politischen) Hof jagen", sie dürfen nicht länger unsere Politik bestimmen.

Wir brauchen wieder pragmatische und lösungsorientierte Politiker, die anstehende Probleme angehen und umsetzbare Ziele verfolgen.

Wie bereits eingangs festgehalten zählen Energie- und Klimapolitik zu europäischen „Problemen", also zu Fragestellungen, die wir nur zusammen angehen und lösen können.

Also packen wir es europäisch an! Ich denke, dieses politische Feld müssen wir im Rahmen der Vereinigten Staaten von Europa (VSE) angehen, mit Europaparteien sowie der von mir favorisierten ersten Kern-VSE Frankreich und Deutschland.

Frankreich hat viele KKWs, als Grundlast-Kraftwerke; zusammen mit dem Aufbau von Hochleistungsnetzen in Deutschland muss gleichzeitig auch Frankreich in diese Hochleistungsnetze integriert werden, sodass große Energiemengen zwischen Deutschland und Frankreich hin und her transportiert werden können. Der Strom darf nicht mehr „nur" national fließen, sondern MUSS transnational verbunden werden, mittels Netzen hoher Energiedichte.

Das gilt nicht nur für Stromtrassen, sondern auch für Wasserstoffleitungen, als Ersatz für unsere derzeitigen Gasleitungen.

Wir müssen aufhören, diese Thematiken ausschließlich „mit der nationalen Brille" zu betrachten. Wir MÜSSEN sie transnational sehen - und danach handeln.

Außerdem bin ich ein großer Verfechter von der Trennung der Aufgaben. Ich meine, dass zum Beispiel der Bau sowie die Wartung und Instandhaltung der Kraftwerksbetriebe und der übergeordneten Stromverteilung unter direkter staatlicher Kontrolle bleiben müssen, weil dadurch „grenzübergreifende Diskussionen" außen vor bleiben. Die weitere Verteilung der Energien kann dann gerne von regionalen und lokalen Betreibern durchgeführt werden.

Ich weiß, das klingt ein bisschen nach Staatsdirigismus, aber ich bin der Überzeugung, dass die Produktion und die (Haupt)Lieferung von Energie nicht „dem freien Spiel des Wettbewerbs" unterworfen sein soll, sondern bedarfsgerecht „vom Staat" bereitgestellt wird. Bei den Straßen funktioniert es, warum soll es bei der Energieversorgung nicht auch so funktionieren.

7.2.1.4 VERKEHR UND INFRASTRUKTUR

Auch Verkehr und Infrastruktur sind wichtige „europäische The-men" geworden. Mit dem Zusammenbruch des Sowjet-Kom-munismus und der Neugestaltung der politischen Verhältnisse in Osteuropa haben sich auch die „Verkehrskarten" und damit auch die Infrastruktur wesentlich verändert. Viele Schlag-bäume und Staus an „unüberwindlichen Stacheldraht-Gren-zen" sind verschwunden, der wirtschaftliche Austausch zwi-schen „Ost und West" hat sich vervielfacht, mit Auswirkungen fast in jedes Dorf hinein. „Hüben wie drüben" sozusagen.

Dazu hat die EU einiges auf den Weg gebracht; das stimmt und ist wirklich „auf der Habenseite" der EU zu verbuchen. Ich denke im Besonderen an das Schengen-Abkommen, das 1995 in Kraft getreten ist und für uns EU-Bürger seitdem ein prak-tisch freies Reisen zwischen den Ländern ermöglicht. Ein wahrlich großartiges Unterfangen. Dafür müssen wir den da-maligen Politikern, nationalen wie europäischen, ein großes Lob aussprechen.

Dieses Abkommen hat unser europäisches Denken sicherlich sehr positiv geprägt und hat auch mich in weiten Bereichen zu einem „Europäer" werden lassen. Dieses „grenzenlose" Reisen hat uns Europäer zusammenwachsen lassen, davon bin ich überzeugt und uns erlaubt uns noch viel besser kennenzuler-nen. Für mich ist dieser Schritt quasi „der Einstieg" in die Wei-terentwicklung unseres Europas der Nationalstaaten hin zu den Vereinigten Staaten von Europa (VSE). Ohne diesen bahnbrechenden und politisch mutigen Schritt, denke ich, könnten wir heute nicht über die VSE „nachdenken", weil uns „das grenzenlose Denken" fehlen würde. Wir können jetzt stolz auf eine fast 30-jährige „grenzenlose" Kennenlernphase zu-rückblicken und sehen und fühlen, „wie gut das tut", finde ich.

Wirtschaftlich hat uns Europäern dieses Abkommen einen gro-ßen Aufschwung beschert; wir wohnen zum Beispiel in Deutschland und arbeiten in Frankreich und umgekehrt, tag-täglich „passieren" wir eine Grenze und merken es gar nicht, welch ein Gewinn für uns alle.

Auch Firmen und Unternehmen nutzen diesen Vorteil, um kostengünstiger ihre Produkte herstellen und vermarkten zu können. Der Personen- und Warenverkehr hat unglaubliche Höhen erreicht

Sehr deutlich zeigt sich diese Entwicklung am Beispiel Deutschland; als wirtschaftsstärkstes und in der Mitte Europas liegendes Land sind die Güterverkehrsleistungen natürlich besonders ausgeprägt.

(Quelle: Umweltbundesamt 2024, Fahrleistungen, Verkehrsleistung und Modal Split)

Ja, in Deutschland „kreuzen sich" die Verkehrswege; wer in Europa von Norden in den Süden will, oder Güter von Osten nach Westen transportiert und umgekehrt, der muss durch Deutschland „durch". Hinzu kommt, dass Deutschland mit zu den am stärksten industrialisierten Ländern in Europa gehört.

Für Deutschland sind daher Verkehrswege und Infrastruktur von essentieller Bedeutung. Sie sind quasi die „Blutadern" unserer Wirtschaft.

Aber nicht nur für Deutschland allein sind Verkehr und Infrastruktur essentiell; alle Länder in Europa brauchen gut ausgebaute Straßen und Schienenwege. Diesbezüglich sitzen alle europäischen Länder „in demselben (Europa)Boot". Grenzenlose Übergänge erfordern daher auch grenzenlose Wege.

Aber leider sind sie wieder an nationales Recht gebunden; jedes Land in Europa geht da seinen eigenen (Gesetzes)Weg und definiert die Rangfolge und Wichtigkeit von Vorhaben. Zum Beispiel herrschen in jedem Land unterschiedliche Anforderungen an die Umwelt, in einem sind sie lockerer, in anderen wiederum ausgesprochen stringent. Außerdem ist das nationale Baurecht sehr unterschiedlich. Das führt dann oft zu Verzögerungen im Baufortschritt von nötigen Vorhaben.

Zwei besonders prekäre Beispiele möchte ich hier aufführen, schon weil diese in Deutschland, als ein „mittiges Land" in Europa, zu Verkehrsärger führen.

Beispiel 1: Bahnstrecke Karlsruhe–Basel in Deutschland

(Quelle: DB Ausbau- und Neubaustrecke Karlsruhe–Basel, Gesamtprojekt)

Wie steht es dazu im DB-Bericht:

„Die Strecke Karlsruhe–Basel ist Bestandteil des wichtigsten europäischen Güterkorridors von Rotterdam über Köln, Basel und Mailand bis nach Genua. Die Verkehrsachse zwischen den holländischen Häfen und dem Mittelmeer zählt zu den wichtigsten Transeuropäischen Netzen (TEN)."

Das Bahnprojekt ist also von extrem großer Wichtigkeit, da würde doch jeder meinen, dass diesem Projekt eine hohe Priorität zukommt. Was ist aber darüber bei Wikipedia zu lesen (Stand Oktober 2024):

„Die Fertigstellung des Gesamtvorhabens ist für 2041 vorgesehen (Stand: Februar 2021), die Neubauabschnitte sollen bis 2035 fertiggestellt sein".

Das wichtige Mittelstück der gesamten Transversale, also die Strecke im Rheintal in Deutschland braucht also noch bis 2041!

Und wie sieht´s da in der Schweiz aus:

Der Gotthard-Basis-Tunnel mit 57 km Länge ist seit 2016 fertiggestellt!

Beispiel 2: Brenner-Bahnstrecke Nordzulauf (Bayern)

Wie steht es dazu im DB-Bericht (Stand 2021):

„Der Weg für die neue Bahnstrecke zum Brenner im Inntal und im Raum Rosenheim ist gefunden. Von fünf möglichen Streckenführungen schneidet die sogenannte „Variante Violett" mit rund 60 Prozent Tunnelanteil am besten ab. Sie führt vom österreichischen Schaftenau über die Gemeinden Kiefersfelden, Oberaudorf und Stephanskirchen östlich an Rosenheim vorbei bis Ostermünchen. Dieses Ergebnis gaben die Deutsche Bahn und die Österreichischen Bundesbahnen (ÖBB) heute gemeinsam mit Andreas Scheuer, Bundesminister für Verkehr und digitale Infrastruktur, bekannt. Der Brenner-Basistunnel ist eines der wichtigsten Verkehrsprojekte Europas und trägt maßgeblich dazu bei, mehr Verkehr auf die klimafreundliche Schiene zu verlagern. Die heutige Trassenempfehlung für die nördliche Zulaufstrecke ist damit ein zentraler Schritt in Richtung Mobilitätswende." Und weiter: „Mit einer Fertigstellung des Brenner-Nordzulaufs ist in rund 20 Jahren zu rechnen. So lange muss die Bestandsstrecke ausreichen. Dazwischen, im Jahr 2032, geht der Brenner-Basistunnel in Betrieb. Ein Meilenstein für den Eisenbahnverkehr. Daher wird die Bestandsstrecke digitalisiert und der Lärmschutz optimiert."

Während also das kleine Österreich es schafft, ähnlich wie die Schweiz bereits bis 2032 den Brenner-Basistunnel mit einer Länge von ca. 64 km fertigzustellen, dauern in Deutschland die Arbeiten für den „Nordzulauf" in Bayern, obwohl praktisch nur oberirdisch zu bauen, noch „20 Jahre" ab 2021 gerechnet, also mindestens bis ins Jahr 2041! Dieses Datum ist aber noch nicht „in (bayrisches) Blut geschrieben".

So kann man bei trans.info/de/brenner-nordzulauf vom Mai 2024 lesen, dass: „wir die (Strecken)Unterlagen bis Ende des Jahres (i.e. 2024) aufbereiten. Ziel ist, dass diese im Frühjahr 2025 in den Bundestag eingebracht werden", so Dieter Josel, der Konzernbevollmächtigte der DB in Bayern gegenüber der Deutschen Presse Agentur." Und weiter: „Baurecht erwarten wir Anfang der 2030er Jahre, den Baubeginn kurz danach. Eine Inbetriebnahme wäre dann Anfang der 2040er Jahre möglich", so Josel."

Es ist also noch alles offen - und kann dauern. Obwohl die CSU in Bayern über viele Jahre den Verkehrsminister in der jeweiligen Bundesregierung gestellt hat, werden gerade dort die (wichtigen transeuropäischen) Bahnprojekte extrem langsam bearbeitet. Man kann da durchaus den Eindruck gewinnen, dass „Europa" innerhalb der bayrischen Landesregierung „keine Bedeutung" hat; da die bayrische Landesregierung praktisch ausschließlich von der CSU-Partei gebildet wird, kann man daher „mit Fug und Recht" aussprechen, dass die bayrische Regional-Partei CSU keinen Wert auf „Europa" legt.

Lieber Leser,

das sind nur zwei augenfällige Beispiele, die zeigen, welchen Stellenwert „Europa" in den Augen unserer National- und Regionalpolitiker hat. Das ist schon wieder ein Grund, warum wir transnationale Parteien brauchen, um „Europa" insgesamt voranzubringen.

Es zeigt sich immer wieder, dass wir ein gemeinsames Europa nur mit supranationalen Parteien erwirken werden, Parteien also, die Projekte und Strukturmaßnahmen „von der europäischen Perspektive" priorisieren, und nicht mehr nur von nationalen - und wie in Bayern von regionalen, Egoismen getrieben sind.

Innereuropäischer Flugverkehr und Magnetschwebebahn

Umweltschützer „verteufeln" das Flugzeug als die größte „CO_2-Schleuder" unter den Transportsystemen. Da ist unwidersprochen etwas Wahres dran, wenn man nicht gerade den absoluten Gesamtwert heranzieht. Aber bezogen auf den individuellen Personen-Transport ist der CO_2-Ausstoß am größten; gemäß der anliegenden Tabelle beträgt der Prokopf-Ausstoß an CO_2 bei Flugzeugen das Vierfache gegenüber dem einer Bahn und immerhin noch 50% mehr gegenüber dem eines Autos.

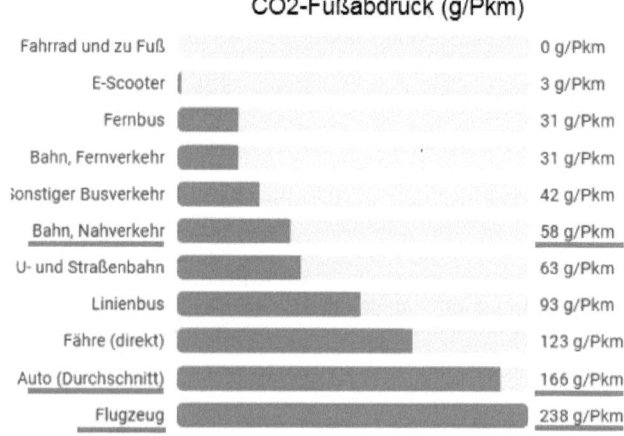

CO2-Fußabdruck (g/Pkm)

Fahrrad und zu Fuß	0 g/Pkm
E-Scooter	3 g/Pkm
Fernbus	31 g/Pkm
Bahn, Fernverkehr	31 g/Pkm
Sonstiger Busverkehr	42 g/Pkm
Bahn, Nahverkehr	58 g/Pkm
U- und Straßenbahn	63 g/Pkm
Linienbus	93 g/Pkm
Fähre (direkt)	123 g/Pkm
Auto (Durchschnitt)	166 g/Pkm
Flugzeug	238 g/Pkm

(Quelle: https://www.navit.com/ressourcen)

Den Flugverkehr zu reduzieren würde also dem Klimamanagement sehr gut tun. Da liegt es fast auf der Hand, dass wir darüber nachdenken sollten, viel mehr innereuropäischen Personenverkehr vom Flugzeug auf schnelle Bahnverbindungen umzulenken. Die Magnetschwebetechnik wäre dazu doch eine ausgesprochen gute Alternative, alternativ zu den jetzt schon vorhandenen Hochgeschwindigkeitszügen, weil Magnetbahnen noch viel schneller fahren („fliegen") können.

In China verkehrt bereits seit 2002 eine ca. 30 km lange Magnetschwebebahn in Shanghai zwischen dem Flughafen und dem Zentrum mit ca. 500 km/Std. Und in Japan ist eine kommerzielle Strecke zwischen Tokio und Nagoya in Arbeit, leider mit längeren Verzögerungen bis 2034 behaftet.

In Deutschland und in Europa herrscht diesbezüglich „tote Hose", obwohl die Magnetschwebetechnik eine „ur"-deutsche Entwicklung ist. Der folgenschwere Unfall eines Transrapid auf der Versuchsstrecke in Lathen im Jahr 2006 ist zwar wirklich tragisch, aber deswegen die ganze Schwebetechnik komplett einzustellen, scheint mir der falsche Schluss daraus zu sein. Die Katastrophe war ja „menschengemacht" und nicht systembedingt passiert; nicht die Schwebtechnik versagte, sondern Sicherungsfehler des Betreiberpersonals verursachten den tragischen Unfall.

In der Vergangenheit hat es oft schlimme Unfälle gegeben, ich denke hier an die Katastrophe im Jahr 1986 mit dem Space Shuttle „Challenger", das nach dem Start explodierte und alle Astronauten ums Leben kamen. Trotzdem wurde die Shuttle-Mission nicht eingestellt und hat viele gute Dienste geleistet. Erst mit der zweiten Katastrophe der „Columbia" im Jahr 2003 wurde die Einstellung des Shuttle-Betriebs ins Auge gefasst. Auch hier war tragischerweise wieder menschliches Versagen im Spiel.

Sicherlich ist der Betrieb einer Magnetschwebebahn „eine teure Angelegenheit", aber als Alternative für noch teurere Flughäfen inklusive des ganzen teuren „Drumherums" zusammen mit dem laufenden Betrieb, scheint sie mir doch „konzeptwürdig" zu sein. Flüge im Kurz- und Mittelstreckenbereich könnten bestens ersetzt werden, da bin ich mir sicher.

Ich bin auch überzeugt, dass ich nicht „der Erste" bin, der über solche Varianten nachgedacht hat, sondern dass sich schon viele intelligente Verkehrsplaner darüber „die Köpfe zerbrochen haben". Aber woran liegt es dann?

Meine Vermutung bringt mich wieder zur Europapolitik, beziehungsweise zur (Nicht)Europapolitik unserer Nationalstaatspolitiker, die sich „keinen Deut scheren", um unser aller Europa nach vorne zu bringen. Sie denken nur in ihren „Nationen" bis hin zur „Staatsgrenze", was dahinter passiert interessiert sie „einen feuchten Kehricht". Dabei sind vielleicht auf der anderen Seite „der Grenze" auch Menschen, die ähnlich „ticken" und sich eine länderübergreifende Lösung wünschen würden.

Wo wir Menschen sind, da „menschelts" halt, sagte ein ehemaliger Kunde zu mir, und meinte diesen ausgeprägten Egoismus unter uns Menschen; wir denken zuerst nur an uns selbst, und wenn dann vielleicht noch ein bisschen Platz für andere Dinge ist, dann erst an andere.

Wie schon im vorigen Kapitel über die Energie- und Klimapolitik angesprochen bin ich für eine Trennung zwischen Straßenbetreiber und Nutzer.

Der Bau sowie der Betrieb inkl. Wartung und Instandhaltung der Straßen- und Schienennetze sollen in staatlichen Händen verbleiben, während die Transportmittel (Autos, LKWs, Züge etc.) von privaten Nutzern gestellt werden; im Straßenverkehr wird es längst schon so gehandhabt, warum nicht auch beim Schienennetz, darf man fragen. Und das soll natürlich dann länderübergreifend stattfinden.

Schiffsverkehr und Häfen

So wie es im Straßen- und Schienenverkehr ist, so sieht´s auch mit dem Schiffstransport und den dazugehörigen Häfen aus; jedes europäische Land „werkelt" egoistisch vor sich hin und trachtet danach, anderen Häfen möglichst viel Kapazität abzutrotzen. Das führt dann dazu, dass sich manche der Hafenbetreiber genötigt sehen, Eigentumsanteile an außereuropäische Länder zu verkaufen, um so Frachtanteile weiter zu behalten.

Ganz besonders China ist da mittlerweile sehr geschickt, sich Gesellschaftsanteile von Häfen zu erwerben. Der griechische Hafen von Piräus soll schon gänzlich in chinesischem Besitz sein, bei 14 weiteren europäischen Häfen haben chinesische Eigentümer mehr oder minder große Anteile übernommen, zum Beispiel an den wichtigen Häfen in Hamburg, Rotterdam oder auch Antwerpen. Man spricht mittlerweile vom „Ausverkauf" der europäischen Häfen. So geraten immer mehr Häfen und Länder unter die kommerzielle, und damit auch unter die politische Abhängigkeit Chinas; China ist dabei die Vollendung des neuen „Seidenstraßen"-Projekts auszurufen, auf Kosten der politischen Souveränität Europas.

Liebe Europäer,

ich denke, wir müssen diesen „Ausverkauf" verhindern, oder zumindest so regulieren, dass unsere europäische Souveränität gewahrt bleibt. Auch hier zeigt es sich wieder, dass eine supranationale europäische Regierung, innerhalb von politischen Vereinigten Staaten, mit eigenen Machtbefugnissen der richtige und zukunftsweisende Ansatz ist.

Nur gemeinsam sind wir stark und können nicht von anderen politischen Kräften „auseinanderdividiert" werden. Das muss unser europapolitischer Anspruch sein.

7.2.1.5 ROHSTOFFE UND LOGISTIK

Europa ist ein relativ rohstoffarmer Kontinent und deshalb von anderen Ländern und Kontinenten abhängig. Um diese Abhängigkeiten aber möglichst niedrig zu halten, müssen wir Europäer viel mehr zusammenarbeiten. Deshalb gehören auch die gemeinsame Exploration sowie der Abbau von verschiedenen Rohstoffen zu den wichtigsten Aufgaben für ein gemeinsames Europa.

Ein gutes Beispiel für eine gelungene und wirtschaftlich zukunftssichere Exploration von Rohstoffen ist für mich Norwegen. Norwegen führt die Exploration von Rohöl und Erdgas unabhängig von anderen Firmen alleine durch und, was noch viel sinnvoller ist, es zahlt die entstandenen Gewinne aus dem Rohstoffgeschäft in einen separaten und unabhängigen Staatsfond ein. Ziel des Staatsfonds ist die Sicherung der Sozialausgaben der künftigen norwegischen Bevölkerung; er ist mittlerweile der größte Staatsfond der Welt.

Ich denke, wir müssen bei unserer möglichen europäischen Rohstoffexploration genau in diese Richtung denken - aber supranational und nicht mehr nur egoistisch national. Wir dürfen die Gewinne aus den Rohstoffexplorationen nicht mehr „nur" den jeweiligen Ländern überlassen, sondern sollten diese Gewinne in diversen supranationalen Fonds sammeln und bündeln für spätere Zeiten. Wir brauchen alle Rohstoffe, also sollen auch alle am Gewinn Nutzen ziehen dürfen.

So wie ich der Meinung bin, dass Grund und Boden letztlich (europäisches) „Allerwelts"-Eigentum sein soll, also Gemeingut sei, so sollen alle Rohstoffe im (europäischen) Boden uns Europäern „gehören". Norwegen macht´s uns vor, wie es gehen kann, warum also nicht?

So, wie die Rohstoffe „Allgemeingut" sein sollen, so bin ich des Weiteren der Ansicht, dass „alles Logistische" in unternehmerische Hände gelegt werden soll, also (weitgehend) dem freien Unternehmertum vorbehalten bleibt.

Das Beispiel Straße soll es verdeutlichen; während die Straßen (und in weiterer Folge die Schienen, Flüsse und Meere, sowie die Luft) Allgemeingut sind, also dem Staat, den Ländern und

Kommunen (also uns Menschen) gehört und betrieben wird, ist der Transport, also Autos, LKWs etc. fast ausschließlich privatwirtschaftlich geführt und organisiert.

All das ist ja „nicht neu gedacht", sondern wird bereits in unterschiedlichen Ländern praktiziert; so zum Beispiel sind in England das Schienennetz in staatlichen und der laufende Bahnbetrieb in privaten Händen. Die Aufteilung ist nicht immer gut, aber es funktioniert.

Auch das Flugsystem ist ähnlich organisiert; die Flughäfen gehören meist semistaatlichen Einrichtungen, während der Flugbetrieb in der Regel privatwirtschaftlich geführt wird.

Bei den Häfen sieht´s ähnlich aus, Hafenbetreiber und Schiffseigentümer sind fast ausschließlich unterschiedliche Besitzer.

Unter dem Begriff Logistik verstehe ich aber nicht nur die Transportlogistik im engeren Sinne, sondern auch zum Beispiel die Logistik zur Herstellung und Verarbeitung von Gütern, also die Produktionslogistik. Diese sollte vorwiegend dem privatwirtschaftlich organisierten Unternehmertum zugeordnet bleiben.

Zum Thema Eigentum sowie dem Vererben von Privatbesitz habe ich mich ja schon in den Kapiteln 3.1.2, Erbrecht sowie im Kapitel 6.1, Macht und Vermögen geäußert. Das kommt natürlich hier zum Tragen.

7.2.1.6 WIRTSCHAFTSPOLITIK

Im Kapitel 5.1, Wirtschaft - die tragende Säule, bin ich schon vertieft auf die Bedeutung der Wirtschaft eingegangen. Ohne funktionierende Wirtschaft gibt es kein funktionierendes Staatswesen, da „die Wirtschaft" für den Wohlstand eines Gemeinwesens sorgt, indem es Güter und Dienstleistungen herstellt und dafür Einnahmen generiert, die wiederum in Form von Gehältern, Ausgaben und Steuern an „den Staat" und die Gemeinschaft zurückfließt. So weit, so einfach dargestellt.

Die Wirtschaftspolitik ist also eine der wichtigsten Politiken in einer Gesellschaft. Eine gute Wirtschaftspolitik lässt Staaten „prosperieren", und eine schlechte eben Staaten „kollabieren". Wirtschaftspolitik wird also von Menschen „gemacht" und gesteuert, im Guten wie im Schlechten.

Wenn wir aber von „Menschen" sprechen, ja dann, lieber Leser, reden wir von uns selbst. Alles klaro?!

Ja und da kommt unser Kapitel 6.0, Was treibt uns Menschen an, ins (Gedanken)Spiel. Wir sind in hohem Maße „getriggert" von Macht und Geltung sowie von einem „ordentlichen Einkommen". Aber auch Ideen, Visionen lassen unser Herz „zum Tun" animieren.

Unsere gesamte Wirtschaft wird also so gut, oder so schlecht sein, wie wir „zum Tun motiviert" werden. Die Wirtschaftspolitik - und hier zähle ich natürlich auch die Arbeits- und Sozialpolitik dazu, bestimmt unser individuelles Handeln, also unser persönliches Einbringen in die Gesellschaft.

Werden in einer Gesellschaft Begriffe wie *Pflichtgefühl, Berechenbarkeit, Machbarkeit, Standhaftigkeit* als „Sekundärtugenden" verunglimpft („weil man ein KZ damit betreiben kann", Oskar Lafontaine, 1982), ja dann werden die Menschen, also wir, weil wir ja „kein KZ betreiben wollen", *Pflichtgefühl, Berechenbarkeit, Machbarkeit, Standhaftigkeit* über Bord werfen. Wir werden also nicht mehr so pflichtbewusst sein wollen, unberechenbarer werden, Ziele schleifen lassen und Aufgaben weniger konsequent erfüllen.

Wenn wir das aber 30 oder gar 40 Jahre, also ca. zwei Generationen lang, tagtäglich von Politikern, bevorzugt von der links/grünen Sponti-Ecke, „vorgebetet" bekommen „wie eine tibetanische Gebetsmühle", ja dann beginnen wir daran zu glauben und danach zu handeln.

Und ja, dann treten heutzutage Jung-Politiker in Fernsehsendungen auf und erzählen uns „coram publico", dass sie „maximal 20 Std./Woche arbeiten wollen, weil Arbeit krank macht" (Ex-Grüne Stolla), oder spielen den „jungen Marx" und wollen „die 226 Milliardäre in Deutschland in 226 Millionäre umzaubern" (Jung-Soze Türmer).

Liebe Leser!

Ich denke, spätestens jetzt müssen wir umsteuern, wollen wir nicht alle „samt und sonders den (wirtschaftlichen) Bach runtergehen". Wir dürfen diesen „Faulenzern" und „Gauklern" nicht „das (politische) Spielfeld überlassen"! Wir müssen diesen „Schmarotzer"-Apologeten „den Stecker ziehen", wir müssen dieser „Abzocker"-Mentalität ein Ende bereiten.

So darf es nicht weitergehen! „Es muss ein Ruck durch unser Land" (Roman Herzog, Ex-Präsident)! Fleiß muss wieder an Wert gewinnen und „Leistung muss sich wieder lohnen"! Die Strebsamen sollen wieder für ihr Tun anerkannt werden.

Meine Meinung, wir brauchen weitgehend einheitliche Arbeitszeiten in Europa; die 40 Std./Woche und mehr soll (wieder) die Regelarbeitszeit, Überstunden nur mit geringen Steueraufschlägen belastet werden, sodass die Menschen gerne mehr leisten wollen. Ich bin mir ziemlich sicher, dass wir Homines Pragmatici gerne diesem Angebot folgen werden.

Und ja, das gilt natürlich auch für die Betriebe und Unternehmen in Deutschland und Europa, die passende Arbeitsangebote an die Mitarbeiter weiterreichen sollen.

Zusammen mit moderaten Energiekosten in Europa werden wir sicherlich unsere Wirtschaft wieder zum Guten wenden, da bin ich mir sicher.

Auch das „Miteinander und Füreinander" sollte weitgehend eine gleiche Struktur haben, ich denke hier an die sozialen Absicherungsinstrumente wie Arbeitslosen-, Verdienstausfall-, Kranken-, Renten- und Pflegeversicherungen, wie in Kapitel 4.7, das Sozialsystem erläutert. Wie gesagt, sehr gut gefällt mir das Schweizer Sozialabsicherungsmodell, weil es alle Beitragszahler gleichermaßen erfasst und praktisch generationenunabhängig organisiert ist. Dazulernen kann ja nicht schaden.

Ein Teil der Wirtschaftspolitik ist natürlich auch die Rüstungspolitik, die wieder „vom Kopf auf die (Verteidigungs)Füße gestellt" werden muss. Denn die Realität zeigt, dass ein Verteidigungssystem nur dann gut funktioniert, wenn es optimal in den gesamten Wirtschaftskreislauf eingebunden ist.

Dazu gehört, dass wir uns wieder von der albernen Hochschulpolitik mancher deutscher Länder verabschieden müssen, die eine Forschung an „dual Use"-Kenntnissen verbieten wollen. Es ist nun mal so, dass „der Krieg der Vater aller Dinge ist" und dem müssen wir uns stellen, ob wir wollen oder nicht. Mehr dazu möchte ich im Kapitel 7.2.2 Verteidigung und Außenpolitik ausführen.

7.2.1.7 FINANZPOLITIK UND STEUERN

„Gib des Kaisers, was des Kaisers ist und Gott, was Gottes ist"
(Quelle: Bibel, Matthäus 22,21)

Steuern und Abgaben sind wohl so alt wie Menschen ihre Macht und Geltung imperial bestimmten. Sie waren die ersten „pekuniären" Instrumente, um Andere, neben der Sklaverei, in Form von Tributen ihre Ausgaben für Sicherheit, Kriegstechnik, Verwaltung & Staatsstruktur sowie Geltungsbedürfnisse bezahlen zu lassen. Egal ob es die Babylonier, die Assyrer, die ägyptischen Pharaonen oder die Römer waren, alle entwickelten ausgefeilte Formen von Steuern und Tributleistungen, die unterworfene Völker und deren Fürsten und Könige zu leisten hatten.

Machthabende sind dabei extrem erfinderisch, was das „Hineingreifen in die Taschen Anderer" anbelangt; ich denke da zum Beispiel an Kaiser Vespasian (9-79 p. Chr. n.), der für das Benutzen der öffentlichen Toiletten, einen Obolus verlangte, mit dem Hinweis, dass „Pecunia non olet" („Geld nicht stinkt"). Oder Kaiser Wilhelm II. (1859-1941), der im Jahr 1902 eine Sektsteuer zur Finanzierung der Kriegsflotte einführte - die Kriegsflotte gibt es seit über 100 Jahren nicht mehr, die Sektsteuer aber immer noch!

Auch ein vereinigtes Europa wird Steuern und Abgaben brauchen, um all die Ausgaben für ein gedeihliches Zusammenleben zu finanzieren. Ich denke, so ein Finanz- und Steuersystem sollte eigentlich kein großes Thema sein, es muss aber für uns Bürger transparent und nachvollziehbar strukturiert sein, also das Gegenteil dessen, was der jetzige deutsche Bund/Länderfinanzausgleich darstellt! Dieses intransparente und völlig unnötig „gebaute" Ausgleichsintrument darf nicht weiter zur Anwendung kommen. Dieses „System" IST für mich der Inbegriff einer verantwortungslosen Verschleierungspolitik von feudal herrschenden "Fürsten" und „Kleinkönigen", die nicht wollen, dass wir Bürger nachvollziehen können, was mit unserem schwer verdienten Geld passiert.

Wie bereits in Kap. 5.2, Steuern-der Ausgleich beschrieben, bin ich für eine Strukturierung des gesamten Steuersystems:

Ebene 1:   Europa (VSE)

Ebene 2:   Nation

Ebene 3:   Region

Ebene 4:   Städte/Gemeinden/Landkreise

Steuern/Abgaben sollen, oder besser müssen, getrennt, also transparent erfasst werden, sodass jeder Steuerzahler sofort erkennt, wohin seine Abgaben fließen und was mit seinem Geld passiert.

Die einzelnen Gebietskörperschaften sollten ihre Hebesätze selbst festlegen, wobei sie sich in einem vorgegebenen Rahmen nach oben oder unten bewegen bedürfen. Die einzelnen Steuern können von verschiedenen Ebenen bestimmt werden, das heißt mehrere Ebenen dürfen mit ihren eigenen Hebesätzen ihren Haushaltsbedarf abgrenzen.

Folgendes Beispiel mag das verdeutlichen:

Die steuerliche Bezugshöhe („das zu versteuernde Einkommen") muss überall gleich gehandhabt werden; da darf es keine Unterschiede geben. Die Steuern jedoch können variieren, je nach Ebene und/oder Region/Nation/Gemeinde.

Steuertyp	Europa	Nation/ Region	Gemeinde	gesamt
Einkommensst.	5-15%	5-15%	----	10-30%
Umsatzsteuer	6%	3- 7%	----	9-13%
Verteidigungsst.	*0-10%*	*----*	*----*	*0-10%*
Kapitalertragsst.	5-10%	10-20%	----	15-30%
Verkehrssteuer	1- 2%			
Energiesteuer	5- 8%	2- 5%	----	7-13%
Gewerbesteuer	----	3- 5%	7- 10%	10-15%
Grunderwerbsst.	----	0- 1%	0- 2%	0- 3%

Bitte sehen Sie diese Zahlen nur als Beispiel, wie die Steuern und Abgaben berechnet werden könnten; auf jeden Fall müssen sie für jeden Steuerzahler transparent vorliegen; so ein

„Länderfinanzausgleichs"-Gemauschel - wie unter den 16 Ländern in Deutschland geschehen - darf nicht mehr fortgeführt werden. Der „Länderfinanzausgleich" unter den 16 deutschen Bundesländern ist wirklich abstrus und „aus der Zeit gefallen".

Das VSE-Parlament (Europa-Ebene) darf als einzige parlamentarische Ebene die Höhe der Steuersätze alleine festlegen; Nationen sowie Regionen und Gemeinden müssen ihre Hebesätze untereinander abstimmen und durch einen Mehrheitsbeschluss festlegen; eine Überschuldung darf nur in engen Grenzen erfolgen (Schuldenbremse) und muss durch die übergeordnete Ebene zugelassen werden.

In jedem Fall soll vor der Gründung der Vereinigten Staaten eine umfassende Überprüfung der Steuern und Abgaben stattfinden - welche Steuern müssen bleiben, in welcher Höhe, welche Abgaben können vielleicht sogar wegfallen, aber auch welche Steuern sollen neu definiert werden.

Ein Beispiel für mich wäre anno Kaiser Wilhelms „Sektsteuer" von 1902, welche ersatzlos gestrichen werden könnte; dafür würde ich eine zweckgebundene Sicherheitssteuer („Verteidigungssteuer") für alle Europäer, also auf VSE-Ebene, einführen. Sicherheit und Verteidigung sind (leider im 21. Jhd) wieder ein sensibles Thema geworden und dürfen meines Erachtens nicht in die Mühlen der Politik geraten. Gerade Deutschland zeigt augenfällig, wenn Sicherheit und Verteidigung zum parteilichen Spielball werden. Sicherheit und Verteidigung sind essentielle Elemente eines Staates, die zu KEINEM ZEITPUNKT von irgendwelchen politischen Seiten in Frage gestellt werden dürfen.

Ich würde dafür zum Beispiel die Einkommenssteuer sowie die Umsatzsteuer niedriger ansetzen. Auch bei der Grunderwerbssteuer sowie der Gewerbesteuer würde ich sparen, um Anreize zum Kauf sowie zur Gewerbeansiedlung zu liefern; am besten wäre überhaupt der Wegfall derselben, aber das sollte erst zum Zeitpunkt der VSE-Gründung vorliegen.

7.2.1.8 KOMMUNIKATION UND MEDIEN

„So wie die Parteien und eine Regierung Kontrollen unterworfen sein müssen, so müssen auch Medien einer gewissen Kontrolle unterliegen. Allerdings ist die Kontrolle der Medien schwieriger, als die politische Kontrolle, weil Medienkontrolle in direktem Wiederspruch zur Meinungsfreiheit steht. Und eine Kontrolle der Meinungsfreiheit wollen wir alle nicht. Wir wollen alle die Meinungsfreiheit, weil das eines unserer höchsten demokratischen Güter ist. An dieser Säule sollen und dürfen wir unter keinen Umständen rütteln. Medien sollen auch Teil der politischen Kontrolle sein."

(Quelle: Rodolfo Di Telo, Mehr Europa wagen - der Weg, Europa-Parteien und Europa-Medien, Kap. 14.0, Supranationale Medien)

Ich weiß, das jetzige Kapitel wird mancher Journalist oder Medienvertreter als Durchgang durchs „Fegefeuer der Medienmacht" empfinden, weil ich einerseits natürlich für „Pressefreiheit" in einem möglichst großen Maße eintrete. Ich finde die freie Meinungsäußerung als ein Grundrecht eines jeden Einzelnen wie auch der gesamten Gesellschaft; sie ist Teil der Basis einer jeden Demokratie.

Aber, wie fast alles im Leben hat „jede Medaille zwei Seiten" - eine positive, aber auch eine andere, eine negative; so auch die Pressefreiheit. Egal welche Internetplattform man besucht, ob es „X" (Ex-Twitter), oder ob es „Tik Tok" sind, alle „modernen" Medien nehmen es mit der Wahrheit „nicht so genau"; man kann durchaus sagen, die Wahrheit wird dort oftmals „mit den Füßen getreten"! Es wird „gelogen, dass sich die Balken biegen", es werden einzelne Menschen und/oder ganze Gruppen oder Völker verunglimpft, beleidigt oder an „Leib und Leben" bedroht. Naja, Journalisten und Medienmacher sind halt die gleichen Homines Pragamtici, wie du und ich.

Aus diesem Grund bedarf es auch bei den Medien eine gewisse Form von Kontrolle, damit „die Medien nicht ungebremst" Halb- und/oder glatte Unwahrheiten „in die Welt hinaus posaunen".

Ein <u>supranationaler Presserat</u> wäre so eine Institution, die, neutral und sinnvoll strukturiert, sicherlich in der Lage wäre, eine Kontrolle der Medien durchzuführen.

Leider wurden auch diesbezüglich schon viele Anläufe auf nationaler und europäischer Ebene unternommen, es wurden sie aber - meist seitens der Medien - immer wieder unterlaufen. Naja, wer hat schon gerne Kontrolle über sich und soll „Rede und Antwort stehen", wenn es auch „ohne" geht.

Mit der Gründung der Vereinigten Staaten (VSE) muss natürlich auch über eine Kontrolle der Medien implementiert werden.

Öffentlich rechtliche Medien (ÖRR, Funk, Fernsehen)

Neben den vielen privaten Medien (TV, Internet, Print) haben sich in vielen Ländern auch öffentlich rechtliche Medien (ÖRR) sehr bewährt, die in gewisser Weise relativ neutral Dokumentationen und Nachrichten vermitteln. Diese Institutionen sollen nach meinem Dafürhalten auch in den Vereinigten Staaten (VSE) fortgeführt werden. Diese haben das (staatlich verbriefte) Recht Gebühren einzusammeln, dafür müssen sie sich einer strengen Medienkontrolle unterziehen.

Über die Art und den Umfang soll und muss diskutiert werden. Der öffentlich rechtliche Rundfunk (ÖRR) in Deutschland ist, was den Umfang und die Größe anbelangt, leider nur ein „halbgutes" Beispiel, weil er viel zu groß, aufgebläht und völlig überteuert den Bürgern mittlerweile zur Last fällt. Die halbe Anzahl an TV-Anstalten sowie an Personal würde völlig ausreichen, um die gleiche Qualität an Nachrichten und Dokumentationen zu liefern. Durch die historisch falsch entwickelten Ideen und Ziele des deutschen ÖRR sind viele unnütze und teure Parallelstrukturen entstanden, die heute „tief ins ÖRR-Kontor schlagen" und oftmals zu unverantwortlichen „Bediener-Denken" verkamen, diverse „Skandale" inklusive; der letzte große RBB-Skandal ist nur die Spitze einer monströsen „Bediener-Mentalität" an Gehältern sowie an Pensionsansprüchen, für die der normale Gebührenzahler überhaupt kein Verständnis mehr hat. Es werden Klein- und Kleinstsender (Radio Bremen, Saarländischer Rundfunk, Mitteldeutscher Rundfunk, Radio Berlin Brandenburg etc.) „künstlich beatmet" (am Leben gehalten), nur um dem 16-Länderföderalismus Genüge zu tun (siehe dazu auch das Kapitel 3.2.2, die 16-Länder Bürokratie in DE).

Zwei (2) internationale Sender („Das Erste" sowie das ZDF) und vier (4) Regional-TVs (gemäß Regionalstruktur) würden den aktuellen TV-Bedarf in Deutschland komplett abdecken.

Rodolfo Di Telo hat für mein Verständnis diesbezüglich gute Vorschläge unterbreitet.

Alle Sender werden unter einem gemeinsamen ÖRR-Vorstand zusammengefasst, der aus drei (3) Vorständen (Programm, Finanzen, Personal) besteht. Die Sender selbst verwalten und gestalten regional gemäß Vorstandsvorgaben das Programm und sind verpflichtet Personal und Budget einzuhalten.

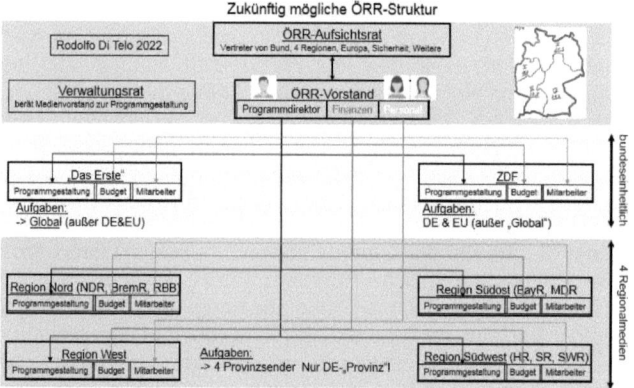

(Quelle: Rodolfo Di Telo 2022, zukünftige ÖRR-Struktur)

Die einzelnen Sender brauchen keine sündhaft teure Führung (i.e. „Intendanten") mehr, inkl. der völlig aus den Ufern geratenen Entourage zusammen mit den abstrus hohen Pensionsansprüchen.

Ein weiterer Vorteil dieser Struktur ist, dass im Rahmen der VSE lediglich die zwei internationalen Sender mit den Sendern anderer Nationen fusionieren und so EINE Struktur über die gesamte VSE bilden. Letztlich gibt es dann wieder zwei Sendegruppen, die in allen Sprachen zur selben Zeit die gleichen Nachrichten und Dokumentationen liefern.

Ergänzend kommt je VSE-Region ein Regionalsender hinzu; in Deutschland und Frankreich, als Basis-VSE, wären das zwei (2) internationale und sieben (7) Regionalsender (4 in DE und 3 in FR) gemäß VSE-Regionalstruktur

7.2.2 VERTEIDIGUNG, AUßENPOLITIK

„Si vis pacem, para bellum" („Wenn du Frieden willst, rüste zum Krieg")
(Quelle: Römisches Sprichwort)
„Der Krieg ist der Vater aller Dinge"
(Quelle: Heraklit (ca. 520-460 a. Chr. n.)
"Der Krieg ist eine bloße Fortsetzung der Politik mit anderen Mitteln."
(Quelle: Carl von Clausewitz (1780-1831), preußischer General)
„Ja, der 24. Februar 2022 wird definitiv in die europäische (und wahrscheinlich auch in die globale) Geschichte eingehen; er wird jetzt schon als „epochale Zeitenwende" beschrieben; es ist das Ende einer Fata Morgana des „es kann nicht sein, was nicht sein darf" und der Beginn einer entsetzlichen neuen Ungewissheit.
Das Datum wird eingehen, als das ultimative Ende von politischer Naivität, dumpfer Blauäugigkeit bis zur Selbstverleugnung und bis hin zu bewusster oder unbewusster Verneinung offensichtlicher Realitäten.
Das Mantra mit der frohlockenden Überschrift von der allseits aufblühenden und wachsenden

„Friedensdividende"

wehte Jahrzehnte lang als ewig währendes Siegeszeichen pazifistischen Denkens und Handelns über unseren Köpfen (bitte dabei die Ölzweig tragende weiße Taube nicht zu vergessen!).
„Stell dir vor es ist Krieg, aber keiner geht hin", „Frieden schaffen mit immer weniger Waffen", „Schwerter zu Pflugscharen" waren jahrzehntelange Losungen mit denen landauf landab für Frieden geworben wurde - besonders im wiedervereinigten Deutschland!"
(Quelle: Rodolfo Di Telo, Mehr Europa wagen-Die Umsetzung, Prolog)

Imperiale Gebilde neigen gerne dazu sich an anderen Ländern und Regionen zu vergreifen; leider gibt es aktuell für diese „Bedienermentalität" seitens der großen Mächte ungewöhnlich viele Beispiele!

Seit 2014 treibt der Möchtegern-„Zar" Wladimir P. sein imperiales Unwesen auf der Krim und seit 2022 in der Kernukraine. Auf beiden Seiten der Kriegsfront müssen Hunderttausende sterben und/oder an schweren Kriegsverletzungen leiden, nur weil der machtbesessene Kriegstreiber im Kreml seine blutrünstigen Krallen auf andere Länder ausstreckt und diese zu unterwerfen sucht.

Im „Palast des himmlischen Friedens" in Peking sitzt seit geraumer Zeit ein ebenso grausamer „Fürst der Finsternis", der zuerst die Tibeter und Uiguren im Land auf brutalste Art in Lagern „umerziehen" ließ und lässt, was ihm allerdings nicht ausreicht und deshalb die alte britische Kronkolonie Hongkong, trotz gegenteiliger völkerrechtlicher Zusagen, auf schlimmste Art und Weise „auf Linie bringen" lässt. Auch das ist ihm noch zu wenig - seine Blicke fokussieren sich in Richtung Taiwan; er wartet nur ab, wann er losschlagen kann.

Ja und im Januar 2025 ist gerade der altbekannte „Dealmaker" aus Mar-a-Lago wieder ins Kapitol eingezogen und will dort wohl „Remedur schaffen"; gleichzeitig hat er schon „angedeutet", dass er sich vorstellen kann die Clausewitzsche Maxime sowohl in Panama, als auch in Grönland zu beherzigen und „die Politik mit anderen (sehr bekannten) Mitteln fortzusetzen". Auch das unabhängige Kanada soll so nebenbei einer veränderten Grenzziehung unterworfen werden; salopp gesprochen wird dieser unseriöse Vorgang im kleinen Maßstab mit „ungewollter Eingemeindung" umschrieben.

Und wir Europäer, davon speziell wir Deutsche, sitzen da mit der weißen Friedenstaube auf der Schulter und einem rauchenden Cannabis-Joint im Mund und lassen das alles geschehen, als säßen wir in Bibi Langstrumpfs „Bullerbü" oder auf einem kindgerecht gestalteten „Ponyhof"!

Unsere rauschverzerrten Hohlaugen blicken teilnahmslos in die leere Unendlichkeit und lassen das globale Unheil an uns abtropfen, wie eine fiebrig flirrende Fata-Morgana im heißen Wüstensand. Wir nehmen die globale Realität um uns herum kaum noch wahr und lassen „es geschehen", Fatalismus und Realitätsferne schütteln sich die Hand, schicksalsergeben lungern wir in den rauchgeschwängerten Shisha-Lounges, fernab jeglicher Wirklichkeit wabert unser getrübtes Denken im Dunst des Trugschlusses.

So, oder so ähnlich empfinde ich die aktuelle Meinung vieler, weil „nicht sein kann, was nicht sein darf" - die brutalst mögliche Realität zu akzeptieren, dass wir hier in Europa über Jahrzehnte hinweg die dunklen Wolken des Hasses „auf alles Westliche", der Gier nach Macht und Einfluss sowie des Neids auf unseren Wohlstand ausblendeten und verleugneten.

Wir leben ja in einer „Welt der regelbasierten Ordnung", unser ideologisch/religiöser Pazifismus sowie unsere wohlige Friedlichkeit „zwingen" mögliche Imperialisten zu „Friede, Freude, Eierkuchen" sowie zu untadeligem Handeln uns gegenüber.

Aber mittlerweile wachen mehr und mehr aus ihren Träumen auf und im schmerzhaften Auskurieren ihres Katers erkennen sie die schaurigen Konturen einer sicherheitspolitischen Rutschbahn hin zu einem alles verschlingenden tödlichen Abgrund. Nichts bleibt wie es ist, alles „geht den Bach runter" - ihre realitätsfernen Friedensträume verwandeln sich in gruselige Albträume, schaurige Bilderfetzen von mörderischen Gulags, verstörende Blitze zerstörter Städte und Landschaften, geschändeter Leichen und verkrüppelter Gestalten huschen durchs Gehirn - alles ist plötzlich Realität, übertragen mit Real-TV aus dem täglichen „Leben", zum Beispiel der ukrainischer Bürger.

Die martialische Zerstörung der Ukraine ist das schlimmstmögliche Szenario von dem, was uns Europäern „blüht", wenn Putin „nach Europa" greift. Und immer noch treiben böse Manipulatoren am extremen linken und rechten Rand der politischen Denkrichtung ihre Lügenspiele vom „lupenreinen Demokraten".

Europäer!

Wacht auf und wehrt euch! Schwört ab von diesen Rattenfängern der „5. Kolonne Moskaus"!

Europäer, wir müssen uns zusammenschließen und die Vereinigten Staaten von Europa ins Werk setzen.

Dazu gehört eine gemeinsame europäische Verteidigungsarmee „mit allem Drum und Dran" sowie eine Außenpolitik „aus einem Guss"; erst dann werden wir Europäer von anderen Völkern und imperialen Mächten wirklich ernst genommen.

Des Weiteren gehört ebenso dazu eine Außenpolitik, die MIT EINER STIMME spricht! Die USA, China, Russland machen es vor, wie es klingt, wenn eine Stimme eines mächtigen Staats „die Stimme erhebt". Unseren europäischen Nationalstaatsaußenministern werden schon lange „keine Ohren mehr geliehen", sie werden nur noch als politische Leichtgewichte wahrgenommen.

7.2.2.1 VERTEIDIGUNG

Wir Europäer sind, oder besser unsere EU ist ein starker Wirtschaftsfaktor im globalen Wettbewerb. Wir sind aber militärstrategisch gesehen ein „Zwerg"; das ist unsere Achillesferse!

An dieser Schwäche müssen wir arbeiten - und zwar rasend schnell, weil wir uns in den letzten Jahrzehnten eine Politik leisteten, die uns in immer größeren Dosen „Pazifismus-Sand" in die Augen streuten, sodass wir daran fast erblindet sind.

BIP Deutschland, Frankreich (2024), Vergleich EU (2023) ,					
Ländervergleich	**BIP** (Mrd €) (Quelle: Statista)		**Verteidigung** (% vom BIP)		
	Einzel	gesamt	2%	3,50%	5%
EU der 27 Nationen 2022 (Quelle: Statista 2024)		15.810	316	553	791
Deutschland (2024)	4.306		86	151	215
Frankreich (2024 Prog. 3.174 Mrd. USD, Kurs 0,97 €)	3.079		62	108	154
Deutschland & Frankreich zusammen	7.385		148	258	369

(Quelle: Arnulf Dietl, Möglicher Verteidigungsetat DE&FR, EU)

Ich möchte hier jetzt keine Aufzählung machen, „was alles an Verteidigungsinstrumenten fehlt" - diese Liste würde das Buch sprengen - ich möchte mich hier nur grundsätzlich festhalten, dass diese europäische Verteidigungsarmee in jedem Fall so groß und wirkmächtig sein muss, dass sie ALLEN angriffswilligen imperialen Mächten die Stirn bieten kann. Unter diesem Anspruch darf die Armee nicht ausgestattet sein!

Die europäische Verteidigungsarmee MUSS ALLEN ANFORDERUNGEN moderner Kriegsführung gerecht werden; sie MUSS so abschreckend wirken, dass KEIN IMPERATOR der Erde auf die Idee kommt, uns Europäer auch in Ansätzen unseren wunderschönen Kontinent angreifen zu wollen.

Dafür MÜSSEN WIR alle finanziellen Mittel bereitstellen und wer die Lüge von der „Friedensdividende" weiterhin in den Mund nimmt, MUSS schärfstens in seine Schranken verwiesen werden; daran führt kein Weg mehr vorbei!

Neben den oben genannten alten Werten von 2% werden jetzt schon 3,5% und sogar 5% des BIP an Wehrausgaben „in den Ring geworfen"; Europäer, egal welche Zahl es letztlich ist, der

Wehretat muss genügend groß gestaltet sein, um alle unsere Verteidigungssysteme entsprechend optimal zu erstellen.

Rodolfo Di Telo hat bereits in seinem Buch, Mehr Europa wagen - Die Umsetzung, Ideen für eine Verfassung, Kap. 4.2 VSE Sicherheit/Verteidigung recht detailliert die Wehranforderungen umschrieben:

„Alternativ können sich einzelne EU-Länder ohne Druck dem VSE-Kerneuropa (FR&DE) militärisch anschließen, aber unter klarer Anerkennung der VSE-Kommandostruktur und -Verteidigungsausgaben; die dem VSE-Verteidigungsbündnis beitretenden europäischen Länder verpflichten sich zur vollständigen Übernahme der militärischen und budgetären VSE-Struktur. Anders funktioniert es nicht. Alle beitretenden Länder müssen sich langfristig (min 20 Jahre) sowohl das entsprechende Verteidigungsbudget, als auch das geforderte Personal (Soldaten) den vereinigten Kräften zur Verfügung zu stellen - ohne Wenn und Aber.

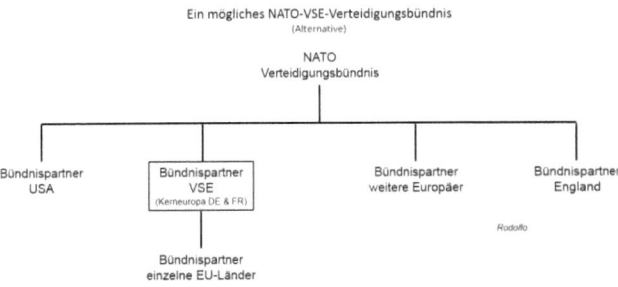

(Skizze: Rodolfo Di Telo, 2022, Variante NATO-Verteidigungsbündnis)

Das Beispiel Afghanistan hat augenfällig gezeigt, welche strategische Schwäche in unseren europäischen Sicherheitsstrategien steckt - sicherlich auch wieder ein Grund, warum sich Putin um uns Europäer einen feuchten Kehricht schert. Wir Europäer sind für ihn schlicht nur wehrlose Statisten, mit denen er nach Belieben umspringen kann. Jetzt, da er seine wahre (sta-

linistische) Fratze zeigt, müssen wir schnellstmöglich umden-
ken und unsere Sicherheit so gut und schnell wie möglich stär-
ken.

23 Jahre Appeasement-Politik (7 Jahre Putin-Schröder („Putin
ist ein lupenreiner Demokrat") und 16 Jahre eine Ölzweig we-
delnde Defensiv-Raute) haben überdeutlich unsere völlig fal-
sche Einstellung gegenüber „Brutal-Diktatoren" aufgezeigt. Wir
dürfen nicht (mehr) auf unsere Ölzweigpolitiker bauen, sondern
müssen den nationalstaatlichen Sumpf verlassen und gemein-
sam den europäischen Weg gehen. Und dazu gehört auch eine
global ausgerichtete, europäische Verteidigungsstrategie mit
allem, was sie ausmacht:

- *eine landgestützte Armee*
- *eine Luftwaffe*
- *eine maritime Flotte*
- *eine strategische Weltraumpräsenz*
- *eine Cyber- und IT-Abwehr*

Dies alles eingebunden in eine nukleare Waffentechnik.

Ich bin mir sicher, dass es genügend gut ausgebildete Sicher-
heitsexperten und Generäle gibt, die viel von ihrem Handwerk
verstehen und daher eine entsprechende europäische Sicher-
heitsstrategie aufbauen und umsetzen können.

Ein Kernteam von Militärexperten könnte sicherlich innerhalb
kürzester Zeit wirksame Strategien entwickeln, wenn es denn
dürfte und das nötige Kleingeld bekäme.

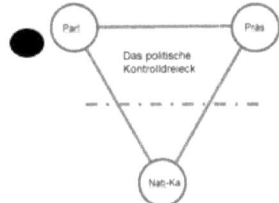

Ein nationaler Sicherheitsrat

Sicherheitspolitische Fragestellungen erfordern das eine oder andere Mal schnelle Entscheidungen, die nicht warten können, bis das gesamte Parlament zusammentritt, um diese Entscheidungen „durchzuwinken". Aus diesem Grund soll ein permanenter nationaler Sicherheitsrat der Regierung beigestellt sein, der, zusammen mit dem Regierungschef sowie ausgewählten Ministern, schnellstmöglich sicherheitspolitische Entscheidungen treffen kann, zum Beispiel bei möglichen Angriffen auf das VSE-Staatsgebiet.

Eine eigenständige europäische Rüstungsindustrie

Zu einer eigenständigen europäischen Verteidigungsstrategie gehört natürlich auch eine eigene europäische Rüstungsindustrie, die ihren Namen verdient. Europa, speziell Deutschland und Frankreich, verfügen über Tausende bestens ausgebildeter Techniker und Wissenschaftler, die in der Lage sind hervorragende und modernste Verteidigungstechnik zu entwickeln und umzusetzen, wenn man sie damit von staatlicher Seite beauftragt."
(Quelle: Rodolfo Di Telo, Mehr Europa wagen-Die Umsetzung, Kap. 4.2 Sicherheit/Verteidigung)

Rodolfo Di Telo hat sich schon sehr intensiv mit und über Europa auseinandergesetzt, da muss ich mich nicht noch näher vertiefen.

7.2.2.2 AUßENPOLITIK

Gerne verweise ich auch in diesem Kapitel auf Rodolfo Di Telo mit seinem Buch „Mehr Europa wagen-Die Umsetzung, Kap. 4.3, VSE-Außenbeziehungen).

Generell möchte ich nur darauf hinweisen, dass die Zusammenlegung der Außenministerien sowie der zugehörigen Botschaften und Vertretungen ein großes Einsparpotential an Bürokratie sowie an barem Geld bietet.

Weitere teure Einrichtungen wie die Vertretungen bei den internationalen Behörden wie der UNO mit ihren Untergruppierungen sowie der EU selbst könnten massiv reduziert werden.

Ich weise immer wieder darauf hin, welch ein finanzielles Potential in all diesen „Vertretungen" gehoben werden kann.

7.3 REGIONEN UND NATIONEN

In meinem Buch „Mehr Europa wagen - Die Vision, die Überwindung der Staateritis" bin ich bereits sehr intensiv auf die unterschiedlichen Regierungssysteme innerhalb der aktuellen EU eingegangen und habe anhand des Europa-Pendels den großen Unterschied zwischen der französischen und der deutschen Regierungsform dargelegt.

Im Kern handelt es sich um unterschiedliche Regierungsformen basierend auf der sehr zentralen Struktur in Frankreich sowie der (sehr) föderalen Struktur in Deutschland.

(Quelle: Rodolfo Di Telo 2022, Mehr Europa wagen – Die Umsetzung, Ideen für eine Verfassung, Kap. 2.2 Das politische Europapendel)

Rodolfo Di Telo hat sich intensiv mit der Frage beschäftigt, wie wir einen (Macht) Ausgleich innerhalb der europäischen Länder hinbekommen können, der einerseits föderal, aber andererseits auch doch so „zentral" gestaltet ist, dass die „ewigen Blockaden" innerhalb der EU minimiert werden können.

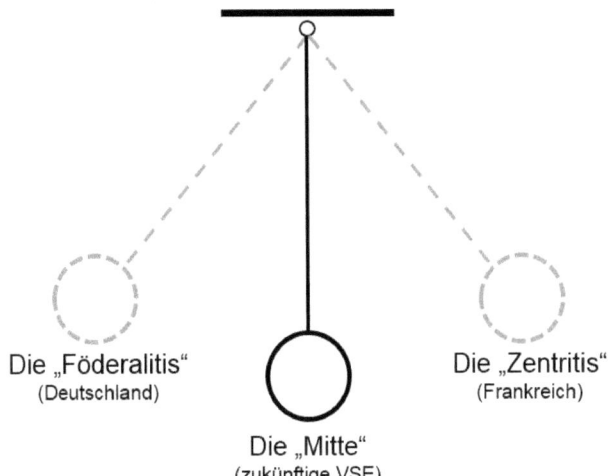

Das politische Europa-Pendel
der Staateritis
(und die beiden politischen Extreme)

Die „Föderalitis"
(Deutschland)

Die „Zentritis"
(Frankreich)

Die „Mitte"
(zukünftige VSE)

(Skizze: Rodolfo Di Telo 2022, Mehr Europa wagen – Die Umsetzung, Ideen für eine Verfassung, Kap. 2.2 Das politische Europapendel)

In seinem Buch „Mehr Europa wagen-Die Umsetzung, Ideen für eine Verfassung der Vereinigten Staaten von Europa (VSE) hat sich Rodolfo Di Telo schon sehr ausführlich über VSE-Strukturen, -Parlamentsführung sowie -Entscheidungsebenen auseinandergesetzt, sodass ich hier nur eingeschränkt darauf eingehen möchte. Sein Buch ist in jedem Fall als Kontext zum meinem zu verstehen.

Europa, die EU steht vor extrem unterschiedlichen Staats- und Regierungssystemen, weswegen das zu einer oftmaligen Blockade innerhalb der EU kommt. Die zwei Extreme innerhalb der Länderstruktur der europäischen Länder ist auch ein Teil der „inneren Zerrissenheit" der EU.

Betrachten wir die beiden großen und dominierenden Länder Frankreich und Deutschland, dann erkennt man schon die große Unterschiedlichkeit in den Regierungsmöglichkeiten

Rodolfo Di Telo hat eine, für mich sehr schlichte, aber anschauliche, Darstellung über die unterschiedlichen politischen (Macht)Verhältnisse dargelegt. Beide Länder waren in der Vergangenheit die prägenden Machtsysteme in Europa (englisch, „auf dem Kontinent"); sie sind recht alt und deshalb besonders tief verankert in den jeweiligen Gesellschaften. Auslöser war letztlich der 30-jährige Krieg, der dann im Westfälischen Frieden zu einer völlig neuen Ordnung in Europa geführt hat.

Ohne jetzt tief „in die Geschichte einsteigen" zu wollen, möchte ich nur festhalten, dass die jeweiligen Könige, Fürsten oder Landesherrn bestimmen durften, welche religiöse Ausrichtung erlaubt ist („Cuius regio, eius religio"); es war letztlich eine Öffnung gegenüber dem Augsburger Frieden von 1555, der nur eingeschränkte Rechte innerhalb des Heiligen römischen Reichs den Religionen zugestand, was wiederum der Auslöser für den 30-jährigen Krieg war; das sollte nicht wiederholt werden.

Die „Föderalitis" (Rodolfo Di Telo) in Deutschland

Das führte dazu, dass nun jeder kleine Fürst oder Herzog im Reich bestimmte, welche Religion in seinem Land ausgeübt wird, inklusive der (absolutistischen) Machtfülle - was zu einer völligen Zersplitterung und damit Schwächung des Heiligen römischen Reichs führte, natürlich gewollt und gefördert von den anderen europäischen Mächten wie Frankreich, England usw. Diese (heute föderale) Struktur spiegelt sich im Wesentlichen immer noch im Selbstverständnis der 16 Länder und Ministerpräsidenten wieder. Es gibt praktisch kein politisches Gebiet auf nationaler Ebene, das nicht auch von den „Länderfürsten" abgesegnet" werden muss. In Kapitel 3.2.2, Die 16-Länderbürokratie in Deutschland habe ich mich bereits sehr deutlich damit beschäftigt.

Diese Art der „Zusammenarbeit" führt oft zu einer langwierigen Entscheidungsphase bis hin zu einer vollständigen Blockade des deutschen Politbetriebs, weil die (nationale) Regierung praktisch keine eigenen Entscheidungsrechte hat; alles, aber auch wirklich alles muss durch „die Ländermühle".

So mancher Ministerpräsident fühlt sich dementsprechend auch mehr als „Fürst", der auf Zeit gewählt wird, als „als Diener des Volks"; er sieht sich eigentlich auf der Ebene des Bundespräsidenten, aber zumindest auf der Ebene des Bundeskanzlers, der „Staatsgeschäfte" auch so versteht, dass er zum Beispiel als „(Neben)Bundeskanzler" „durch die Welt" fliegt" und anderen Staatsoberhäuptern die Hände schüttelt; viele Bilder aus der Vergangenheit zeigen diverse Ministerpräsidenten, wie sie dem Kriegsverbrecher Putin (so darf man ihn nennen) die Hände schütteln. Es wirkt schon manchmal peinlich und führt die ganze Lächerlichkeit vor Augen; „Schuster, bleib bei deinen Leisten!", würde man da gerne zurufen.

Als „Krönchen" der Föderalitis haben die „Länderfürsten" auch noch jeweilige „Vertretungen" bei der EU in Brüssel; das ist wohl der Höhepunkt des deutschen Föderalismus. Man fragt sich manchmal wirklich, wer Deutschland regiert, und ob das nicht „ein Zuviel des (föderalen) Guten" ist. „Viele Köche verderben den Brei" und 16 Polit-Köche allemal!

Das Problem ist nur, dass wissen diese „Köche"; sie machen aber munter weiter, weil es „im Grundgesetz so steht".

Die „Staateritis" (Rodolfo Di Telo) in Frankreich

In Frankreich setzte sich der Katholizismus durch und war damit Staatsreligion; der französische König regierte „absolut", das König Ludwig XIV. kurz und knapp in einem berühmten Satz zum Ausdruck brachte: „L'État, c'est moi!" („Der Staat, das bin ich"). Besser kann man den absoluten Herrschaftsanspruch nicht definieren.

Der heutige französische „Président" ist aus dieser historischen Entwicklung heraus auch mehr „ein König auf Zeit" mit einer Fülle an Macht ausgestattet, ähnlich dem des US-Präsidenten.

Die französische Politik entspricht auch mehr einer Präsidialdemokratie. Die ganze Machtstruktur in Frankreich ist mehr oder minder zentral auf Paris konzentriert. „Alles passiert in Paris" ist eine treffende Beschreibung von Rodolfo Di Telo.

Die aktuelle EU in der Zwickmühle

Diese völlig unterschiedlichen politischen Machtstrukturen in Frankreich und in Deutschland führen natürlich oft zu einer unterschiedlichen Ausrichtung in der EU, was dazu führt, dass innerhalb der EU praktisch alle politischen Initiativen zuallererst mal blockiert, behindert oder gar fallen gelassen werden. Erst nach langwierigen und schwierigen Verhandlungen kommen mögliche politische Prozesse in Gang. Dieser zeitraubende und oftmals unnötige politische Prozess kostet viel Kraft bei allen beteiligten Politikern, sowohl auf EU-Ebene, wie auch auf der nationalen Ebene.

Des Weiteren - und das ist für mich viel prekärer - hängt die gesamte EU-Politik von der jeweiligen politischen Ausrichtung in Deutschland und in Frankreich zusammen. Verstehen sich die jeweiligen politischen Akteure in den beiden Ländern gut, dann „läuft auch die EU-Maschinerie wie geschmiert", verstehen sich die Akteure nicht, oder nur schlecht, dann ist „Sand im Getriebe" der Politik und die gesamte EU ist dann meist davon betroffen. Das ist aktuell sehr gut zu sehen; Scholz und Macron haben „keinen guten Draht" zueinander, ihre Denkmuster und politischen Ansichten sind sehr unterschiedlich, was sich dann leider auch im laufenden „EU-Geschäft" widerspiegelt.

Die EU ein Sammelsurium von Klein- und Kleinststaaten

Die EU der 27 ist ein unübersichtliches Konglomerat von fünf (5) mittelgroßen und 22 Klein- und Kleinstaaten; aber jede einzelne Nation hat ein Veto-Recht bei vielen politischen Entscheidungen, sodass die EU oftmals als ein „zahnloser Tiger" gegenüber anderen Ländern und Mächten wirkt.

Dieses „Einstimmigkeits"-Votum wird deshalb auch von vielen außereuropäischen Mächten lustvoll ausgenutzt, um die EU zu lähmen, oder um die (wirtschaftliche) Macht zu unterlaufen. Ungarns Orban und Fico aus der Slowakei sind aktuell „leuchtende Beispiele" für die Freundschaft zu Putin und damit im Widerspruch zu EU-Plänen Sanktionen gegen Putin durchzusetzen.

Wie soll aber dieses EU-„Konglomerat" strukturiert werden, um bessere politische EU-Ergebnisse zu erzielen. Auch da hat Rodolfo Di Telo eine, für mich grandiose, Idee parat. In seinem Buch "Mehr Europa wagen-Die Umsetzung, Ideen für eine Verfassung der VSE, Kap. 2.3 Groß- und Kleinstaaten" beschreibt einen Ausgleichsmechanismus zwischen den wenigen Mittelgroßen und den Klein- und Kleinstaaten in Europa.

Die unten dargestellte Tabelle zeigt die Bevölkerungsstruktur innerhalb der 27 EU-Nationen; die fünf (5) mittelgroßen Länder sind Deutschland, Frankreich, Italien, Spanien sowie Polen und machen ca. 2/3 der gesamten EU-Bevölkerung aus. Weitere 19 Länder haben eine Bevölkerungsanzahl zwischen 1-20 Mio. Einwohner. Das Schlusslicht bilden die drei (3) Kleinstländer, Zypern, Luxemburg und Malta.

Der Abstand zwischen Deutschland (ca. 83,2 Mio. EW) und dem Schlusslicht Malta (ca. 0,5 Mio. EW) ist enorm; Deutschlands Bevölkerung ist ca. 166-fach größer als Maltas Bevölkerung, die maltesische Regierung hat aber das gleiche Stimmrecht innerhalb der EU, nämlich ein Vetorecht!

Solche krassen Unterschiede in der Gewichtung darf es in einem System nicht geben! Das führt unweigerlich zu Streit und Machtmissbrauch und MUSS zukünftig vermieden werden.

	Bevölkerung	Zuordnung der Bevölkerung in Mio. nach Größe						
	Mio.	bis 1	1-5	5-10	10-20	20-40	über 40	Summe
Deutschland	83,2						83,2	
Frankreich	67,2						67,2	
Italien	60,3						60,3	
Spanien	47,3						47,3	
Polen	*37,9*						*37,9*	
Rumänien	19,3				19,3			
Holland	17,4				17,4			
Belgien	11,5				11,5			
Griechenland	10,7				10,7			
Tschechien	10,7				10,7			
Schweden	10,3				10,3			
Portugal	10,3				10,3			
Ungarn	9,8			9,8				
Österreich	8,9			8,9				
Bulgarien	7,0			7,0				
Dänemark	5,8			5,8				
Finnland	5,5			5,5				
Slowakei	5,5			5,5				
Irland	5,0			5,0				
Kroatien	4,1		4,1					
Litauen	2,8		2,8					
Slowenien	2,1		2,1					
Lettland	1,9		1,9					
Estland	1,3		1,3					
Zypern	0,9	0,9						
Luxemburg	0,6	0,6						
Malta	0,5	0,5						
Einwohner EU gesamt		2,0	12,2	47,5	90,2	0,0	295,9	447,8
		151,9					295,9	*447,8*
		33,9%					66,1%	100,0%

Bevölkerungsstruktur der Europäischen Union der 27 Länder

Quelle: Statista 2020
erstellt: Rodolfo 27.12.2021

(Quelle: Statista, Diagramm Rodolfo Di Telo 2021, Bevölkerung der EU)

Ausgleich durch ein Zwei-Kammer-System

Rodolfo Di Telo hat versucht einen Ausgleich für dieses wirklich ungerechte Ungleichgewicht zu schaffen, indem er mittels der Einführung von Regionen eine Art „Mittellösung" kreierte, die als politische „Zwischenebene" fungiert.

Grundsätzlich soll es eine Gewaltenteilung innerhalb der Führung der Vereinigten Staaten von Europa geben:

- VSE-Präsident
- VSE-Parlament
- VSE-Nationen/Regionen-Kammer

Diese drei (3) Regierungsinstrumente wirken wie ein Dreieck zueinander und sollen eine gegenseitige Kontrolle der ausgeprägten Machtfülle sein.

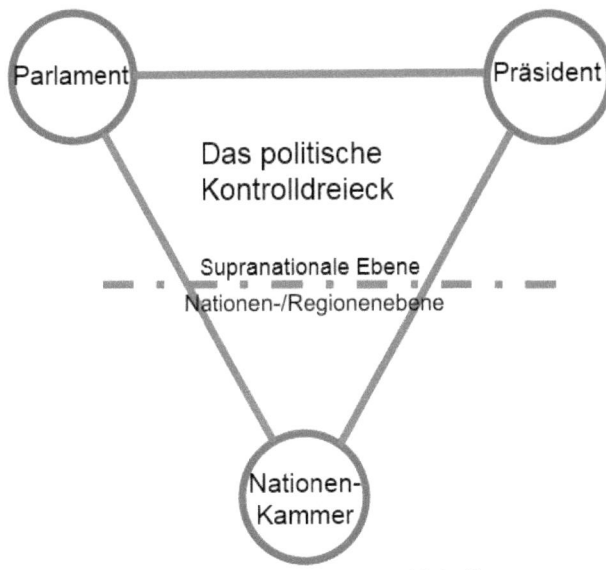

(Skizze: Rodolfo Di Telo 2022, das politische Kontrolldreieck)

Ergänzend dazu soll es eine VSE-Verfassung geben, die die VSE-Regierungsgeschäfte regelt.

VSE-Präsident sowie das VSE-Parlament agieren auf supranationaler Ebene, während die Nationen/Regionen-Kammer die nationalen/regionalen Belange vertritt.

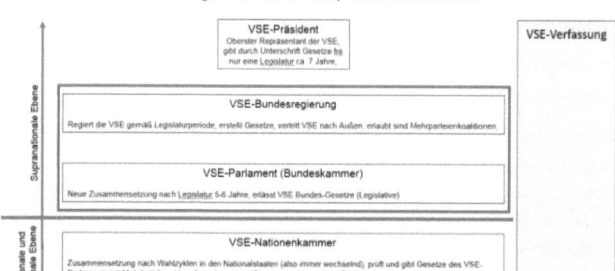

(Skizze: Rodolfo Di Telo 2021, politische Struktur der VSE)

Zu den Details dieser Struktur, lieber Leser, besorgen Sie sich bitte die Bücher von Rodolfo Di Telo, insbesondere zu den Themen VSE-Verfassung und VSE-Verfassungsorgane („Instrumente").

Wie gesagt Rodolfo Di Telo versucht aus dem EU-Länder-„Konglomerat" eine für alle vertretbare Struktur zu finden und empfiehlt deshalb die gemeinsam notwendigen VSE-Regierungsgeschäfte in einer separaten Ebene (der VSE-Regierungsebene) zu bündeln.

Nationen/Regionen-spezifische Gesetze/Regelungen sollen in der Nationen/Regionen-Ebene geregelt werden, wobei die Grundregel gelten soll, dass nur so viel wie nötig auf der VSE-Ebene geregelt wird (zum Beispiel Verteidigung/äußere Sicherheit, Außenbeziehungen, Währung, Wirtschaft etc.), während alle VSE-„inneren" Gesetze auf der Nationen/Regionen-Ebene bleiben sollen.

Bevölkerungsstruktur der Europäischen Union der 27 Länder								
Quelle:	Statista 2020							
erstellt:	Rodolfo	27.12.2021						

| | Bevölkerung | Zuordnung der Bevölkerung in Mio. nach Größe | | | | | | |
	Mio.	bis 1	1-5	5-10	10-20	20-40	über 40	Summe
Deutschland	83,2						83,2	83,2
Frankreich	67,2						67,2	67,2
Italien	60,3						60,3	60,3
Spanien	47,3						47,3	47,3
Polen	37,9						37,9	37,9
Rumänien	19,3				19,3			
Holland	17,4				17,4			
Belgien	11,5				11,5			
Griechenland	10,7				10,7			
Tschechien	10,7				10,7			
Schweden	10,3				10,3			
Portugal	10,3				10,3			
Ungarn	9,8			9,8				
Österreich	8,9			8,9				
Bulgarien	7,0			7,0				
Dänemark	5,8			5,8				
Finnland	5,5			5,5				
Slowakei	5,5			5,5				
Irland	5,0			5,0				
Kroatien	4,1		4,1					
Litauen	2,8		2,8					
Slowenien	2,1		2,1					
Lettland	1,9		1,9					
Estland	1,3		1,3					
Zypern	0,9	0,9						
Luxemburg	0,6	0,6						
Malta	0,5	0,5						
Einwohner EU gesamt		2,0	12,2	47,5	90,2	0,0	295,9	447,8
		151,9					295,9	447,8
		33,9%					66,1%	100,0%

Optimale Region bei ca. 20-25 Mio. Einwohnern

→ ca. 22-25 Regionen bei 450 bis 500 Mio. Einwohnern

(Quelle: Statista, Rodolfo Di Telo 2022, Optimale Größe einer Region)

Rodolfo Di Telo empfiehlt die Bildung einer „optimalen" Größe von Regionen mit ca. 20-25 Mio. Einwohnern als eine mittlere Zwischengröße zwischen den großen und den kleinen Nationen in der EU und später in Europa. Die „großen" Länder bilden innere Strukturen, während sich die kleineren Nationen zu Regionen bündeln.

Vereinigte Staaten von Europa (VSE), VSE Nationen-Kammer

Daten:	Statista								
Chart:	Rodolfo	17.03.2022							

Nation	Region	Nation ca. 20 Mio. EW Einwohner	Region ca. 20 Mio EW	Anzahl	Nation gemäß EW	pro Region	Mandatare 3/20 Mio EW		Mandatare gesamt
Frankreich		65,0			72,2 / 72				
	Nord-West		21,7			24	3		27
	West		21,8	3		24	3		27
	Ost		21,7			24	3		27
					Überhang	0			0
Deutschland		83,2			92,4 / 92				
	Nord		21,2			23	3		26
	West		18,0	4		20	0		20
	Süd-Ost		21,5			23	3		26
	Süd-West		22,5			25	3		28
					Überhang	1			1
Italien		60,3			67,0 / 66				
	Nord (fiktiv)		20,1			22	3		25
	Mittel (fiktiv)		20,1	3		22	3		25
	Süd (fiktiv)		20,1			22	3		25
					Überhang	0			0
Spanien		47,3			52,5 / 52				
	Nord (fiktiv)		22,3	2		24	3		27
	Süd (fiktiv)		25,0			27	3		30
					Überhang	1			1
Polen		37,9			42,1 / 42				
	Nord (fiktiv)		20,0	2		22	3		25
	Süd (fiktiv)		17,9			19			19
					Überhang	1			1
Rumänien		19,3 26,3		1	21,4 29,0	29	3		32
Bulgarien		7,0			7,8				
					Überhang	0			0
Holland		17,4 29,5		2	32,8 33	33	3		36
Belgien		11,5							
Luxemburg		0,6							
					Überhang				
Griechenland		10,7 11,6		1	11,9 12	12			12
Zypern		0,9			1,0				
					Überhang				0
Tschechien	Nord (fiktiv)	10,7	20,5		11,9	11	3		14
Österreich		8,9			9,9				
Slowenien		2,1 41,1	20,6	2	2,3 45	22	3		25
Ungarn	Süd (fiktiv)	9,8			10,9				
Slowakei		5,5			6,1				
Kroatien		4,1			4,6				
					Überhang	12			12
Portugal		10,3		1	11,4 11	11			11
					Überhang	11			11
Irland		5,0		1	5,6 5	5			5
					Überhang	5			5
Schweden		10,3							
Dänemark		5,8 21,6		1	24,0 24	24	3		27
Finnland		5,5							
					Überhang	0			0
Litauen		2,8			3,1				
Lettland		1,9 6,0		1	2,1 6	6			6
Estland		1,3			1,4				
					Überhang	6			6
Malta		0,5			0,6 1				
					Überhang	1			1
Einwohner EU gesamt	445,6			24	495 490	490	51		541

| Mandatare Maximal | | | | | 495,1 495 | | | | |
| Einwohner pro Mandatar (Annahme) | | | | | 0,90 | | | | |

(Quelle: Rodolfo Di Telo 2022, Beispiel für die Mandatsberechnung)

Diese Vergleichmäßigung der Regionen erlaubt eine weitgehend ausgeglichene Gewaltenteilung von großen und kleinen Nationen. Die Bildung von Regionen soll besser akzeptiert werden, indem die Nationen/Länder einen (Mandataren)Bonus erhalten, wenn sie die Struktur der Regionen übernehmen. Für die Kern-VSE aus Deutschland und Frankreich würden sich nach Rodolfo Di Telos Vorstellung:

- Vier (4) Regionen in Deutschland und
- Drei (3) Regionen in Frankreich

Ergeben, zusammen also sieben (7) Regionen:

„VSE-Kerneuropa (Deutschland und Frankreich)",
die Fortführung der „Mitte"; ca. 7 Regionen á 20-25 Mio. Einwohnern
(mit dann wirklich föderalen Strukturen in den „VSE" innerhalb der EU der 27)

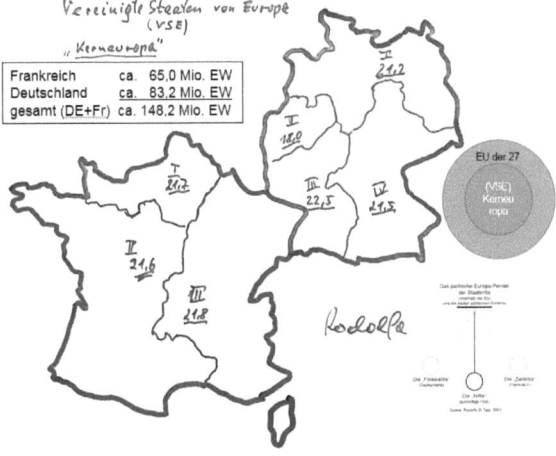

(Skizze: Rodolfo Di Telo, 2021, DE & FR politischer Zustand)

Diese Vergleichmäßigung durch Regionen würden den unseligen Unterschied zwischen Deutschland („16-Länder-Föderalitis") und Frankreich („Zentritis") ausgleichen - meines Erachtens ein großer Vorteil in der Zusammenarbeit der beiden Länder.

VSE-Parlament und VSE-Nationen/Regionen-Kammer

Anforderungen an das VSE-Parlament und die Bundesregierung	
Parlamentsgröße max. 500 Sitze (Kerneuropa (DE und FR) ca. 150 Sitze)	
Merkmal	**Anforderung**
Wahlperiode	5-6 Jahre
Wahlart	Parteiwahl (Kumulieren und Panaschieren möglich)
Wahlmodus	Direktwahl (keine „Wahlbezirke" keine „Nationen/Regionen")
Sperrklausel	Ja, 5-8% (der abgegebenen gültigen Stimmen)
VSE-Bundesregierung	
Wahlperiode	5-6 Jahre
Koalitionsbildung	Ja!
Ernennung durch	Bundespräsident
VSE-Zuständigkeit: Bundeskanzler	Regierungschef (100%)
Finanzminister	100%
Außenminister außer EU	100%
Minister für EU-Fragen	100%
Verteidigungsminister	100%
Klima/Umweltminister	100%
Innenminister	100%
Wissenschaftsminister	100%
Justizminister	100% (VSE-Ebene)
Wirtschaftsminister	100% (VSE-Ebene)
Verkehrsminister	100% (VSE-Ebene)
Rahmenbedingungen schaffen für: • Justiz • Innere Sicherheit • Bildung/Universität • Energie • Verkehr • Agrarwesen • Genehmigungen • Natur/Naturschutz • Investitionen • Förderprogramme	Umsetzungsleitlinien für regionale Belange (Die Umsetzung folgt in den Nationen/Regionen)

(Tabelle: Rodolfo Di Telo 2022, VSE-Parlament und VSE-Bundesregierung)

Anforderungen an die VSE-Nationenkammer	
Parlamentsgröße max. ca. 500 Sitze (Kerneuropa (DE & FR) ca. 150 Sitze anfänglich)	
Merkmal	**Anforderung**
Wahlperiode	5-6 Jahre
Wahlart	Parteiwahl (national/regional) (kumulieren & panaschieren mög- lich)
Wahlmodus	Parteien direkt (keine „Wahlbezirke")
Sperrklausel	Ja, 5-8% (der abgegebenen gültigen Stimmen je nach Region/Nation)
Ernennung eines Nationenkammerpräsidenten	Vorwahl -> 2 Kandidaten Hauptwahl -> Präsident, Vizepräsident
Ernennung eines Nationenkammervizepräsidenten	Vorwahl -> 2 Kandidaten Hauptwahl -> Präsident, Vizepräsident
Wahlperiode	5-6 Jahre
Ernennung/Berufung	VSE-Präsident
Hauptaufgabe	Die Interessen der Nationen und Regionen im Regierungsdreieck wahrnehmen; Kontrolle der Bundesregierung -> Zustimmung zu Gesetzesvorla- gen bei zustimmungspflichtigen Ge- setzen

(Tabelle: Rodolfo Di Telo 2022, VSE-Nationenkammer)

Das VSE-Parlament soll mit ca. einem (1) Mandatar pro 1 Mio. VSE-Einwohner besetzt werden, ditto die Nationenkammer.

Die anfängliche Kern-VSE, bestehend aus Frankreich und Deutschland soll aus max. je 150 Mandataren bestehen und gemäß der Aufnahme weiterer VSE-Kandidaten entsprechend „wachsen", bis die Zielgröße von je 500 Mandataren erreicht ist.

7.4 NEUE PARTEIENLANDSCHAFTEN

Egal, welche Zeitung man liest, oder welches Fernsehprogramm man ansieht, der europäische Nationalstaat hat sich überlebt; Europa, die EU, wir Europäer MÜSSEN neue Wege gehen.

Mein Vorschlag, oder ehrlicherweise der Rodolfo Di Telos, ist der Weg zur Gründung der Vereinigten Staaten von Europa (VSE) die einzige Lösung für uns Europäer, um zukünftig (noch) so frei und unabhängig leben zu können, wie wir bis dato leben durften.

Wir haben uns so sehr an demokratische Regierungssysteme gewöhnt, dass wir nicht sehen, oder nicht sehen wollen, dass unsere ganze demokratische Freiheit momentan durch alle möglichen Mächte in Gefahr geraten ist. Die „regelbasierte Ordnung" wird mit „Füßen getreten", imperial getriebene Großmächte strecken ihre „Finger" aus, um sich Gebiete, oder ganze Völker einzuverleiben. Sie „zeichnen neue Grenzen" ohne Rücksicht auf langjährige Verträge und Abkommen.

Putin möchte uns alle schlicht „unter seine (verbrecherischen) Fittiche nehmen", China streckt seine (vorerst noch) wirtschaftlichen „Finger" nach uns aus und der gerade wiedergewählte „Dealmaker" in den USA will uns mehr oder weniger massiv zu „Geschäften nach seinen Bedingungen" zwingen.

Das alles ist keine gute Voraussetzung für ein „gedeihliches Leben" in Europa. Wir müssen uns „warm anziehen", das politische (Welt)Klima wird rauer!

Europäer!

Wir müssen (noch) mehr zusammenstehen und unsere Kräfte bündeln, aber leider stehen wir uns wieder mal selbst im Weg! Der Nationalstaat ist so fest und tief verankert, dass wir mögliche Lösungen nicht sehen können, oder sie nicht sehen wollen.

ALLE unsere aktuellen (National)Parteien gaukeln uns eine sozial- und verteidigungspolitische „Sicherheit" vor, die überhaupt nicht mehr gegeben ist. Oder wenn eine Partei doch die eine oder andere Schwierigkeit sieht, dann bietet sie (leider) nur auf nationaler Ebene eine (Schein)Lösung an.

Und es kann nur eine Scheinlösung sein, weil kein europäischer Staat allein in der Lage ist, sich gegen die aktuelle globale neoimperiale Machtverteilung zu stemmen.

Unsere (National)Parteien, also die politischen Mandatare der Parteien, bieten uns keine (wirklich zufriedenstellende) Lösung der Probleme an, weil sie egoistisch an ihren aktuellen parlamentarischen „Pfründen" hängen, von denen sie „kein Jota" abgeben möchten. Sie denken nur an ihre eigene (kurzsichtige) Zukunft und lassen die mittel- und langfristig entstehenden Probleme zu unseren Lasten bewusst ausgeblendet.

Dieses politische „Verhalten" ist aber kein deutsches, oder Französisches oder das Problem eines anderen europäischen Landes, sondern da sitzen ALLE nationalen Politiker in allen europäischen Ländern „im selben Boot". Sie versuchen „ihre Felle zu retten", solange sie können, ohne auch nur ein Jota an uns Menschen in Europa zu denken.

ALLE aktuellen (nationalen) Parteien in Europa sind „zukunftslos"; sie haben KEINE VISION von einem zukünftigen Europa! Sie sind politisch „ausgelaugt" und nicht mehr fähig Visionen zu entwickeln! Die Mandatare kleben nur noch an ihren Sesseln und kämpfen um ihre Pfründe, mehr ist bei ihnen „nicht mehr drin"!

Gründung von (supranationalen) Europa-Parteien

Deshalb MÜSSEN WIR EUROPÄER das „Heft selbst in die Hand nehmen" und transnationale Parteien „ins Werk setzen", um unserer eigenen Zukunft und Sicherheit Willen!

Wir müssen unsere nationalen Parteien hinter uns lassen - und ohne diese - unseren „europäischen Weg gehen"! Wir müssen uns zusammenschließen und grenzüberschreitende Parteien gründen. Wir müssen unser „europäisches Schloss" (Rodolfo Di Telo) von Grund auf renovieren und unsere Sicherheitsinstrumente erneuern und verstärken.

Unser Europa ist viel zu schön, als dass wir es „den Bach runtergehen lassen" dürfen!

7.5 LINGUA EUROPAE AUREA

„Wer auf andere Leute wirken will, der muss erst einmal in ihrer Sprache mit ihnen reden"
(Kurt Tucholsky, 1890-1935, Journalist, Schriftsteller)

„Jeder wird sofort die gemeinsame Sprache ins Feld führen - aber nicht, um die VSE stärken zu wollen, sondern um ganz schnell einen Spaltkeil in die Diskussion zu treiben. Denn nichts wird den europäischen Nationalstaatspolitikern so schnell über die Lippen kommen, als gefühlt 1.000 Argumente zu finden, warum die Vereinigten Staaten von Europa nicht funktionieren werden. Und da steht die (jeweilige National)Sprache ganz weit oben. Ich schätze Martin Luther, aber mit seiner Bibelübersetzung ins Deutsche war er in gewisser Weise der Wegbereiter für die babylonische europäische Sprachenverwirrung. Er hat es gut gemeint, aber die Fürsten und Könige haben es wieder „verbockt", egomanisch und herrschsüchtig wie sie waren. Bis ins 16. Jhd. hinein war nämlich Latein die allgemein akzeptierte europäische Hochsprache; mit Luthers Übersetzung zerfiel der Zwang zur Einheitlichkeit.
(Quelle: Rodolfo Di Telo: Mehr Europa wagen - Teil 3, Die Umsetzung, Ideen für eine Verfassung der Vereinigten Staaten von Europa, Kap. 7, Die VSE-Sprache und die Bildung)

„Instrumentum Pacis Monasteriensis
In nomine sacrosanctae et individuae trinitatis, amen….."
(Quelle: Westfälischer Friedensvertrag, 1648, Einleitung, Original in Lingua Franca)

Kommunikation ist unser „Grundgerüst" für ein gedeihliches Zusammenleben unter uns Homines Pragmatici"! Ich denke, da sind wir uns alle einig. Gedankenaustausch, die Weitergabe von Informationen und Daten erfolgt mittels einer gemeinsamen Sprache; sogar Computer haben ihre „Sprachen", ohne diese könnten Computer nicht miteinander kommunizieren.

Sprachen haben aber auch etwas Janusköpfiges an sich - leider! Sprachen können verbinden, Sprachen können uns Menschen zusammenführen, Sprachen erlauben uns gemeinsame Tätigkeiten auszuführen; wir können keine Zeitung lesen, kein Fernsehen verstehen, ohne eine gemeinsame Sprache.

Aber Sprachen können leider viel zu oft auch trennen! Mit der Sprache können wir Menschen ausschließen. Menschen, die unsere Sprache „nicht verstehen", bleiben nolens volens „außen vor", sie sind dann nicht „mit uns", sondern „draußen".

Ein weiterer Faktor der Sprache ist auch, dass sie in hohem Maße Teil einer jeweiligen Kultur, einer besonderen Lebensweise einer Gesellschaft oder Gruppe ist. Sprache und kulturelle Besonderheiten stehen meist in direktem Zusammenhang und sind praktisch nicht oder kaum voneinander zu trennen.

Und das ist EIN PROBLEM in Europa!

Die „babylonische" Sprachenvielfalt kennt in Europa „keine Grenzen", nicht zu erwähnen die vielen Unterarten von Dialekten und Mundarten. Wir Europäer nennen ein wahres „Sprachen-Mischmasch" unser Eigen; jeder Landstrich, jede Region, jedes Land, jede Nation legt Wert auf „seine/ihre Sprache" und freut sich, wenn er/sie sich gegenüber anderen damit „abgrenzen" kann.

Der sprachliche „Spaltpilz" sitzt tief in uns Europäern drin und entstand, nach meinem geschichtlichen Verständnis, im 19.Jahrhundert mit der Entstehung des europäischen Nationalismus, also in der Zeit des großen euro-politischen Umbruchs und des Zerfalls der wenigen großen Imperien. Der eigentliche Zerfall wurde nach dem 1. Weltkrieg 1918 besiegelt, mit dem Sturz von gleich drei (3) Kaisern (Deutsches Reich, Österreich-Ungarn, Russland). Diese drei Reiche „hinterließen" eine Vielzahl von Klein- und Kleinststaaten, die kaum oder gar nicht überlebensfähig, aber „stolz" auf ihre eigene „Nationalität" waren - und auch heute noch sind. Die EU der 27 spiegelt das tagtäglich wider und lässt uns Europäer oftmals traurig zurück.

Die (positive) kulturelle Vielfalt in Europa, die ja tatsächlich eine große Bereicherung darstellt, ist aber andererseits ein sprachlicher Hemmschuh. Geht man in Europa auf Reisen, dann durchmisst man in oft ganz kurzen Abständen verschiedene Kulturen, aber auch unterschiedliche Sprachen, die oft auch geprägt sind von diversen Völkerwanderungen, die im Laufe der Jahrtausende in Europa stattgefunden haben.

So ist zum Beispiel die Finno-ugrische Sprache mit dem Ungarischen verwandt, obwohl die beiden Sprachkreise in völlig unterschiedlichen europäischen Regionen verortet sind. Oder es gibt die „slawischen" Sprachgruppen, die in verschiedenen Epochen nach Europa gekommen sind und sich hier niedergelassen und sich mit lokalen Gesellschaften vermischt haben. Nicht zu vergessen die indogermanischen Völkerwanderungen im späten Römischen Reich, die dem Reich „Garaus machten" und sich auf den ehemaligen römischen Gebieten „häuslich niedergelassen" haben.

Auch ich selbst bin in gewisser Weise eine „europäische Promenadenmischung", wie man in Österreich zu sagen pflegt; meine Vorfahren stammen aus den verschiedensten Ecken des ehemaligen Österreichisch-Ungarischen Reiches mit unterschiedlichen kulturellen Wurzeln.

Diese kulturelle Vielfalt ist aber leider auch ein großer Nachteil für uns Europäer, der sich dann in der sprachlichen „Nationalität" ausdrückt; jede „Nation" legt großen Wert auf ihre Sprache! Dieser Ausdruck findet sich tagtäglich auch in der EU wieder, alle Nationen und Natiönchen pochen auf „ihre (nationale) Übersetzung" der jeweiligen EU-Texte und -Dokumente.

Das sprachliche Problem in der EU ist auch unser aller europäisches Problem; jedes Land, jede Nation pocht auf die „eigene Sprache" und davon ganz besonders die fünf (5) mittelgroßen Länder Deutschland, Frankreich, Spanien, Italien und Polen. Sie alle wollen „ihre Sprache" im Mittelpunkt sehen, die anderen sollen sich „anpassen".

Und dann gibt's ja noch England, das besonders „global" sein möchte, aber sich selbst aus der EU entfernte. Da will kein kontinentaleuropäisches Land verständlicherweise Englisch als gemeinsame Hochsprache akzeptieren.

Liebe Europäer,

da gebt ihr mir Recht, so wird das nichts! Ich denke, wir müssen einen anderen sprachlichen „Modus" finden, der „neutral" zu allen vorhandenen Sprachen und trotzdem in all unseren Kulturen tief verankert ist. Egal ob es das Altertum war, oder später das Mittelalter, alle Adeligen, und die Kirchlichen soundso, lernten Latein und kommunizierten lateinisch miteinander. Und wer nicht mehr weiter wusste, war „mit seinem Latein am Ende"; dieser Spruch wird heute immer noch verwendet.

Latein als (moderne) europäische Hochsprache im 21. Jhd.

Obschon Martin Luther Anfang des 16. Jahrhunderts die Bibel aus dem Lateinischen ins Deutsche übersetzte, blieb Latein als die europäische „Hochsprache" noch lange erhalten; noch über hundert Jahre später verwendete man Latein als sprachliche Grundlage für internationale Verträge. Beispielhaft steht hier der Westfälische Friedensvertrag von 1648, indem das Ende des entsetzlichen 30-jährigen Kriegs auch vertraglich in Latein festgehalten wurde. Der Friedensvertrag war übrigens dann die „Blaupause" für die vertragliche Beendigung der vielen Folge-Kriege in Europa.

Latein war über zig Hunderte von Jahren quasi das „Mandarin" unter den europäischen Sprachen. Adel und Kirche lernten Latein und kommunizierten transkontinental miteinander.

Latein wird auch heute noch in vielen Schulen in ganz Europa unterrichtet und das römische Recht ist auch die Grundlage für viele Gesetzesbücher in fast allen europäischen Ländern. Des Weiteren leiten sich viele „romanische" Sprachen direkt vom Lateinischen ab. Auch ich lernte einst Latein im Gymnasium, aber ich gebe zu, dass mein heutiges Latein eher „am Ende ist", als dass ich heutzutage noch „im Lateinischen" kommunizieren könnte. Mit etwas Anregung und gutem Willen würde ich schon wieder mein „Küchenlatein" reaktivieren können.

Aber das ist, da bin ich überzeugt, auch nicht wichtig; wichtig für mich ist, dass wir Menschen von „Kindesbeinen" an eine Sprache lernen, vorwiegend die unserer Eltern, die „Muttersprache" also. Was Kinder aber auch können, ist, dass sie zwei oder mehr „Muttersprachen" lernen können, wenn sie dazu angehalten werden. Ich bin immer wieder erstaunt, wie leicht sich Kinder bilingualer Eltern tun, zwei oder mehr „Muttersprachen" zu lernen. Wie selbstverständlich „springen" sie dann zwischen den Sprachen hin und her und sprechen und antworten dann in der jeweiligen Sprache mit einer Leichtigkeit - eben wie ein „Muttersprachler". Ich finde diese menschliche Eigenschaft wirklich faszinierend und das hat mich dazu gebracht Grundsätzlich darüber nachzudenken, wie wir diese angeborene Fähigkeit nutzen können.

Ich gebe zu, dass ich die Idee Latein als (wieder) neue Hochsprache einzuführen, nicht originär auf mich beziehen kann - die Anregung kam aus Asien, eine asiatische „Importidee" sozusagen, ins europäische „übersetzt".

Wie bereits des Öfteren erwähnt, war ich Zeit meines beruflichen Lebens im internationalen Anlagenbau tätig, und davon wiederum viele Jahre in diversen asiatischen Ländern wie Singapur, Thailand, Malaysia, Philippinen, Indonesien etc tätig. In all diesen Ländern leben und arbeiten viele Chinesen, sie sind dort die eigentlichen treibenden Kräfte in der Wirtschaft - sehr „geschäftstüchtig" und bestens vernetzt. Aber alle sprechen ein einheitliches „Chinesisch", das „Mandarin". Mittels dieser zentralen chinesischen Hochsprache kommunizieren sie weltweit untereinander; ich finde das wirklich faszinierend.

Warum sollen wir also diese Idee nicht auch zu uns nach Europa übertragen? Es spricht wirklich wenig oder gar nichts dagegen. Latein findet sich in Grundzügen praktisch in allen europäischen Ländern wieder, hatte doch das Römische Reich einen wirklich großen Teil des heutigen Europas umfasst. Man bedenke, Rom reichte bis vor das heutige Schottland, der Hadrian Wall bildete die Grenze im nördlichen England zu Schottland.

Ich wiederhole, Latein wird immer noch in vielen Schulen unterrichtet, da könnte man den Unterricht schon in den Kindergärten beginnen; es braucht eine (1) Generation (ca. 20-25 Jahre), dann sprechen alle mehr oder minder gut Latein, da bin ich mir sicher.

Wie Sie wissen, bin ich ein Verfechter eines „Europas der mehreren Geschwindigkeiten", also die zwei (2) Länder Deutschland und Frankreich „marschieren" voran - und die anderen können folgen, je nach „Lust und Laune". Deutschland und Frankreich „setzen die (europäischen) Standards", die weiteren Länder können sich nach eigenen „Geschwindigkeiten" der Kern-VSE durch ein Beitrittsverfahren anschließen. Die EU soll und kann bestehen bleiben, bis sie ihren Zweck erfüllt hat. Das letzte Land „macht dann die Lichter aus".

Mit einem „Europa der 27" wird es NIE die Vereinigten Staaten von Europa geben, da bin ich ein „gebrannter Europäer" - das wird nichts!

Deutschland und Frankreich MÜSSEN VORANSCHREITEN und die ersten Schritte Richtung Vereinigte Staaten wagen. Wenn es mit den beiden Ländern gut funktioniert und die Zusammenarbeit Früchte trägt, dann folgen die anderen Länder soundso.

Dazu gehört eben auch die gemeinsame Hochsprache „ins Werk zu setzen" und Latein, das momentan ein gewisses „Elitedasein" fristet, in die Mitte der Gesellschaft zu holen. Das bedeutet eben Latein schon im Kindergarten und in der Grundschule, neben der jeweiligen Landessprache (in der Kern-VSE also Französisch und deutsch) auch schon Latein zu unterrichten und zu sprechen.

Das ist ja alles kein Hexenwerk, sondern setzt den politischen Willen voraus, die nationalen Hemmnisse - und da ist halt die nationale Sprache ein wesentliches Element - zu überwinden. Um es hier nochmals klar zu betonen - ich möchte nicht die nationalen Sprachen „verdrängen" oder „auslöschen", ich möchte nur anregen, dass wir Europäer eine „europäische Denke" entwickeln müssen; und da gehört nun mal eine gemeinsame Sprache halt dazu! Je öfter wir dann „Lateinisch parlieren", umso gängiger und „normaler" wird der Umgang mit ihr, bis er „in Fleisch und Blut übergegangen" ist (auch so ein gängiger Ausdruck meiner Mutter); oder wie meine Mutter auch zu sagen pflegte: „Steter Tropfen höhlt den Stein".

Wie schon des Öfteren betont, bin ich ein großer politischer Verfechter eines „europäischen Föderalismus" - ich bin dafür, dass unsere europäische Stärke, die großartige Vielfalt, erhalten bleibt; ich trete ein für eine „Vielfalt in der Einheit", ich bekenne mich zu unseren regionalen/nationalen Besonderheiten, wozu natürlich auch die regionalen/nationalen Sprachen gehören.

Aber wir Europäer können andererseits nur „zusammenwachsen", wenn wir uns zu einer „europäischen Identität" bekennen, und dazu gehört eine gemeinsame Hochsprache, mit der wir uns alle verständigen können. Wie gesagt, die Chinesen zeigen, wie es gehen kann und sie „fahren gut" damit.

Manchmal können komplizierte Dinge so einfach sein; ich weiß, dass jede Region und jede Nation in Europa eifersüchtig ihre „Besonderheiten" bewahren möchte und „mit Zähnen und Klauen" ihre Rechte verteidigt - ich bin ja selbst Europäer - aber was spricht dagegen, dass wir uns selbst bereichern, indem wir uns alle mit einer europäischen Identität beschenken und indem wir uns alle eine europäische Hochsprache aneignen.

7.6 BILDUNG IN EUROPA

„Es gibt nur eins, was auf Dauer teurer ist als Bildung, keine Bildung"
(John F. Kennedy (1917-1963, US President)

JFK hat ja so Recht! Das sieht man an der aktuellen innerdeutschen Bildungsdebatte. Die deutsche Bildung „geht den Bach runter"; hierzu verweise ich gerne auf die Kapitel 3.2.2 die 16-Länder-Bürokratie in DE sowie 4.3 Bildung, in denen ich sehr ausführlich das deutsche Bildungsdefizit beschrieb, aber mögliche Wege aus diesem Dilemma aufzeigte.

Die Kernfragen zum Thema Bildung sind natürlich die Wahl der Sprache(n) sowie weitere essentielle Bereiche wie MINT-Fächer, Geschichts- und Erdkunde, Kunstfächer und ethisch/religiös/philosophisch geprägte Themenkreise.

Diese Bildungsfächer müssen sich natürlich in den gesamten Vereinigten Staaten wiederfinden; kurz gesagt, wir müssen eine Vereinheitlichung des Fächerrahmens anstreben, wollen wir für alle Schüler und spätere Erwachsene ein ähnlich hohes Bildungsniveau erreichen. Nur ein in etwa ähnlich hohes Bildungsniveau in den Grund- und Mittelschulen erlaubt letztlich einen unbeschränkten Zugang zu den weiteren Universitäten innerhalb der Vereinigten Staaten.

Ich denke, wir sollten nicht umständliche Zwischenprüfungen als Basis für die weitere universitäre Ausbildung zugrunde legen; wir sollten eher versuchen ein System der unterschiedlichen Bildungswege verfolgen. Die unten aufgeführten Bildungswege sind keineswegs von mir „aus dem Hut gezaubert", sondern in einigen Ländern in Europa gängige Praxis. So finden sich diese Bildungsangebote zum Beispiel in Österreich oder in der Schweiz wieder.

Das allgemein bildende Gymnasium

Dazu zählt für mich eine straff geführte gymnasiale Mittelschulbildung für die intellektuellen Leistungsträger und einem abschließenden Einheitsabitur (als Ersatz für die o.g. Zwischenprüfungen), das im Wesentlichen aus

- Latein   schriftlich und mündlich

- regionale Sprache	schriftlich oder mündlich
- Mathematik	schriftlich und mündlich
- MINT-Fächer	schriftlich
- Kultur, Erd-/Geschichtskunde	schriftlich oder mündlich
- Ethik/Religion/Philosophie	mündlich

bestehen soll.

Der allgemein bildende gymnasiale Weg soll die intellektuellen Hochleister unter den Schülern ansprechen, um ihnen eine möglichst kurze Ausbildungszeit zu ermöglichen, damit sie möglichst rasch den universitären Weg planen können. Das momentan existierende deutsche „egalitäre Wertlos-Abitur" sollte keinesfalls das angestrebte Ziel sein.

Unsere Gesellschaft braucht dringend die intellektuellen Hochleister für Forschung und Wirtschaft; ihnen sollten keine partei-ideologischen „Knüppel zwischen die Beine geworfen" werden.

Ihre hohe Leistungsfähigkeit sollte durch möglichst kurze Ausbildungszeiten unterstützt werden.

Weitere Bildungswege, das Fachabitur

Neben dem allgemeinen Gymnasium sollen aber weitere Bildungswege offen stehen, damit möglichst viele ihre intellektuellen Fähigkeiten in die Gesellschaft einbringen können. Diese Bildungswege sind nach meinen Vorstellungen fachbezogene Ausbildungen, die dann eine eingeschränkte Fachuniversitäre Fortbildung erlauben. Ich möchte jetzt nicht vertieft darauf eingehen, weil sie in vielen Ländern gängige Praxis sind, die erfolgreich Schüler „ihre (Bildungs)Wege gehen" lassen.

Die universitäre Ausbildung

In den zukünftigen Vereinigten Staaten sollten meines Erachtens alle Universitäten ähnliche Eingangsstandards fordern, sodass allen Schulabgängern mit dem gleichen Anforderungsprofil ein möglichst gleichwertiger Zugang möglich ist. Ich bin kein großer Verfechter von „Eliteuniversitäten" angelsächsischer oder US-amerikanischer Ausprägung, sondern sehr dafür, dass alle Schüler möglichst gleiche Studienchancen haben. Um aber hier klar zu stellen, ich bin nicht für bildungspolitische Gleichmacherei, sondern die Universitäten setzen die Standards und diejenigen Schüler, die die Anforderungen erfüllen, haben dann die Möglichkeiten diese oder eine andere Universität zu besuchen. Die Basis dazu sollten die bestens ausgebildeten Schüler mit guten Abi-Noten sein; natürlich die Schüler mit einem überdurchschnittlichen intellektuellen Vermögen.

Ich weiß, das klingt ein bisschen „schwammig", aber ich bin für eine möglichst große Vielfalt an universitären Angeboten, allerdings ohne sündhaft teure „Eliteunis", die nur von (extrem) reichen Studenten besucht werden können (meist „gesponsert" von der reichen Mami oder dem Papi).

Für Studenten, die ein nicht so ausgeprägtes intellektuelles Niveau besitzen, sollten semi-universitäre Angebote mit einem niedrigeren Anforderungsprofil bereitgestellt werden.

Handwerk und Meisterberufe

(Quelle: Arnulf Dietl, Die Rückbesinnung auf die intellektuelle Leistungsfähigkeit)

„Besser ein guter Handwerker, als ein schlechter Ingenieur" ist ein gutgemeintes Bonmot zur aktuellen deutschen Bildungsdebatte. Was nützt ein wenig qualifizierter Ingenieur der Wirtschaft und Gesellschaft, wenn er besser ein gut ausgebildeter

Handwerker wäre, der „Aufgaben anpackt", statt über „Aufgaben zu diskutieren", weil er zwar gelernt hat theoretisch „Probleme zu benennen", aber nicht gelernt hat praktische Lösungen anzubieten.

Leider wird in der heutigen Gesellschaft, speziell in Deutschland, viel zu viel über „gleiche Bildung" gesprochen, statt darüber nachzudenken, wie man der Mannigfaltigkeit der mentalen Leistungsfähigkeit von uns Individuen entsprechende Bildungsangebote unterbreitet. Mittlerweile spricht man wenigstens nur noch von „gleichen Bindungschancen", die Einzelne haben können.

7.7 HAUPTSTADT UND REGIERUNGSSITZ

„Straßburg und Frankfurt
Meines Erachtens würden sich die beiden zentralen Rhein-Städte Straßburg
und Frankfurt als ideale zukünftige Hauptstadt sowie als Regierungssitz für die
VSE anbieten. Beide haben ideale Verkehrsanbindungen zu allen europäischen
und außereuropäischen Hauptstädten."
(Quelle: Rodolfo Di Telo, Mehr Europa wagen-Die Umsetzung, Ideen für eine
Verfassung, Kap. 6.0 Regierungssitz und Hauptstadt)

Rodolfo Di Telo hat sich auch dazu schon Gedanken gemacht und im Internet diverse Ideen vorgestellt; ich möchte Ihnen diese näher bringen, obwohl sie für heutige Verhältnisse „utopisch" klingen; betrachtet man sie aber näher und sieht sie im Kontext zu den zukünftigen Vereinigten Staaten von Europa (VSE), dann sind die Vorschläge gar nicht mehr so „realitätsfern".

Ausgangspunkt seiner ganzen „VSE"-Überlegungen ist ja, dass er in der Umsetzung von einer Gründung „in mehreren Geschwindigkeiten" ausgeht; einzelne EU-Länder, bei Rodolfo sind's Deutschland und Frankreich, beginnen mit der Gründung der Vereinigten Staaten von Europa und sukzessive folgen die anderen EU-Länder.

Für Frankreich und Deutschland beginnen damit natürlich „grundsätzliche Überlegungen", wo und wer „die Führung" übernehmen soll; er hat eine „salomonische Lösung" parat und die ist, dass weder Paris noch Berlin der neue Regierungssitz sowie die VSE-Hauptstadt sein sollen, erstens weil sie „nicht mittig" liegen, und zweitens, weil der Streit darüber „unendlich lange" dauern würde - und wahrscheinlich bereits am Anfang die Gespräche zur VSE-Gründung daran scheitern würden. Da hat er wohl Recht!

Schaut man sich die Europakarte und die beiden Länder an, dann liegen Straßburg und Frankfurt ja in der Tat „mittig" in den beiden Ländern sowie auch bei zukünftigen VSE-Erweiterungen. Es gibt kaum weitere Großstädte wie Frankfurt und Straßburg, die geographisch so „mittig" situiert sind. Außerdem hat Frankfurt einen Flughafen, der mit zu den größten in ganz Europa und der Welt zählt. Das sind einfach „glasklare" infrastrukturelle Vorteile, die heute schon vorliegen und nicht erst „geschaffen" werden müssen.

Auch eine Trennung von „Hauptstadt" und „Regierungssitz" macht (politisch) Sinn, da es die Möglichkeit bietet, dass beide Länder, Deutschland und Frankreich „etwas abbekommen"; „do ut des" im besten Sinne also.

Ich möchte hier seine Überlegungen darlegen, da er schon weitgehende „konzeptionelle" Überlegungen angestellt hat.

Rodolfo Di Telo ist von folgenden Prämissen ausgegangen:

Was haben die beiden Städte (jetzt schon) zu bieten?

Welche politischen Systeme sind schon vorhanden?

Wie können notwendige infrastrukturelle Ergänzungen sinnvoll durchgeführt werden?

Straßburg:

In Straßburg tagt heute schon zeitweise das EU-Parlament; es tagt ca. 12mal pro Jahr dort.

Ergänzend ist auch der Sitz des Europarats in Straßburg ansässig.

Straßburg hat aber keinen großen internationalen Flughafen; das ist ein infrastruktureller Nachteil.

Frankfurt:

In Frankfurt ist derzeit die EZB (Europäische Zentralbank) ansässig, weitere europäische politische Institutionen sind nicht vorhanden.

Dafür verfügt Frankfurt über eine überdurchschnittlich ausgeprägte Verkehrsinfrastruktur, besonders getragen vom international sehr gut eingebundenen Flughafen Frankfurt. Von Frankfurt aus kann man praktisch JEDE HAUPTSTADT der Erde direkt erreichen - ein schon vorhandenes „Pfund", das wiegt.

Weitere positive infrastrukturelle Einrichtungen sind die gut ausgebauten Bahnnetze rund um Frankfurt. Egal ob in Ost-West-Richtung oder in Nord-Süd-Ausrichtung, von Frankfurt kommt man „überall hin", ditto das schon vorhandene Autobahnnetz mit dem „Autobahnkreuz Frankfurt", der Kreuzung von A3 (Ost-West) und A5 (Nord-Süd) direkt am Flughafen Frankfurt; infrastrukturell besser geht's wirklich nicht!

Außerdem „besitzt" Frankfurt das „Höchster Werksgelände", das ja soundso langfristig von einem reinen Industrie- zu einem Büro- und Gewerbegebiet umgewandelt werden soll. Dieses Gelände liegt ausgesprochen nahe am internationalen Flughafen und es ist somit „ein Leichtes", es verkehrsmäßig einzubinden. Passende Straßen- und U-Bahnen sind bereits in der Umsetzung.

Rodolfo Di Telos salomonischer Vorschlag ist nun, dass

- <u>Straßburg zur VSE-Hauptstadt</u> erhoben wird und

- <u>Frankfurt den Regierungssitz</u> erhält!

Der (zukünftige) VSE-Bundespräsident soll und kann mehrmals im Jahr auch in Straßburg seine Aufgaben wahrnehmen.

Das Konzept des Regierungsviertels in Frankfurt:

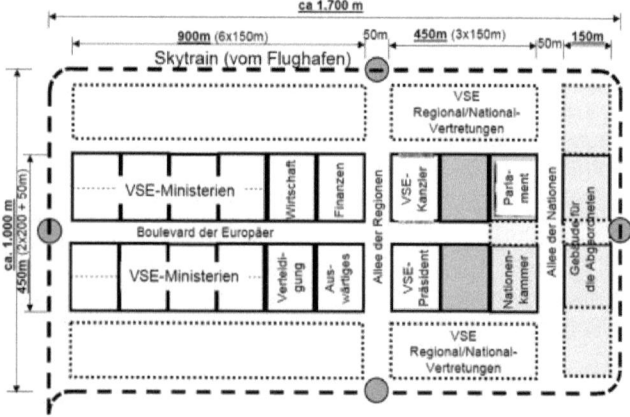

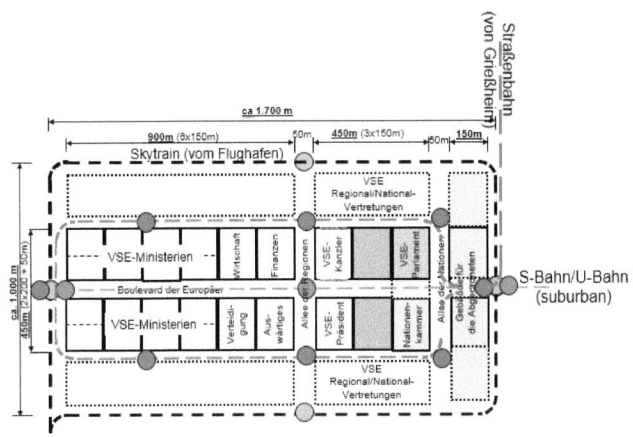

(Quelle, Rodolfo Di Telo, 2024, VSE-Regierungssitz mit Verkehrseinbindung, Konzept)

Die aktuelle Verkehrsplanung zwischen Höchst-Flughafen:

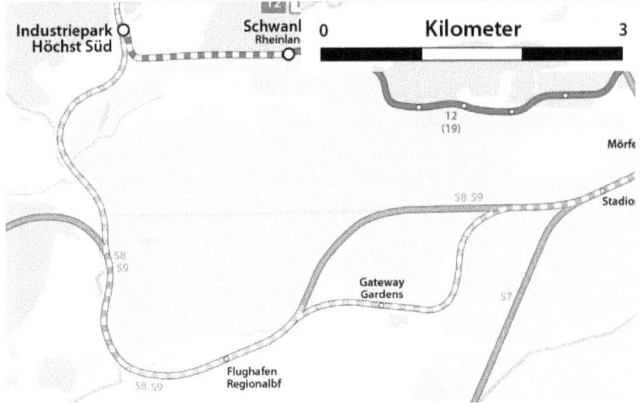

(Quelle, FAZ 2024, Stadt Frankfurt, Verkehrsführung Regionaltangente West)

Das Gesamtkonzept des neuen Regierungsviertels in Frankfurt:

Frankfurt (Regierungssitz) – **Straßburg (VSE-Hauptstadt)**

(Quelle, Rodolfo Di Telo 2024, Das Regierungsviertel in Höchst)

In Frankfurt Höchst würde damit ein neues politisches Zentrum mitten im Rhein-Main-Gebiet entstehen; es wäre der ideale Ort für den zukünftigen VSE-Regierungssitz.

Gleichzeitig erlaubt es Höchst zum zweiten S-/U-Bahn-Knotenpunkt zu werden, ideal für die Einbindung der weiteren Umgebung (Wiesbaden/Mainz, Limburg, Königstein/Kronberg, Bad Homburg/Usingen, Bad Vilbel/Friedberg, Flughafen und südliche Gemeinden).

8.0 LITERATURVERZEICHNIS

Die folgende Literatur war die Grundlage für mein Buch:

Walter Scheidel

„Nachdem Krieg sind alle gleich

Eine Geschichte der Ungleichheit"

Rodolfo Di Telo,

„Mehr Europa wagen-Die Vision

Die Überwindung der Staateritis"

Rodolfo Di Telo,

„Mehr Europa wagen-Der Weg

Europa-Parteien und Europa-Medien"

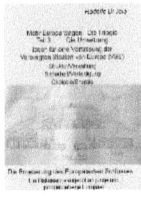

Rodolfo Di Telo,

„Mehr Europa wagen-Die Umsetzung

Ideen für eine Verfassung der Vereinigten Staaten von Europa"

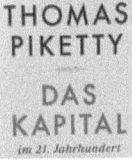

Thomas Piketty

„Das Kapital im 21. Jahrhundert"

Darüber hinaus waren Tageszeitungen wie die Frankfurter Allgemeine Zeitung (FAZ) etc.das Internet, Dokumentationen in ARD und ZDF die Grundlagen für meine Recherchen.

Es ist heute praktisch „alles öffentlich"; man muss nur noch „zusammentragen" und aufbereiten.